Sex, Gewalt
und andere Obsessionen

HORST JANSSEN

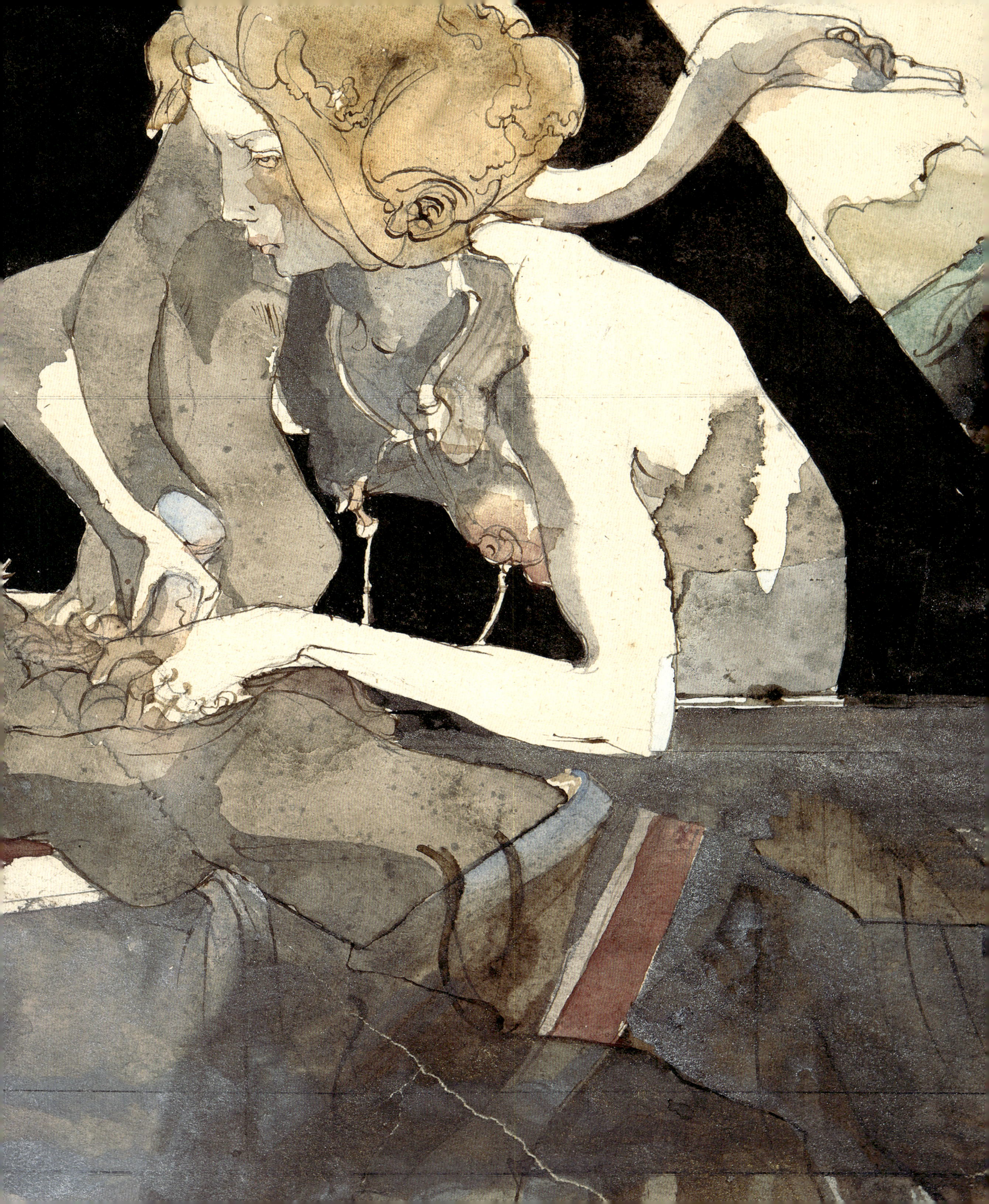

Sex, Gewalt und andere Obsessionen

HORST JANSSEN

Herausgegeben von Lars Berg und Peter Joch
für das Städtische Museum Braunschweig

MICHAEL IMHOF VERLAG

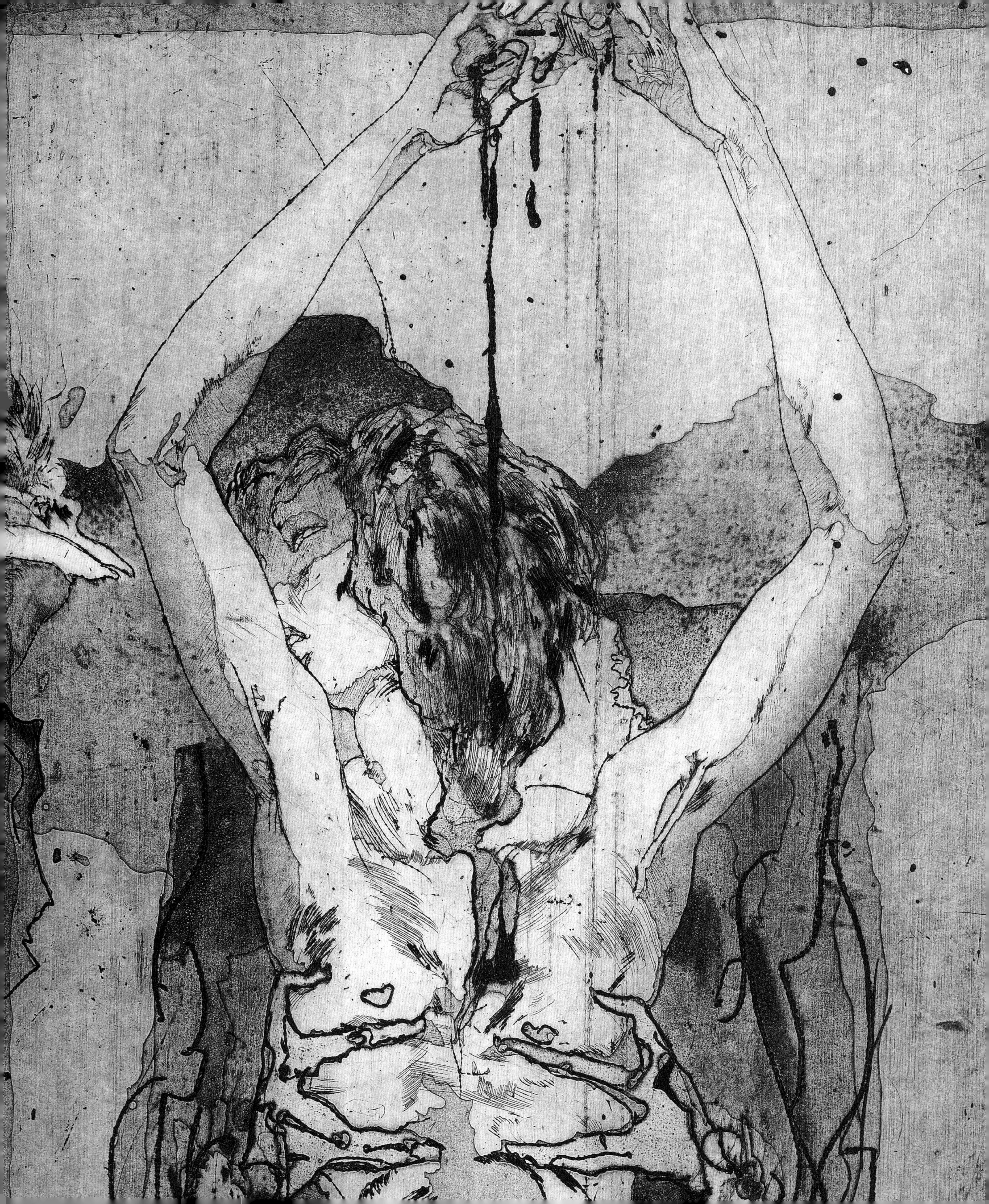

Inhalt

Kunst und andere Obsessionen

Horst Janssen, der Meister der Nuancen, des leichten Strichs und transparenter Liniengefüge, der sparsame zeichnerische Bühnenbildner, der gerne auch leere, weiße Zonen auf dem Blatt stehen lässt, umkreist schwer lastende, existenzielle Themenkreise.
Er lotet die Themen Sex, Gewalt und Obsession in einer großen bildnerischen Variantenkette aus. Er zeigt Bondage-Szenen mit gequetschten Gliedmaßen von Frauen, die vielfach wie leblose Gliederpuppen erscheinen – Statistinnen im Dienst männlicher Befriedigung oder schlicht visuelles Material für projektive Masturbation. Die zerstörerische Gewalt, die mit Erotik verbunden ist, lässt Janssen oft in den Tod münden, inszeniert reihenweise Variationen des bekannten sentimentalischen Vanitas-Topos von Mädchen und Tod.

Wie ist diese spätdekadente erotomane Haltung, die in der Bildenden Kunst der 1960er und 1970er Jahre weitgehend einen Sonderfall darstellte, zu erklären? Auch der psychologisierende Horst Janssen mit seiner Inszenierung von als überzeitlich geltenden Triebgesetzen lässt sich nun vor dem Hintergrund historischer Entwicklungen psychologisieren: Die sexualisierten Blätter des Horst Janssen sind ein einziges wildes Teatrum von Trieben, sie zeigen ausgelebte Begierden und Getriebenheit, sie präsentieren ein ruheloses Spiel, das permanent moralische Grenzen tangiert oder überschreitet. Die ganze Welt wird hierbei zur Bühne für die Dynamik der Triebe. Die geistesgeschichtliche Vaterfigur für diese Vorstellung ist – das mag wenig verwunderlich erscheinen – Sigmund Freud. Freud hatte den Sexualtrieb als eine Art menschliche Universalkonstante charakterisiert. Sexualität war für ihn eine Art Basso continuo des seelischen Lebens, eine Untermalung, die jeder rationalen Handlung beigeordnet ist und Grund für eine Vielzahl von Projektionen darstellt. Gleichzeitig ist die Erotik bei Freud mit dem Tod verbunden, werden Eros und Thanatos unzertrennliche Geschwisterkinder. Diese Grundsätze, die Freud zum Beispiel in seiner 1930 erschienen Schrift „Das Unbehagen in der Kultur" vermittelt, lassen sich bei Horst Janssen unmittelbar wiederfinden: Janssen gestaltet Landschaften, deren Elemente eindeutig auf Phallus und Vagina verweisen. So führt er dem – nolens volens voyeuristischen – Publikum das Prinzip der Projektion vor, bei dem der Blick des Menschen auf die Welt unterfüttert wird von der inneren Trieblandschaft und von der ewigen Suche nach Befriedigung. Auch die ineinander verschlungenen Schicksale von Eros und Thanatos, die Freud als Weltgesetz zu charakterisieren sucht, lassen sich bei Janssen umgehend finden. So ist mancher durchaus geile Totentanz bei ihm zu entdecken.
Ganz folgt Janssen als Rebell der 1960er Jahre dem inkarnierten ‚Schöpfer' der Psychologie schlechthin, dem analytischen Über-Ich und Verkünder von anthropologischen Unbedingtheiten Freud nun aber nicht. Janssen stellt Freud vielmehr auf subversive Weise – ganz im Geist der 1960er und 1970er Jahre – auf den Kopf: In Freuds erwähnter Schrift „Das Unbehagen in der Kultur" ist die Kultur ein Spielverderber im Reich der Sinne. Sie ist sozusagen seriös, vernetzt Menschen zu „Kulturen" und transformiert libidinöse Energien in kommunikative denkerische Prozesse. An die Stelle unbedingter Gier nach Befriedigung treten sublimierte Formen kultureller Verfeinerung: Aus triebgesteuerter Lebenssucht wird schöpferische Energie, aus ungebremsten Aggressionen werden solipsistische Schuldgefühle. Diese Verschiebung bewirkt als Triebunterdrückung – so Freud – letztendlich existentielles Leiden. In diesem Sinne erzeugt Kultur ein tiefgreifendes „Unbehagen". Nach Freud spaltet sie den Menschen sozusagen, setzt an die Stelle triebhaft-eruptiver Energie kanalisierte, reflektierte kulturelle Formungsprozesse, sie unterdrückt die Triebwelt.
Genau diesem zivilisatorischen Konzept widerspricht Janssen bildnerisch vehement: Die – von ihm meisterlich gehandhabte und symbolisch hochverdichtete, in diesem Sinne auch durchaus vergeistigte – Kunst dient ihm nicht etwa zur Triebunterdrückung, sondern zur visuellen Triebsteigerung. Triebe werden bei Janssen multipliziert, eine virtuos ins Bild gesetzte Sexszene folgt in den erotisch inspirierten Zyklen schlicht der anderen. Die Kunst wird zum Medium der Offenlegung der Triebe, des

Unbewussten, der manischen Selbstvergessenheit, nicht etwa, wie bei Freud, zum gesellschaftlich sanktionierten und sanktionierenden Über-Ich im Sinne einer ‚kultivierten', stets dialogbereiten Zivilisation.

Janssen ist in dieser Hinsicht seelenverwandt mit den zeitgenössischen Autoren, die Tabus durchbrachen und in ihren Schriften Sexualität ungehemmt und explizit zur Schau stellten. Erinnert sei nur an Henry Miller, der in seinen Schilderungen gleichermaßen psychologisierende Momente und Gewalt mit Erscheinungsformen des „Sexus" koppelte. Genau wie einschlägige Literaten im Stil eines Miller reiht sich Horst Janssen mit seiner schonungslosen Offenbarungskunst ein in den großen Themenkreis der sexuellen Befreiung, der die 1960er und 1970er Jahre maßgeblich bestimmte und Teil eines größeren politischen Kontextes von Befreiungsbewegungen war. Sexualität mutierte in dieser Zeit zum Instrument des Widerstands gegen das Establishment. Eine befreite Sexualität stellte die gesamte Moral der ‚bürgerlichen' Gesellschaft in Frage, war so Sinnbild für Selbstverwirklichung und Anarchie sowie politisches Ausdrucksmittel im Kampf um Freiheit. Diese Maxime verwirklichte unter anderem auch die Szene der Kommunen, die mit einer bestimmten Lust das Establishment provozierten. Freier Sex war auch – so das Wunschdenken der Zeit um und nach 1968 – Revolution.

Horst Janssen folgt und widerlegt also gleichermaßen Sigmund Freud. Vor dem Hintergrund der Lehre des „Vaters" der Psychoanalyse lässt sich seine Kunst mit ihren bizarren, ungefilterten sado-masochistischen Szenen als Drang zur Analyse von Triebstrukturen und als Reflexion von psychoanalytischen Modellen von Eros und Thanatos verstehen. Im Sinne der Rebellionen der 1960er und 1970er widerspricht Janssen Freud gleichzeitig und schafft ein Arsenal schmerzhafter Sexualpraktiken als Symbol für die Suche nach tabuloser Freiheit und Wahrheit. Beide Bezugssysteme – Freud und die Aufstände der 1960er und 1970er Jahre – haben an Bedeutung verloren. Heutzutage evozieren die Darstellungen völlig andere Rezeptionsmuster und Deutungen. Das Bild des virilen Künstlers, der sich der Frauen bedient, um seine demiurgische Schöpfungskraft zu erhöhen, der sich allen Versuchungen tapfer stellt und das Leben bis zur Neige auskostet – und dies unaufhörlich – hat an Aktualität und an Attraktivität verloren. Die Darstellungen von Sadomasochismus sind nicht mehr als erotisch kodiert, sondern werden heutzutage zwangsläufig in Zusammenhang mit öffentlichen Diskussionen um geschlechterspezifische Gewaltmomente und die sexualisierte Entwürdigung von Frauen zum Beispiel in Gestalt der „Me too"-Debatte rezipiert. Diese neue Ethik, der sich die Ausstellungsmacher:innen vorbehaltlos anschließen, soll in der Schau nun nicht die Meisterschaft der Arbeiten von Janssen in Frage stellen.
Gleichwohl ordnet die Ausstellung die Werke als Spiegel und Zerrspiegel von Sex, Gewalt und anderen Obsessionen in historische Zusammenhänge ein und legt ideologische Fragwürdigkeiten in der Bildwelt des Horst Janssen frei.
Auch vor diesem Hintergrund bleibt Janssens Kunst als Teatrum der Triebe künstlerisch von hohem Wert, spiegelt Stilmittel des Surrealismus genauso wie künstlerische Vorbilder größter Strahlkraft – bis hin zu Paul Klee und Egon Schiele. So erzeugt das Werk Janssens heute einen ambivalenten Blick zwischen Distanzierung und bewundernder Nähe zur Welt virtuos geführter leichter Striche und schwer lastender Inhalte.
Diesen doppelten Blick hat Horst Janssen verdient – und wird ihn weiter verdienen.
Die Ausstellungen im Städtischen Museum Braunschweig sind ‚Glanzlichtern' der Kultur- und Kunstgeschichte gewidmet. Gleichzeitig sollen sie gesellschaftliche und ethische Grundgrößen reflektieren, zeitgenössische Diskurse aufgreifen, kurz: zur Aufklärung beitragen. In diesem Sinne ist die Janssen-Ausstellung zu erotischen Motiven ein Idealfall für uns.

„Sex, Gewalt und andere Obsessionen" ist eine Kooperation mit dem Horst-Janssen-Museum Oldenburg. Wir danken herzlich den Kolleg:innen aus Oldenburg, vor allem der Museumsdirektorin Frau Dr. Jutta Moster-Hoos und Frau Dr. Sabine Siebel, die uns auch als wissenschaftliche Beraterinnen zur Seite standen.

Neben dem Horst-Janssen-Museum waren wichtige Leihgeber für die Ausstellung: Galerie Brockstedt, Berlin, Galerie und Verlag St. Gertrude, Hamburg, Hamburger Kunsthalle. Allen Leihgebern sei herzlich gedankt.
Mein Dank gilt in besonderer Weise Herrn Dr. Lars Berg, Leiter der Graphischen Sammlung unseres Hauses, der die Ausstellung auf spannende Weise inszenierte und das gesamte Projekt betreute.
Ich danke herzlich den Kolleginnen und Kollegen aus dem Städtischen Museum Martin Baumgart (Museumspädagogik), Annika Hille (Presse- und Öffentlichkeitsarbeit), Jo Lina Hübenthal (Verwaltung), Wolfgang Koebbel (Ausstellungsmanagement), Stephan Krause (Aufbau), Thomas Mattern (Aufbau, Werkstatt), Désirée Ohlendorf (Konservatorische Betreuung), Gabriele Schneider (Leihverkehr).

Dr. Peter Joch
Direktor Städtische Museen Braunschweig

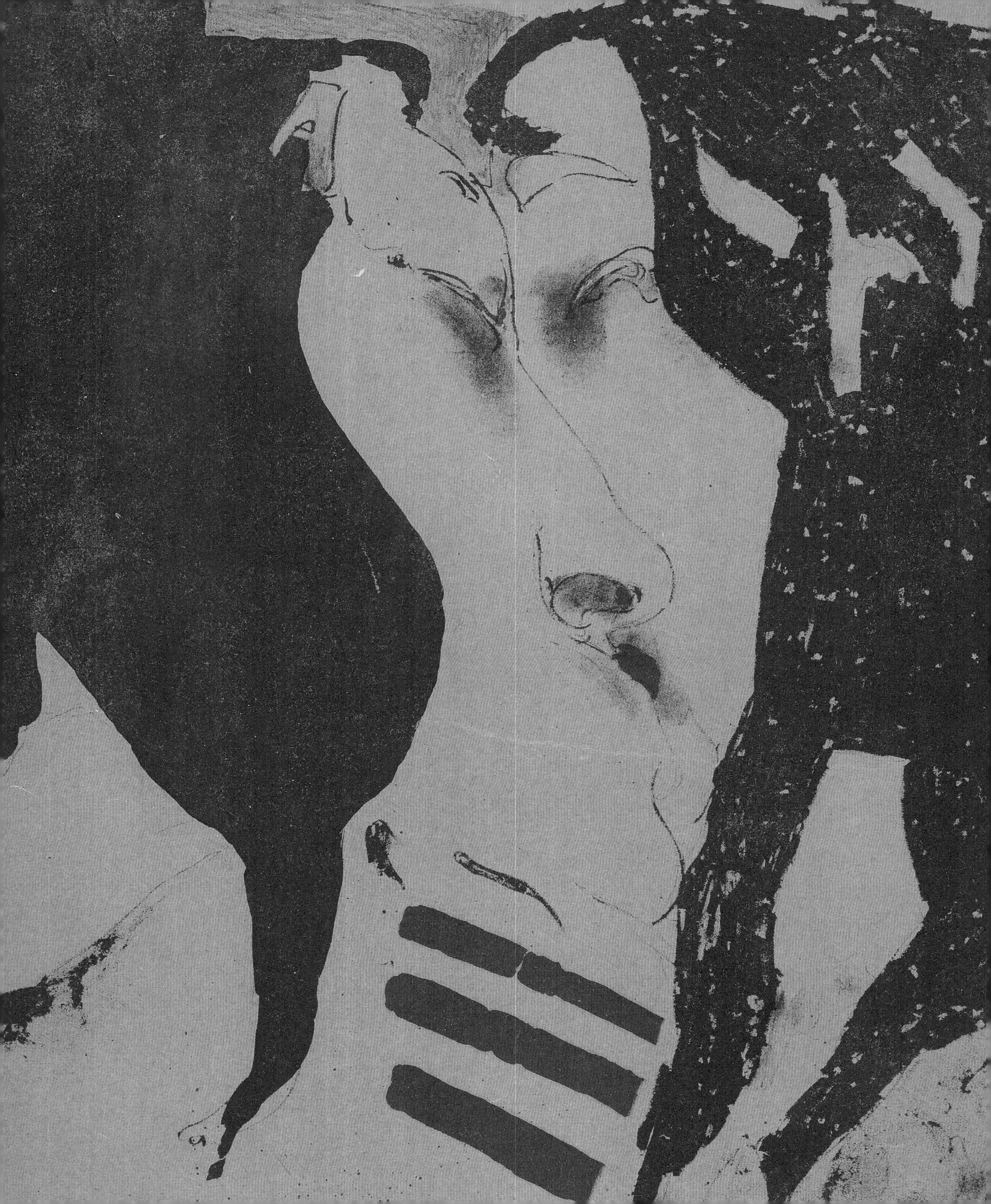

Grußwort

Vor fast zehn Jahren haben wir uns im Horst-Janssen-Museum in Oldenburg an die „geilen Sybillchen" – wie Janssen sie nannte – herangewagt. Im schwül-warmen Gewittersommer 2014 haben wir seine erotischen Phantasien auf Papier im klimatisierten Museumsgebäude gezeigt und haben Janssen, seine lüsternen Vorstellungen und künstlerischen Umsetzungen museal gebändigt.

Und doch war und ist es ein Wagnis, diesem Sujet, das für Janssen von permanentem Interesse war, eine einschlägige Ausstellung zu widmen. Allein schon dafür verdient das Ansinnen der Braunschweiger Schau Respekt. Denn sie läuft Gefahr, vor allem oder lediglich vordergründig rezipiert zu werden; die banale Ausbeutung des Themas ist eine Klippe, die es zu umschiffen gilt. Die andere Gefahr lauert in der Repetition der Motive. Dazu kommt der aktuelle zeithistorische Kontext. Wir sehen Janssens Werke heute anders an als die Zeitgenossen der 1960er Jahre beispielsweise, und wir dürfen und müssen sie auch anders kommentieren – mit Sicherheit kritischer. Aufgaben, die zu bewältigen sind.

Wenn man sich mit Janssens erotischen Phantasien und ja auch Obsessionen auf Papier beschäftigt, wird schnell klar, dass er über ein riesiges stilistisches Repertoire verfügt. Die kaprizierten Radierserien mit ihren rätselhaften Protagonistinnen der 1950er Jahre werden ein Jahrzehnt später von den „Fleischzeichnungen" abgelöst, deren Linienkaskaden und delikate Farbigkeit lüstern-böse Aktfiguren präsentieren. In den 1970er Jahren werden uns dann pseudo-romantische „Mädchenzimmer"-Szenen in eleganten Tuschfeder- und Aquarellzeichnungen vorgeführt, deren erste Anmutung oft in krassem Widerspruch zu den drastischen Inhalten steht. Schließlich folgen die kraftvoll-expliziten Werke in Farbstift und Gouache der 1980er Jahre mit ihren starkfarbigen Motiven und die humorvollen karikaturhaft-geklecksten „Drollereien".

Es ist richtig, dass das erotische Sujet von den ersten bis zu seinen letzten Schaffensjahren von zentraler Bedeutung für den Künstler ist. Und darüber hinaus bekennt Janssen: „Alles ist uns Lust und Stimulanz", anlässlich einer Ausstellungseröffnung mit Werken von Paul Wunderlich, mit dem er sich geistig verbunden fühlt. Das bedeutet im Umkehrschluss, dass auch jede Frucht, jedes Gefäß, jeder Stängel, jeder Turm offensichtlich erotisch inspirieren können.

Eine Beobachtung scheint mir allerdings durchgängig und wesentlich: Alles, was in Janssens explizit erotischen Zeichnungen vordergründig daherkommt, ist zumindest ambivalent. Als „erregend" sind die wenigsten der Arbeiten zu bezeichnen, immer gibt es eine Brechung, die den Betrachtenden verunsichert, zuweilen abstößt: Die Frauenakte des „Millionenstrichlers" wirken anorektisch und dämonisch, die Akteurinnen der Liebesspiele irritieren durch ihre teilnahmslose Mimik und Passivität, bei den männlichen Figuren handelt es sich oft um verwachsene Zwerge oder sie werden vom Künstler auf Körper ohne Kopf oder mit abgewandtem Gesicht reduziert. Schließlich präsentiert er uns „körperliche" Vereinigungen, in denen Skelette zu Akteuren werden oder nur noch Geschlechtsteile, die gewissermaßen pars pro toto agieren. Alles, was Janssen erotisch auflädt, ist auch von Exzentrik, Krankheit, Morbidität, ja Tod gekennzeichnet: Eros und Thanatos – das ganz alte Paar.

Ich wünsche dieser „gewagten" Ausstellung viele Besucherinnen und Besucher, die den überragenden Zeichner und Graphiker Janssen entdecken oder wiedersehen und seine Werke nach allen Regeln der Kunst befragen.

Jutta Moster-Hoos
Leiterin des Horst-Janssen-Museums Oldenburg

Lars Berg

Einführung in das „erotische Werk" von Horst Janssen

Mit einem Exkurs zum Radierzyklus *Brief an Mirjam* (1984): Entstehung und Beziehungen zu Janssens Erzählung *Die Litze*

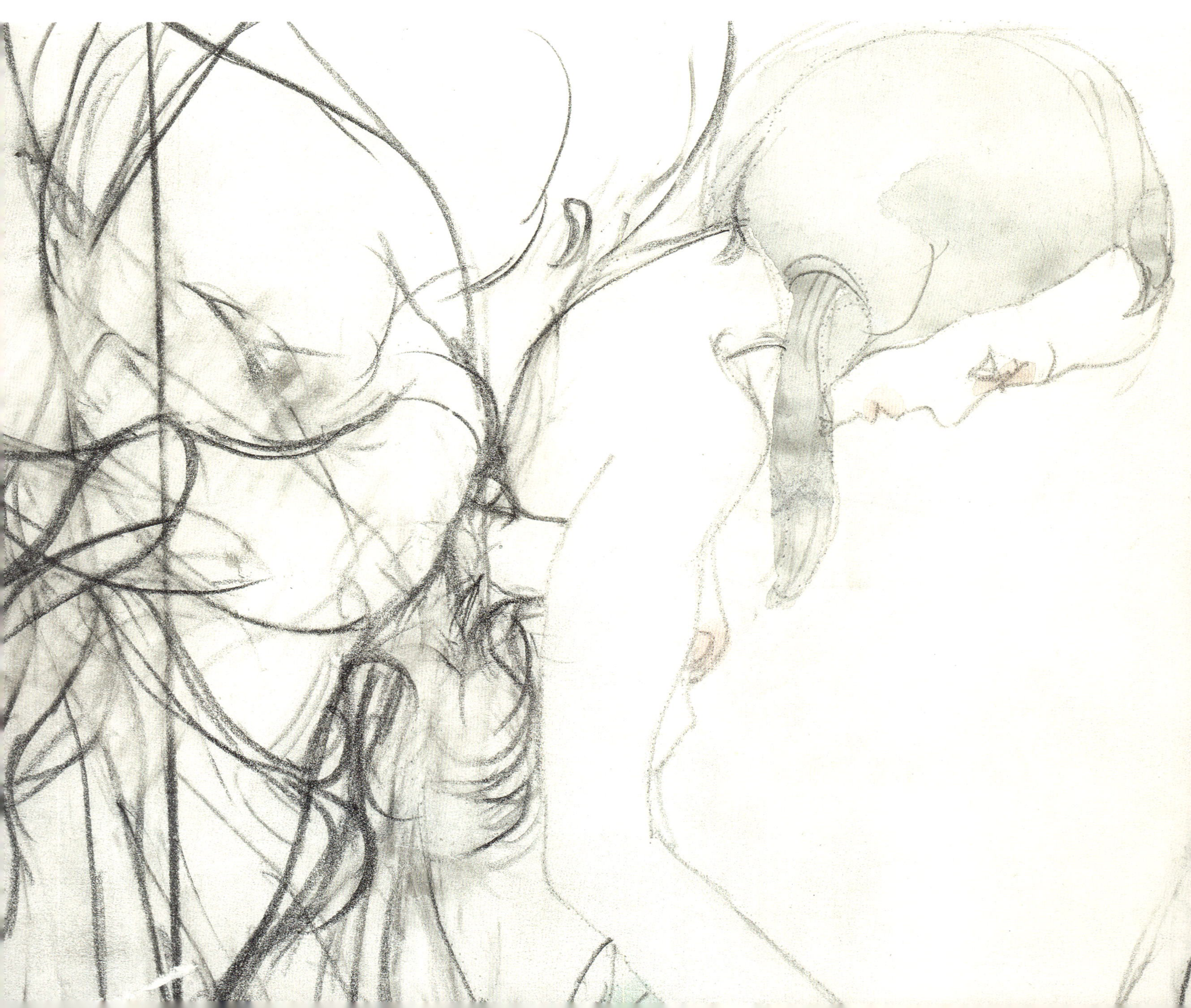

Der bedeutende norddeutsche Zeichner und Druckgraphiker Horst Janssen (1929–1995) wurde einem breiten Publikum vor allem durch seine Selbstbildnisse, Stillleben und Landschaftsdarstellungen bekannt. Ein bedeutender Aspekt seines Werks sind die erotischen Arbeiten. Erotik und Sexualität spielen in den meisten Werken Janssens eine – wenn auch nicht immer auf den ersten Blick sichtbare – wichtige Rolle. So lassen sich etwa zahlreiche seiner „Landschaftsdarstellungen" eindeutig als phallische Gebilde identifizieren, so etwa die Trauerweide in der Farbradierung *Alter Mann träumt Landschaft* (1988; Abb. 1). Das gegengeschlechtliche Pendant hierzu stellen als *Wasserfall*[1] (1989; Abb. 2) oder *Val Bavona* (1971; Abb. 3) „getarnte" Darstellungen einer Vagina dar. Aber auch in anderen Radierungen finden sich Anspielungen auf menschliche Geschlechtsorgane. So sehen auch scheinbar pflanzliche Gebilde in der Farbradierung *Rabarber Land* (sic!) aus der Suite *Svanshall* (1976; Blatt 30/6) jeweils wie ein Phallus aus. Weitere „Landschafts-Radierungen", die sich mit dem weiblichen Geschlechtsorgan vergleichen lassen, finden sich unter anderem in den Radierzyklen *Hokusai's Spaziergang* (1971/72; Blatt 13/41) oder *Nature Morte* (1972; *Quitte*, Blatt 19/11). Insofern lässt sich resümieren, dass erotische Darstellungen grundsätzlich eine substantielle Triebfeder des Janssen'schen Œuvres sind. In einem Epilog zur Geburtstagsrede auf Paul Wunderlich erklärte Janssen denn auch:

> „Eros, dieser niedliche, allmächtige Kerl, der in unserer Seele rumschmust, und der lustige Sexus in unserem Hirn, von wo aus er uns bei Gelegenheit ins Säcklein greift, die beiden bewegen ja bekanntlich die Welt – in der schönsten Weise alle unsere geistigen und leiblichen Genüsse – in gemeinster Weise auch unsere materiellen Begierden und Ehrgeizeleien."[2]

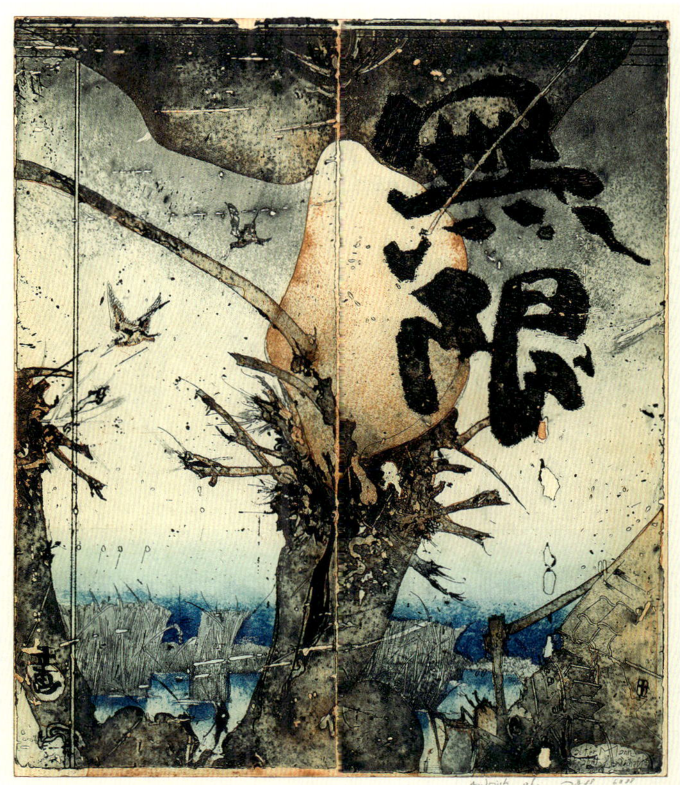

Abb. 1 Horst Janssen, *Alter Mann träumt Landschaft*, 1988, Farbradierung von vier Platten, 59,8 x 49,5 cm, Galerie und Verlag St. Gertrude, Hamburg

Janssen beschäftigte sich seit den 1950er Jahren mit der Darstellung von menschlichen und tierischen Paaren, die von Holzschnitten Edvard Munchs insp riert waren (Abb. 4). Das erotische Werk von Janssen ist hinsichtlich der Motivwelt und der graphischen Techniken extrem facettenreich.

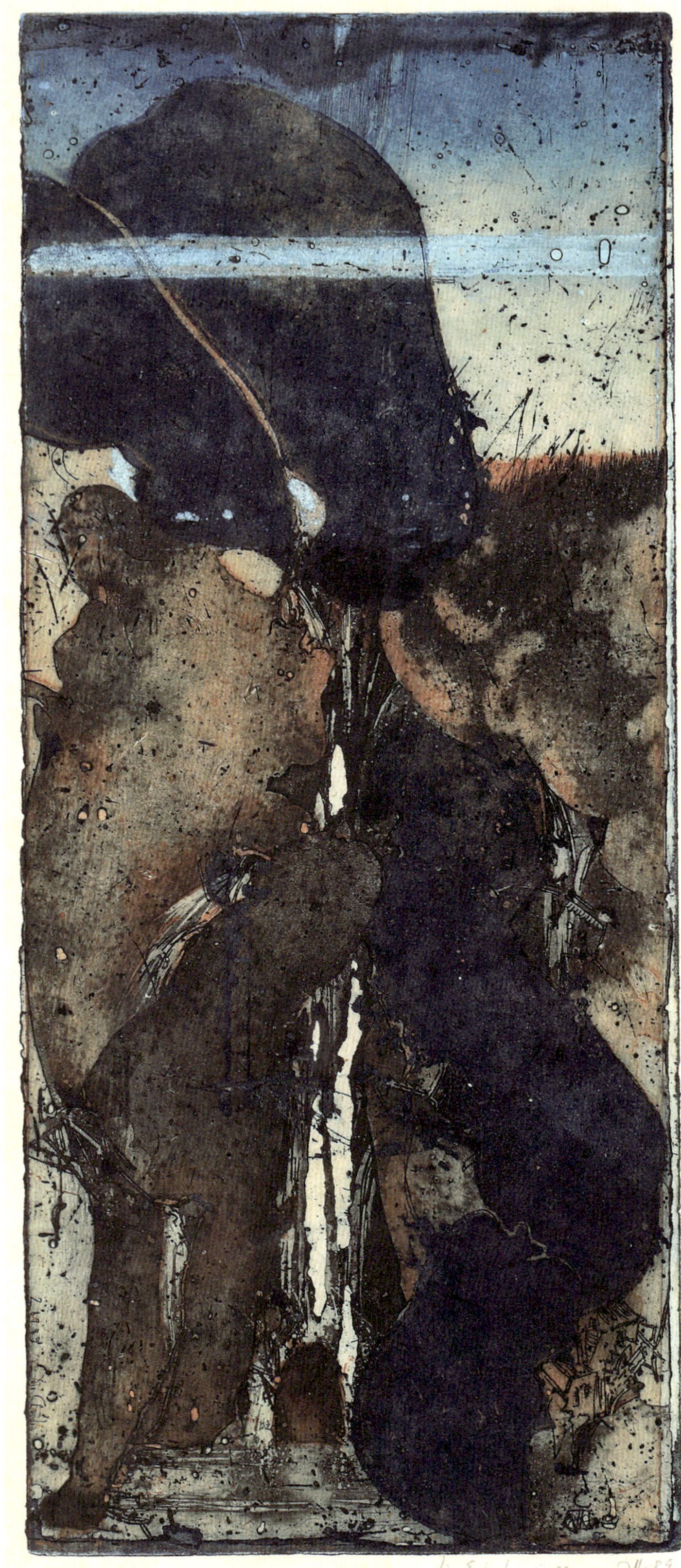

Abb. 2 Horst Janssen, *Wasserfall*, 1989, Farbradierung von vier Platten, 59,7 x 24,5 cm, Galerie und Verlag St. Gertrude, Hamburg

NANA MAPPE

1959 radierte Horst Janssen seine erste Serie, die den Titel *Nana Mappe* trägt. Es handelt sich um 12 Radierungen, die in einer Auflage von 10 Exemplaren verlegt wurden.[3] Die Motive sind mit dünner Linie gezeichnet und zeigen erotische Phantasien (Abb. 5). Der Titel des Zyklus wurde vermutlich durch den 1880 von Émile Zola verfassten gleichnamigen Roman inspiriert.[4] Zola beschreibt in seinem Werk, das zum zwanzigbändigen *Rougon-Macquart-Zyklus* gehört und vom Autor selbst als „histoire naturelle et sociale d'une famille sous le Second Empire" bezeichnet wurde, nicht nur die Dekadenz und den Zerfall der Gesellschaft im ausgehenden 19. Jahrhundert. Er prangert vor allem die Promiskuität der vornehmen Schichten an, die sich nicht nur auf die eigenen Kreise, sondern auch auf Prostituierte bezieht. Die ehemalige Dirne Nana erweist sich als überaus talentlos im gesellschaftlichen Umgang. Sie kann diese Defizite jedoch durch ihren makellosen Körper ausgleichen. Zola lässt Nana in seinem Roman als „blonde Venus" auf einer Bühne auftreten. Nana verfügt über keinerlei Gesangausbildung, da jedoch zuvor angekündigt wurde, dass sie nackt auftreten würde, sind die Karten zur Premiere ausverkauft. Das Publikum besteht aus Literaten, Bankiers, Journalisten, Schriftstellern und Spekulanten. Zolas Roman *Nana* spielt im Operettenmilieu und thematisiert die Bedingungen, unter denen Operetten in ihren Anfangsjahren in Paris gespielt wurden. Er beschreibt das Theater als privat finanzierte Form des Musiktheaters, bei der Erotik freizügig ausgelebt werden konnte und enthemmt ins Grotesk-Witzige übersteigert inszeniert wurde.

Die Radierungen der *Nana Mappe* zeigen verschiedene Begegnungen zwischen Mann und Frau, ohne dass dabei direkt auf einzelne Szenen aus Zolas Roman Bezug genommen wird. Janssen schildert eher freie, assoziationsreiche Phantasien als konkrete Handlungen. Charakteristisch ist die dünne, fein gezeichnete Linie, die an Darstellungen von Paul Klee erinnert.

L'HEURE DE MYLÈNE

1962 folgte ein weiterer Radierzyklus, der erneut im französischen Milieu spielt. Es handelt sich um das aus 12 Radierungen bestehende Werk *L'heure de Mylène*.[5] Motivisch lassen sich die Radierungen durchaus mit dem drei Jahre zuvor entstandenen Zyklus *Nana* vergleichen. Es werden Interaktionen zwischen einzelnen Personen gezeigt. Dabei lässt sich nicht immer genau sagen, ob es sich um Mann oder Frau handelt. In einigen Darstellungen sind die Paare durch haarfeine Fäden miteinander verbunden (Abb. 6). Der Name „Mylène" ist eine Hommage an die 1935 geborene französische Schauspielerin Mylène Demongeot, die in den 1960er Jahren – wie Brigitte Bardot – als eine weibliche Ikone galt.[6] Im Begleitheft zur Ausstellung *Geile Sybillchen* werden die Akteure der Suite *L'heure de Mylène* folgendermaßen beschrieben:

> „Es handelt sich jeweils um zwei oder drei Gespielinnen, die sich mit umgeschnallten, künstlichen Penissen, kleinen Peitschen und anderen Utensilien vergnügen. Die feinen und dünnen Umrisslinien

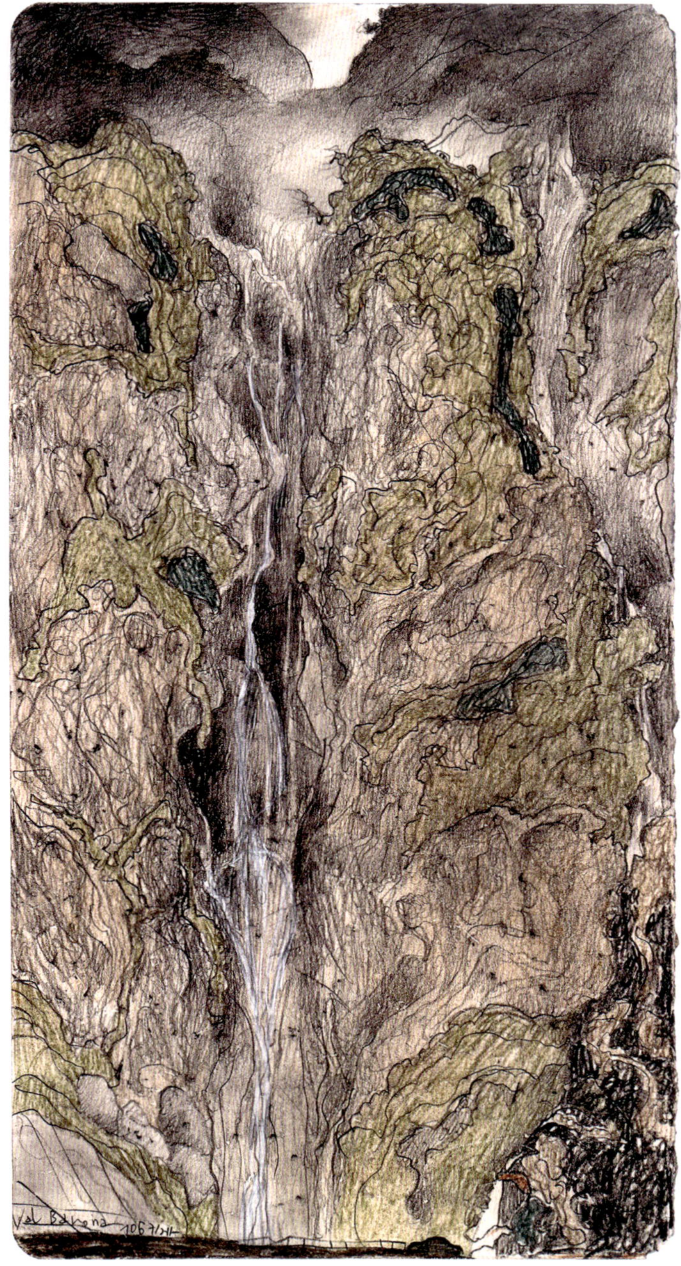

Abb. 3 Horst Janssen, *Val Bavona*, 1971, Blei- und Farbstift, 40,8 x 20,8 cm, Galerie Brockstedt, Berlin

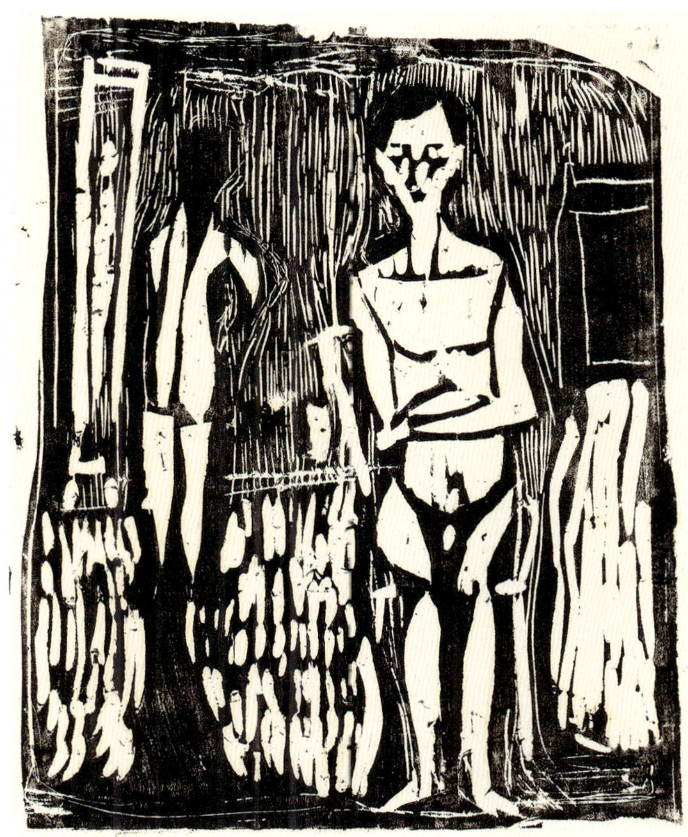

Abb. 4 Horst Janssen, *Paar am Morgen*, 1950/51, Holzschnitt, Verlag und Galerie St. Gertrude, Hamburg

> und die tiefsten Schwärzen, die Janssen punktuell für die Geschlechtsmerkmale einsetzt, gehen mit der Geziertheit und Manieriertheit der dargestellten Figuren und ihren neckischen Gesten eine durchaus sinnliche Liaison ein. Einerseits wirken die Hauptdarstellerinnen elegant und verspielt mit ihren langen und dünnen Extremitäten, hochhackigen Schuhen oder wahlweise Pantöffelchen und lockiger Haarpracht; andererseits werden einschlägige Praktiken vorgeführt, an denen Künstler und Sammler auch deftigen Spaß haben konnten."[7]

Die Mappe *L'heure de Mylène* lässt sich als Reaktion auf Paul Wunderlichs skandalträchtige Mappe *qui s'explique* interpretieren.[8] 1959 wurde der Künstler Paul Wunderlich mit seinen Lithographien schlagartig berühmt, weil er des Veröffentlichens von pornographischem Material bezichtigt wurde. Die Mappenwerke von Janssen und Wunderlich lassen sich nicht nur bezüglich des französischen Titels, sondern auch motivisch miteinander vergleichen. Allerdings steigert Wunderlich die

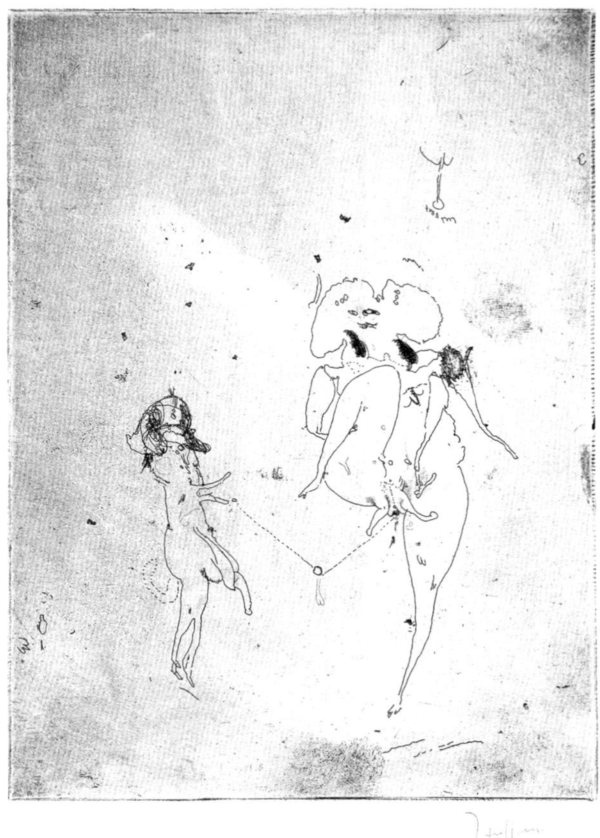

Abb. 5 Horst Janssen, *Ohne Titel*, aus der *Nana Mappe*, Blatt 2 (nach Gäßler), 1959, Radierung, Dauerleihgabe der Claus Hüppe-Stiftung

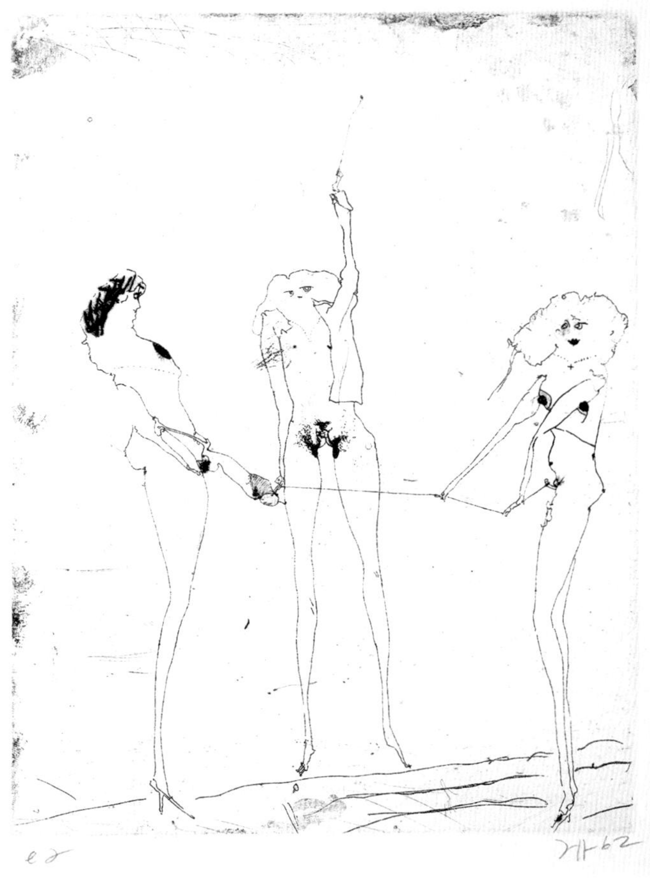

Abb. 6 Horst Janssen, *Ohne Titel*, aus der Mappe *L'heure de Mylène*, Blatt 11 (nach Gäßler), 1962, Radierung, Dauerleihgabe der Claus Hüppe-Stiftung

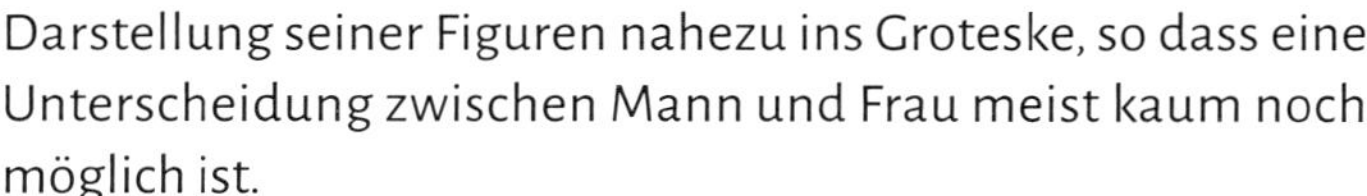

Darstellung seiner Figuren nahezu ins Groteske, so dass eine Unterscheidung zwischen Mann und Frau meist kaum noch möglich ist.

„GEILE SYBILLCHEN"

Seit den 1960er Jahren schuf Janssen meisterhafte, extrem detaillierte Feinstrichzeichnungen, die den weiblichen Körper zeigen. Janssen verzichtete in aller Regel auf die Herausarbeitung der Physiognomie und ließ die Identität der Dargestellten insofern offen. Als Bildtitel verwendete er lediglich *Schnalle*, *Milly*, *Twist tanzende Nutten* oder *Halbgeile Stockholmerin*. Die Zeichnungen wurden meist mit Blei- oder Farbstift ausgeführt. Sie zählen zu den besten zeichnerischen Arbeiten, die Janssen geschaffen hat und offenbaren seine hohe Meisterschaft als virtuoser Zeichner. Bei genauer Betrachtung der aus unzähligen exakt gesetzten Strichen entstandenen Zeichnungen verdeutlicht sich einmal mehr, weshalb sich Janssen auch selbst als „Millionenstrichler" bezeichnet hat.

Die 1968 entstandene Zeichnung *Schnalle* (Abb. 7) zeigt den Torso des Ober- und Unterkörpers einer Frau. Vom Gesicht sind nur der geöffnete Mund und die Zähne zu erkennen. Der Rest des Gesichts wird von den herabhängenden Haaren verborgen. Die sehr langen Brustwarzen fallen deutlich auf. Sie werden von einer Öse oder „Schnalle" fixiert. Außerdem fällt ein funktionsloser Gürtel in den Blick des Betrachters. Janssen verwendet das Motiv von Gürteln, Schnallen und Ösen in Bezug auf die Darstellung weiblicher Akte sehr oft. Diese Motive lassen sich auch in den Radierungen des Zyklus *Brief an Mirjam* in unterschiedlich ausgeprägter Form finden. Sie offenbaren Janssens Interesse für metallische oder aus Leder gefertigte Gegenstände, die den weiblichen Körper umschließen oder malträtieren und an sadomasochistische „Spiele" denken lassen.

PHYLLIS

Im Kontext des erotischen Werks nehmen die farbkräftigen und detailliert ausgearbeiteten Aquarelle der 1970er und 80er

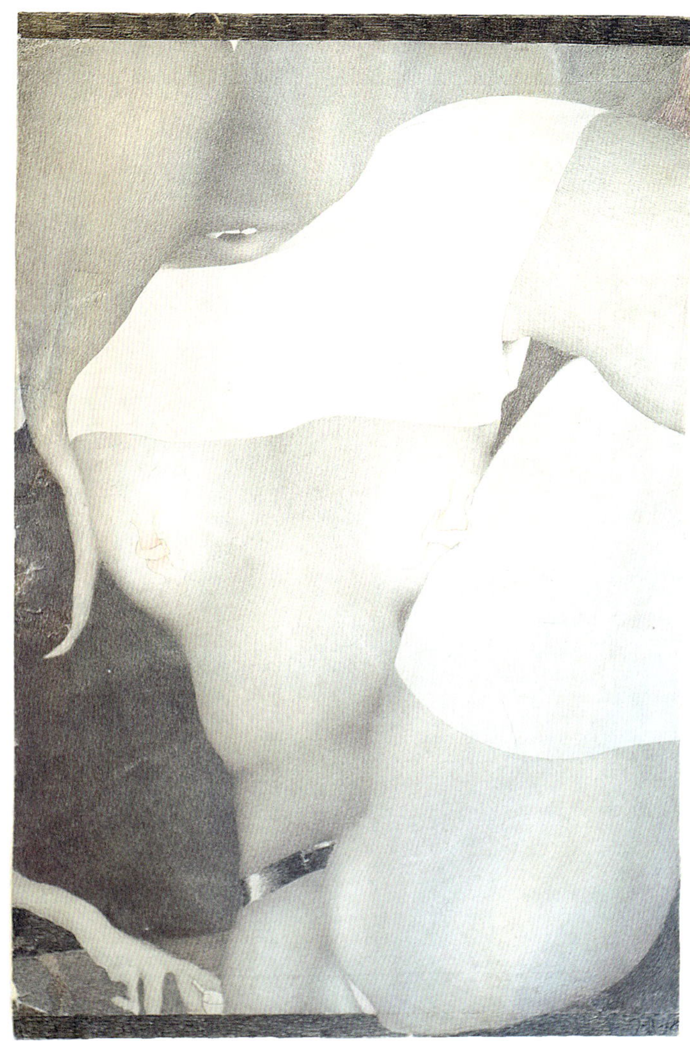

Abb. 7 Horst Janssen, *Schnalle*, 1968, Blei- und Farbstift, 64 x 40,8 cm, Galerie Brockstedt, Berlin

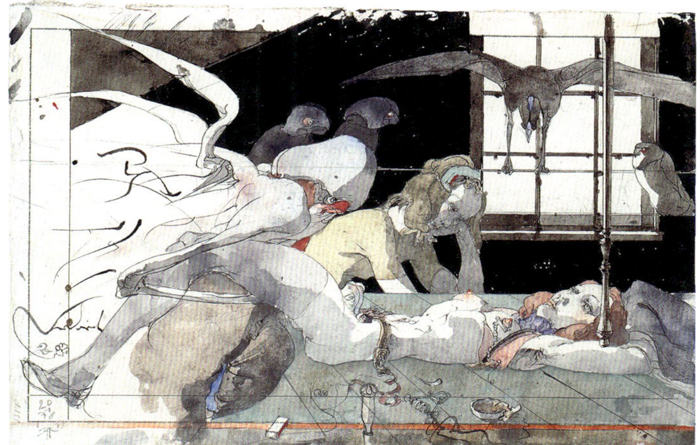

Abb. 8 Horst Janssen, *Phyllis: Vriederich*, 1978, Feder und Aquarell, über Bleistift, auf Papier, 32,5 x 48,5 cm, Galerie Brockstedt, Berlin

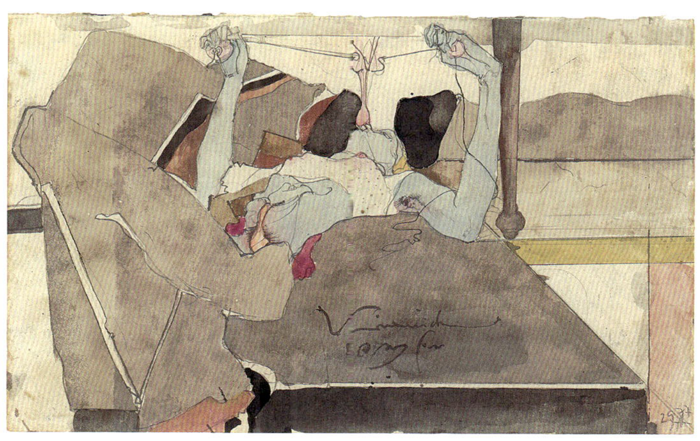

Abb. 9 Horst Janssen, *Vriederich*, 1977, Feder und Aquarell über Bleistift, 47,6 x 61,6 cm, Hamburger Kunsthalle, Kupferstichkabinett

Jahre einen sehr wichtigen Stellenwert ein. Janssens Beschäftigung mit dem Aquarell geht besonders auf das Engagement seiner damaligen Freundin Viola Rackow zurück. Rackow hatte Janssen mit der Behauptung herausgefordert, dass er nicht aquarellieren könne.[9] Zudem hatte sie sich „noch einmal eine Fetisch-Suite in Unanständig" gewünscht.[10] Die Motive der Serie *Phyllis* zeigen mädchenhafte Frauen, die bei unterschiedlichen, teilweise sehr brutalen sexuellen Praktiken gezeigt werden. Es handele sich jedoch – so betont Viola Rackow – um Phantasien, „was immer die Aquarelle darstellen: Orgien, sodomitische Exerzitien, Mehrpersonenrituale, solche Vergnügen hat es am Mühlenberger Weg nie gegeben."[11] Besonders auffällig ist die mentale Abwesenheit der Frauen bei allem, was sie tun oder erdulden. Hierzu bemerkte der bekannte Historiker Joachim Fest, der ein Freund von Janssen war: „Ich könne mir, sagte ich, keinen passenden Reim auf die oftmals ausdruckslos und seltsam unbeteiligt wirkenden Frauen machen, die er auf die turbulente Bühne bringe. Mit träumerisch und zugleich befremdeten Augen verfolgten sie die leidenschaftlichen Bemühungen vor allem der Männer [...]".[12] Auf diese Beschreibung Fests erwiderte Janssen, dass die distanziert ins Bild gesetzten Frauen die „Melusinen"[13] seines Lebens verkörperten: „Die Männer spielten sich im Geschlechterkampf als überlegen auf; die Frauen seien es."[14]

Der Name „Phyllis" kommt aus dem Altgriechischen und bedeutet wörtlich übersetzt „Ast mit Blättern". Die Gestalt der Phyllis entstammt ursprünglich der griechischen Mythologie, sie war die Tochter des thrakischen Königs Sithon. Phyllis grämte sich, weil sie sehr lange auf ihren Geliebten Demophon verzichten musste, und brachte sich deshalb um. Sie wurde in einen

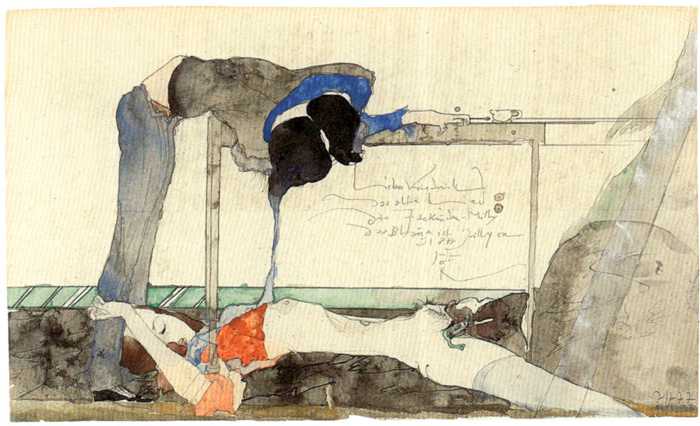

Abb. 10 Horst Janssen, *Vriederich*, 1977, Feder und Aquarell über Bleistift, 21 x 34 cm, Galerie und Verlag St. Gertrude, Hamburg

blattlosen Mandelbaum verwandelt. Nachdem der Baum von Demophon umarmt worden war, trieb dieser einzelne Blätter aus. Diese Geschichte ist der Inhalt des zweiten Briefes von Ovids *Heroides* („Heldinnen", bzw. *Epistulae Heroidum*, „Briefe von Heldinnen"). Diese Schriften gelten neben den *Amores* und der verlorenen Tragödie *Medea* als zentrale Stücke im Frühwerk des römischen Dichters. In Hirtengedichten wurde „Phyllis" auch als Name für liebeskranke Schäferinnen verwendet.

„Die erste und zweite Serie der Mädchenbilder sind bis zum Knochenbau von Viola inspiriert. Vriedrich steht auf vielen Blättern – mit V wie Viola."[15] Ein sehr charakteristisches Aquarell aus der Suite *Phyllis* von 1978 zeigt ein liegendes Mädchen, auf dessen linkem Arm eine Art Tisch- oder Stuhlbein steht (Abb. 8). Janssen empfand Arme als extrem erotisch und entwickelte, so auch in der *Phyllis*-Serie, ungewöhnliche Kombinationen zum Motiv „Arm". In einem 1977 entstandenen *Phyllis*-Aquarell mit dem Titel *Vriederich* beispielsweise, das in der Hamburger Kunsthalle verwahrt wird, steht das Tisch- oder Stuhlbein neben einem menschlichen Arm (Abb. 9). In einem vergleichbaren Aquarell aus der gleichen Serie steht das Tischbein wieder auf dem Arm (Abb. 10). Das Motiv des Arms, der von einem Tischbein eingedrückt wird, findet sich auch in zwei Radierungen des Zyklus *Brief an Mirjam* (Blatt 17 und 19 nach Gäßler; Abb. 11 und 12). Das im Aquarell gezeigte Mädchen (Abb. 8) blickt gedankenverloren in die Ferne. Die linke Brustwarze wird von einem Gegenstand, der zwischen Schmuck und Marterwerkzeug einzuordnen ist, fixiert. Im Vordergrund sind weitere Klammern, Gürtel und Sexspielzeuge zu erkennen. Eine besonders düstere Atmosphäre verbreiten die an Falken erinnernden Vögel, die das Mädchen beobachten.

DER RADIERZYKLUS *BRIEF AN MIRJAM* (1984)

Im Juni 1984 schuf Janssen 27 Radierungen, die er im Band *Eros, Tod und Maske* jeweils einzeln mit dem Titel *Die Litze* versah und die in ihrer Gesamtheit zur Suite *Brief an Mirjam* zusammengefasst wurden.[16] Der Zyklus ist Mirjam Madlung gewidmet,[17] der Tochter von Judith Schlottau, einer Kommilitonin von Janssen, in die er „kurz und heftig" verliebt war.[18] Die 27 Radierungen erschienen in einer Auflage von 100 Exemplaren

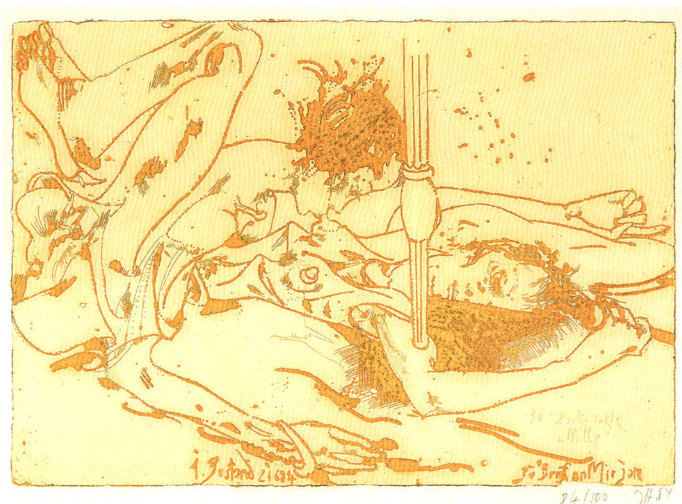

Abb. 11 Horst Janssen, *30 2 Sek. Takte „Milly"*, aus der Suite *Brief an Mirjam*, Blatt 17 (nach Gäßler), 1984, Radierung, 1. Zustand, Horst-Janssen-Museum Oldenburg

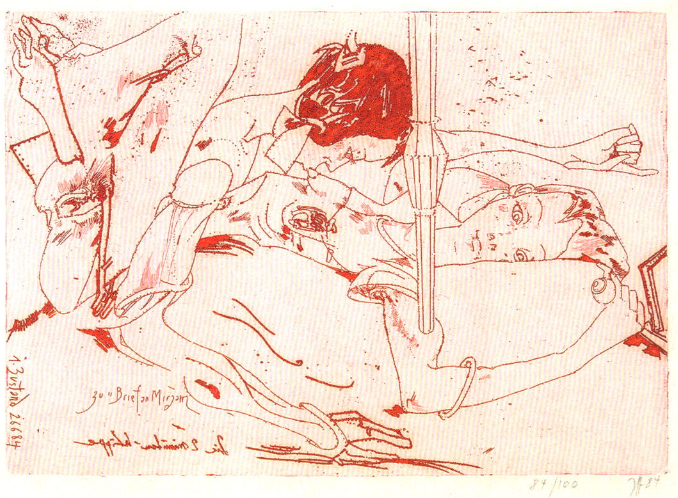

Abb. 12 Horst Janssen, *Die 2 Minuten-Wippe*, aus der Suite *Brief an Mirjam*, Blatt 19 (nach Gäßler), 1984, Radierung, 1. Zustand, Horst-Janssen-Museum Oldenburg

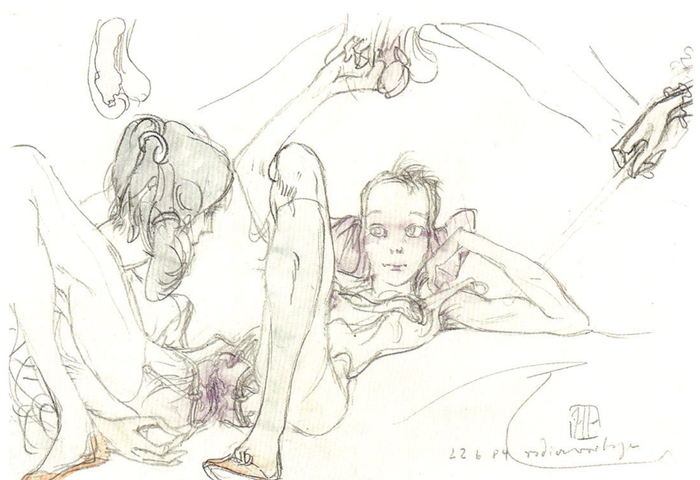

Abb. 13 Horst Janssen, Vorzeichnung zu Blatt 15 der Radierfolge *Brief an Mirjam*, 1984, Bleistift und Aquarell, 21 x 29,5 cm, Galerie und Verlag St. Gertrude, Hamburg

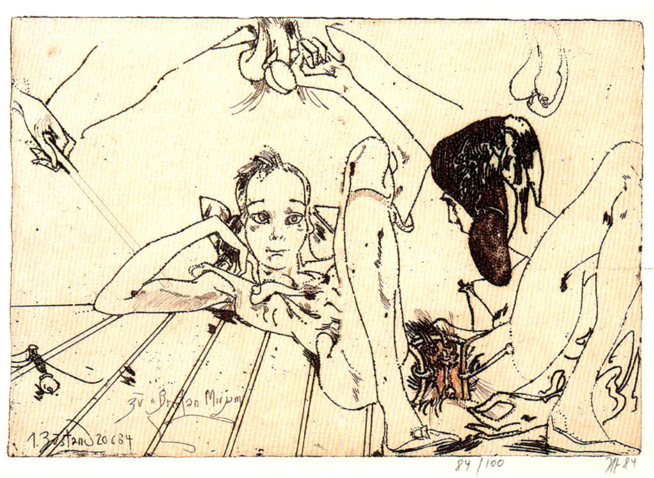

Abb. 14 Horst Janssen, *Ohne Titel*, aus der Suite *Brief an Mirjam*, Blatt 15 (nach Gäßler), 1984, Radierung, 1. Zustand, Horst-Janssen-Museum Oldenburg

und wurden im Atelier von Peter Fetthauer und Hartmut Frielinghaus in Hamburg gedruckt und vom Verlag St. Gertrude 1984 herausgegeben.[19] Die 27 Radierungen im Querformat zeigen ein Mädchen, genannt „Litze", das bei verschiedenen sexuellen Handlungen vorgeführt wird. „Litze" wird in den meisten Szenen von einem weiteren Mädchen beobachtet. Zu diesen Radierungen haben sich acht seitenverkehrte Vorzeichnungen, ausgeführt in Bleistift und partiell aquarelliert, in der Sammlung der Galerie St. Gertrude in Hamburg erhalten (Abb. 13, 14).

Die Zeichnungen bereiten die Radierungen sehr gründlich vor. Ein Vergleich zwischen den Bleistiftzeichnungen und den ausgeführten Radierungen zeigt, dass Janssen die detailliert ausgearbeiteten Vorzeichnungen ohne Änderungen direkt in die spätere Radierung übersetzte. Dies veranschaulichen einzelne Vergleiche zwischen Zeichnung und Druckgraphik (Abb. 13–18). Es lässt sich auch erkennen, dass die lediglich als Vorzeichnungen bzw. „Radiervorlagen" geplanten Blätter, wie Janssen sich ausdrückte, eine sehr hohe Qualität aufweisen. In der Galerie St. Gertrude in Hamburg sind Vorzeichnungen für die folgenden Radierungen aus dem Zyklus *Brief an Mirjam* erhalten (nach Gäßler): Blatt 2, 8, 10, 12, 13, 15, 21, 23, 24.

Die Radierungen beziehen sich teilweise wörtlich auf Janssens ebenfalls 1984 erschienenes und vom Verlag St. Gertrude herausgegebenes Buch *Die Litze. Eine ziemlich lautlose Geschichte oder die Zeit der Kinder*. So ist Blatt 13 (nach Gäßler) mit dem Satz *Missbrauch hebt den Gebrauch nicht auf* und Blatt 19 (nach Gäßler) mit dem Titel *Die 2 Minuten-Wippe* unterschrieben. Diese Sätze kommen wörtlich in der Erzählung *Die Litze* vor.

Die 39 verschiedenen Radierungen aus dem Zyklus *Brief an Mirjam* erzählen keine fortlaufende Geschichte. Es werden lediglich in unterschiedlicher Form verschiedene erotische Begegnungen zwischen einer mädchenhaften, jungen Frau und einem Mann geschildert.

In dem 1984 publizierten Buch *Die Litze* sind 16 Vorzeichnungen von den insgesamt 39 Radierungen des Zyklus *Brief an Mirjam* abgedruckt. Es handelt sich um die Blätter 1, 6, 7 (in zwei Varianten; S. 25 und S. 39), 8, 10, 12, 13, 15, 16, 17, 18, 20, 21, 23, 24 (nach Gäßler).[20] Insgesamt umfasst das Buch *Die Litze* 33 farbige Abbildungen von erotischen Zeichnungen Janssens. Bei 11 abgebildeten Aquarellen handelt es sich um Arbeiten aus der Serie *Phyllis*, die Janssen 1984 in Bezug auf die öffentliche Vorstellung des gleichnamigen Buches gemalt hatte (S. 27, 41, 43, 45, 47, 57, 59, 61, 67, 69, 71).[21] So ist auf Seite 69 etwa das Aquarell mit dem Titel *Zelebriert* (Radiervorlage zu *Phyllis*) abgebildet.[22]

Bei sieben anderen Zeichnungen bzw. Aquarellen handelt es sich um Radiervorlagen zu anderen erotischen Werken von Janssen oder um autonome Zeichnungen (S. 31, 33, 37, 45, 63). Die einzelnen Abbildungen sind nicht auf den begleitenden Text abgestimmt, sondern dienen der Inspiration und nicht der Erläuterung des Textes. Janssen beschreibt im Buch die erotischen Erlebnisse des „Modells" Litze in Schloss Altenbrunn. Zum Personal der Erzählung gehören: Phyllis und ihre Freundin Janine, Wehmholt „der Pavian" („Heizer und Faktotum") und Kleopatra („Buckel-Hexe"). Außerdem treten die Zwillinge Hermes („die Hermen") „Herm I" und „Herm II", die Litze und Roland, „ein Fischerjunge von der Küste", als handelnde Perso-

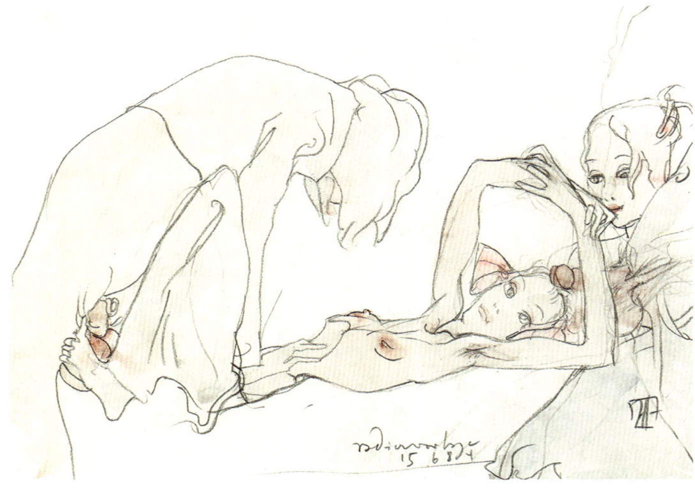

Abb. 15 Horst Janssen, Vorzeichnung zu Blatt 12 der Radierfolge *Brief an Mirjam*, 1984, Bleistift und Aquarell, 21 x 29,5 cm, Galerie und Verlag St. Gertrude, Hamburg

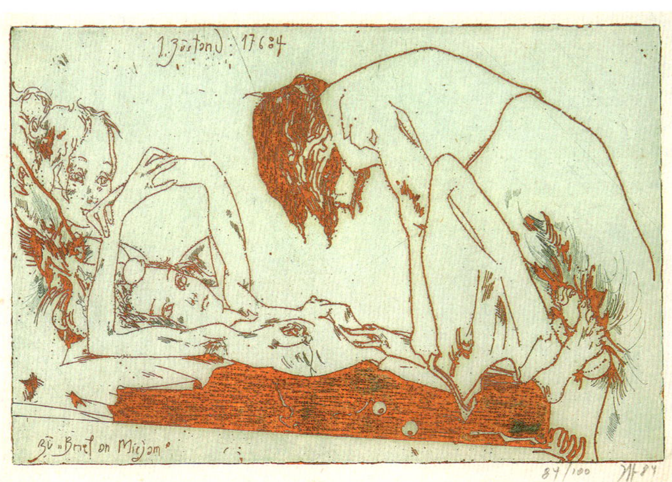

Abb. 16 Horst Janssen, Radierfolge *Brief an Mirjam*, 1984, Blatt 12, 24,3 x 31,9 cm, Horst-Janssen-Museum, Oldenburg

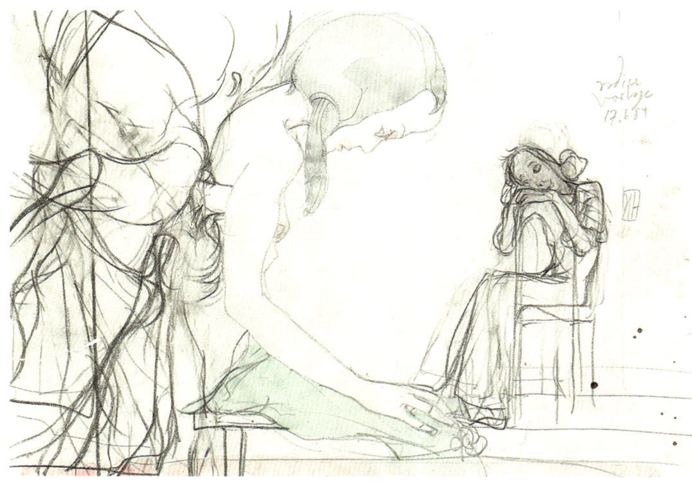

Abb. 17 Horst Janssen, Vorzeichnung zu Blatt 13 der Radierfolge *Brief an Mirjam*, 1984, Bleistift und Aquarell, 21 x 29,5 cm, Galerie und Verlag St. Gertrude, Hamburg

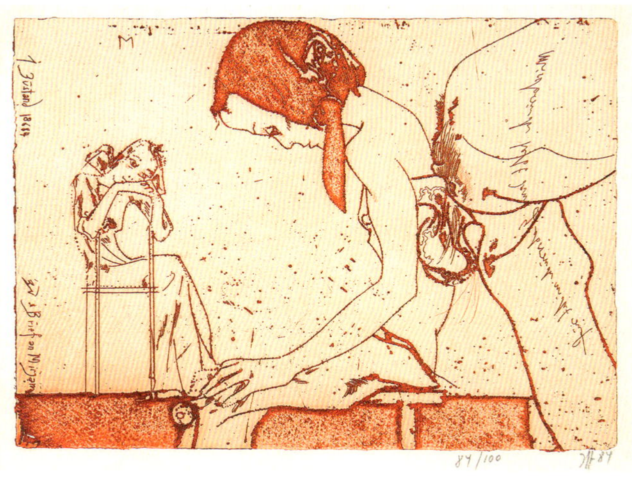

Abb. 18 Horst Janssen, Radierfolge *Brief an Mirjam*, 1984, Blatt 13, 24,1 x 32,8 cm, Horst-Janssen-Museum, Oldenburg

nen auf. Janssen schlüpft in die Rolle des Ich-Erzählers und berichtet aus der Sicht von Phyllis. Vorangestellt wird der Schilderung die Bemerkung, dass sich die genannten Personen von November bis Februar auf Schloss Altenbrunn aufhalten, wenn die „Gräfin R.", genannt „die Füchsin" ihren Wohnsitz verlassen habe. Der Name des Schlosses erinnert an das reale Gut Altenhof in Schleswig-Holstein, von dem die dritte Ehefrau von Horst Janssen, Verena von Bethmann Hollweg, eine Enkelin des wilhelminischen Reichskanzlers Theobald von Bethmann Hollweg (1856–1921), stammte.[23] Verenas Mutter war eine geborene Gräfin Reventlow und seit 1938 Besitzerin des Schlosses Altenhof.[24] Bei der von Janssen geschaffenen Figur der „Gräfin R." wird es sich demnach um eine Anspielung auf seine damalige Schwiegermutter handeln. Es folgt eine Beschreibung der einzelnen Zimmer. Das „grauviolett austapezierte Zimmer" bezeichnet Janssen als „Trainingsraum", also jenen Raum, in dem die sexuellen Handlungen geschehen:

> „Jeden November verlässt Gräfin R. ‚die Füchsin' mit Tross Schloß Altenbrunn, und dann ist es unser Refugium bis Februar. Der ganze riesige, graue Klotz ist für diese Zeit winterfest gemacht. Alle Suiten sind

> stillgelegt bis auf das große Backgammon-Zimmer und die 3 sich nach Süden anschliessenden Zimmer – das schwarze – das Fliederzimmer und das grau-violett austapezierte; letzteres ist unser Trainingsraum. [...] Und dies Jahr ist neu hinzugekommen Roland – ein Fischerjunge von der Küste, ein hübscher 19jähriger Kerl, in den Janine sich verkuckt [sic!] hat. Als Ausnahme unter den Fischern ist er ebensooft im Wasser wie im Boot und die Form und die Muskulatur seines Körpers sind vom Wasser modelliert."[25]

Für die drei Wintermonate sind die auf dem Schloss eingetroffenen Personen von der Außenwelt abgeschlossen und können sich so ausschließlich dem „Training und der Sättigung" hingeben.[26] Es ist sehr auffällig, dass Janssen für die erotischen Handlungen ein ausgesprochen ungewöhnliches Vokabular verwendet. So benennt er etwa den Geschlechtsverkehr als „Training" oder „Rummsrumsrums":

> „Wir hatten uns ausgedacht, daß drei Wintermonate, womöglich eingeschneit und von der Welt ausgeschlossen, in gesicherter Wärme und einverständlicher Freundschaft – daß also diese drei Monate dem Training und der Sättigung gehören – ausschließlich dem Rummsrumsrums, wie Janine es nennt."[27]

Die extrem technische Wortwahl von Janssen setzt sich fort. So wird der „hübsche Roland" etwa für „Janines Bedürfnisse [...] zubereitet". Die Hermen stehen für „Maschinen" und die gesamten erotischen Erlebnisse werden als „Turnier" bezeichnet:

> „Den hübschen Roland wollen wir also zubereiten für Janines Bedürfnisse – wir wollen es zusammen mit ihm einüben am Körper der Litze. Wir – das sind hauptsächlich Janine und ich und die Hermen. Und die Hermen stehen für ‚Maschine' – abwechselnd und übergangslos. Man kann diese Zwillinge überhaupt nur an diesem Wechsel unterscheiden: Herm I bringt es bei Halbsekunden-Stössen auf sieben Minuten, ohne sich zu ergiessen – Herm II gleicherweise auf elf Minuten. In ihren Hoch-Zeiten lösen sie sich dreimal ab. Brauchen die Zwei aber doch mal ein Päuschen, übernimmt der Pavian das so angemachte Litzchen – in solchen Turnieren wünscht sie keine Unterbrechung."

Janssen beschreibt explizit die einzelnen, sehr drastischen Handlungen des „Turniers". Dabei bedient er sich auch weiterhin einer sehr technischen Sprache. So spricht er beispielsweise von einer „Mechanik der Liebe":

> „Über diese tiefe Einsicht in die Mechanik der Liebe mussten wir sehr lachen. Inzwischen läuft die Mechanik weiter. Es ist die vierte Minute und die Hermstösse sind präzise und kräftig wie anfangs."[28]

Wie bereits angeführt, interessierte sich Horst Janssen besonders für den menschlichen Arm, der auf ihn eine zutiefst erotische Anziehungskraft ausübte. Das Motiv findet sich neben dem Radierzyklus *Les Bras* von 1970, auch auf zwei Blättern der Suite *Brief an Mirjam*. In den Blättern 17 und 19 (nach Gäßler; Abb. 11 und 12) ist das weiter oben schon genannte Motiv des von einem Tischbein eingequetschten Arms zu entdecken, das sich unmittelbar auf eine Textstelle in Janssens Erzählung *Die Litze* beziehen lässt. Auf Seite 28 heißt es dazu:

> „Und an irgendeinem regnerischen Wintertag vor 2 Jahren – unsere Hermen waren ausnahmsweise irgendwo draußen auf dem Gelände und wir waren zu dritt – etwas trunken von einem schweren Rotwein – und rangelten so mehr oder weniger absichtsvoll umeinander – da stellte Janine, als die Litze lustvoll-erschöpft rücklings flach auf dem Boden lag, die Arme von sich gestreckt – stellte also Janine ohne Erklärung das Bein eines kleinen Tisches knapp unterhalb des hochgerutschten Saumes eines niedlichen Puffärmels auf Litzes Arm und mit ihrem Fuß schob sie den Unterarm zu einem spitzen Winkel und das aufschwellende Fleisch konnte sich nicht zur Schulterkugel hin verteilen, weil blockiert durch den engen Saum des Puffärmels."[29]

Die Faszination für weibliche Oberarme reicht weit bis in Janssens eigene Schulzeit zurück.[30] Janssen selbst nennt das sogenannte „Muskelreiten", das zu den Spielen auf dem Schulhof gehörte. Nach einem „Kampf" wurde der „Besiegte" rücklings auf dem Boden gehalten, damit sich der „Sieger" mit den Knien auf die Oberarme setzen konnte. Dieses schmerzhafte Kampfspiel hatte Janssen auch bei dem Nachbarsmädchen Linde ausprobiert, das ihn hierzu aufgefordert hatte.[31] Janssen selbst bezeichnete diesen „Muskelritt" später als „Ritt über einen Engelsparcour". Diese Form des „lustbringenden" Muskelschmerzes blieb für Janssen zeit seines Lebens ein wichtiges künstlerisches Motiv.[32]

Janssen beschreibt in der *Litze* die weiteren Handlungen sehr detailliert, gerade hinsichtlich der Accessoires im Fetischstil und der mechanischen Abläufe. So erfährt die Leser:in beispielsweise, dass die Litze ein „Gürtelgeschirr" trage, das mit „Perlmuttklammern" verziert sei. Die Protagonisten erhalten während des „Turniers" Unterstützung von einer alten Frau, die Janssen lediglich als „Alte" bezeichnet:

> „Und es ist wohl grad die total leidenschaftslose Mechanik unseres Freundes, die uns gierig macht: dies perfekt zelebrierte Rumsrums müsse sich doch irgendwann der Kontrolle entziehen und sich auf ein vorzeitiges Ende hinsteigern. Dem aber ist nicht so. Und während der Herm seine Anschläge setzt, schleicht die Alte wieder heran und zieht den anfangs erwähnten breiten Gürtel mit den zwei Koffergriffen unter Litzes Kreuz durch – ungemein schnell und geschickt – und es ist immer wieder verblüffend: gegen die Stösse des Herm hebt unsere Freundin ihren Körper im Kreuz etwas an, um so der Alten behilflich zu sein. Dieser Gürtel der 5. Minute soll dem Herm die weiteren Minuten etwas erleichtern, indem er sich das Becken der Litze seinen Stössen entgegenziehen kann; dafür die Griffe. Sodann sind an diesem Gürtelgeschirr 2 dünne Schnüre befestigt, just so lang, daß die eigens angefertigten Perlmuttklammern an diesen Schnüren auf die kleinen harten Zylinder geklemmt werden können – wobei erwähnt sei, daß die Spannung der kleinen Federn liebevoll bemessen ist."[33]

Die von Janssen beschriebenen „Griffe" und das „Gürtelgeschirr" können auch in den Blättern 22, 23 und 27 der Radierfolge *Brief an Mirjam* identifiziert werden.
Auf Seite 42 beschreibt Janssen das Ende bzw. Finale eines Teils des „Turniers", wobei die von ihm verwendete Rhetorik auch an dieser Stelle wieder sehr technisch ist und Janssen bezüglich der Protagonisten von „trainiertem Fleisch" spricht:

> „[…] und alles Mechanische der Scenerie ist aufgelöst und ohne sich eigentlich zu umarmen, liegen nun zwei entzückende Menschen wie weit voneinander entfernt aufeinander. Aller Wille ist raus aus dem Fleisch. […] Das waren die 11 Minuten des Herm II. Übergangslos müßte ich nun die sieben Minuten des Herm I schildern, und dann beides zweimal wiederholt: Das ist das Mass, das genau der Physis unserer Freundin angemessen ist. Zweiundfünfzig Herm-Minuten sind die totale Sättigung dieses trainierten Fleisches. Dann ist alle Kraft aus diesem Rums-Körper raus, und wenn sie sich dann nach einer Weile aus einer Todstellung langsam erhebt, kommt ihr aus ihrem kleinen schmalen Lächeln ein: ‚Oh Mann – bin ich fertig'."[34]

Janssens literarische Ausführungen stehen in der Tradition der von Marquis de Sade (1740–1814) 1795 während der Zeit der Französischen Revolution verfassten – und von de Sade selbst als „Erziehungslektüre" charakterisierten – Schrift *Die Philosophie im Boudoir oder Die lasterhaften Lehrmeister*, die den Untertitel „zur Erziehung junger Damen bestimmt" trägt. Nach einer Vorrede „an die Libertins" folgen sieben Dialoge und ein Exkurs im Verlauf des fünften Dialogs mit dem Titel „Franzosen, noch eine Anstrengung, wenn ihr Republikaner sein wollt".
De Sade verortet die Handlung, ähnlich wie Janssen, in einem außerhalb der Stadt gelegenes Landhaus, das Madame de Saint-Ange gehört. Der zeitliche Ablauf umfasst zwei aufeinanderfolgende Tage; bei Janssen zieht sich die Handlung über drei Monate. Der Kern der Handlung besteht darin, dass Madame de Saint-Ange, ihr Bruder und ein Freund ihres Bruders, der Libertin Dolmancé, die „sexuelle und intellektuelle Initiation"[35] des 15 Jahre alten Mädchens Eugénie übernehmen. In den Erholungspausen führen sie philosophische Gespräche. Zu Beginn wird im zweiten Dialog die besonders geheimnisvolle Aura von Madame de Saint-Ange beschrieben. Sie sagt zu Eugénie: „[…] weißt du nicht, daß ich dich bei diesem Besuch in die geheimsten Mysterien der Venus einweihen soll; werden zwei Tage Zeit genug sein?"[36]
So wie Janssen die erotischen Handlungen als „Turnier" begreift, verwendet de Sade das Wort „Unterricht". So sagt Dolmancé im dritten Dialog zu Madame de Saint-Ange:

> „[…] Ich bin Ihrem Herrn Bruder begegnet; er hielt meine Anwesenheit bei den Stunden, die Sie dem Fräulein geben wollen, für nötig; und da er wußte, daß dies hier das Gymnasium ist, in dem der Unterricht stattfinden soll und er nicht annahm, daß Sie etwas dagegen haben würden, hat er mich heimlich hierher geführt. […]"[37]

Zwischen de Sade und Janssen lassen sich auch einige sprachliche Vergleiche ziehen. So fällt auf, dass Janssen seine Protagonisten oft als „artig" oder „unartig" bezeichnet. Eines vergleichbaren Vokabulars bedient sich auch de Sade, so sagt Dolmancé etwa zu Eugénie im dritten Dialog:

„[…] Aber jetzt hören Sie mir zu, hübsche kleine Schülerin, oder Sie haben zu befürchten, daß ich, wenn Sie nicht brav sind, von meinen Rechten Gebrauch mache, die mir als Ihrem Lehrmeister in so reichem Maße zustehen.“[38]

Madame de Saint-Ange unterstützt dieses Vorgehen, indem sie noch einmal wiederholt, was Dolmancé gesagt hat: „Oh! Ja, ja, Dolmancé, ich liefere sie Ihnen aus. Schelten Sie sie heftig, wenn sie nicht artig ist.“[39]
Der Künstler Janssen war ein extrem belesener Mann, der sich besonders für Texte von Thomas Mann und Ernst Jünger interessierte.[40] Seine besondere Faszination galt Edgar Allen Poe.[41] Vor dem Hintergrund seiner Belesenheit dürfte es sehr wahrscheinlich sein, dass er mit der *Philosophie im Boudoir* von de Sade vertraut war. Dabei diente ihm das Werk de Sades nicht als direkte Vorlage, sondern wohl eher als eine Art Inspirationsquelle.

Horst Janssen war nicht nur ein begnadeter Zeichner und Graphiker, sondern auch Autor. In zahlreichen seiner Werke verbinden sich Bild und Text zu einem Gesamtkunstwerk. Janssen kreierte dabei zahlreiche neue Wortschöpfungen und bediente sich vielfach einer Sprache, die uns heute ein wenig verschroben oder abgehoben und „aus der Zeit gefallen“ vorkommen mag. Janssens 1984 veröffentlichte Erzählung „Die Litze“ muss vor dem Hintergrund seiner Entstehungszeit gelesen werden. Die Geschehnisse spiegeln Janssens eigene, bisweilen sehr drastische Phantasien und Projektionen bezüglich erotischer Handlungen wider, die er im Alter von 55 Jahren niederschrieb. Es handelt sich ausdrücklich nicht um einen Bericht realer Geschehnisse. Vielmehr ist das Werk „Die Litze“ als ein literarisches „Kunstprodukt“ zu betrachten, in das Janssen schwerpunktmäßig seine zeichnerischen und schriftstellerischen Erfahrungen bezüglich des erotischen Œuvres einbrachte.

1 Vgl. Janssen 1997, S. 41, Kat. Nr. 20.
2 Zitiert nach: Spielmann 1997, S. 13.
3 Gäßler 1995, S. 34–36, Kat. Nr. 1.
4 Vgl. Ausst. Kat. Oldenburg 2014, S. 5.
5 Gäßler 1995, S. 47–50, Kat. Nr. 6.
6 Vgl. Ausst. Kat. Oldenburg 2014, S. 6.
7 Ebd., S. 6–7.
8 Ebd., S. 7.
9 Vgl. Blessin 1993, S. 466.
10 Ebd.
11 Ebd., S. 470.
12 Zitiert nach: Fest 2001, S. 212.
13 Ebd., S. 212.
14 Ebd.
15 Blessin 1993, S. 471.
16 Vgl. Janssen 1992, Nrn. 386–387, 389, 391–396. Siehe: Gäßler 1995, S. 228–233, Kat. Nr. 39.
17 Vgl. Ausst. Kat. Oldenburg 2014, S. 15.
18 Ebd.
19 Gäßler 1995, S. 228.
20 Ebd., S. 228–233, Kat. Nr. 39.
21 Vgl. die Informationskarte zu: Horst Janssen, *Phyllis*, 1984, Aquarell über Bleistift, 28 x 40,6 cm, Galerie Brockstedt, Berlin, Text: Kirsti Barkemeyer, in: Geile Sybillchen. Erotische Fantasien von Horst Janssen. Kassette mit Reproduktionen von Werken von Horst Janssen zur Ausstellung „Geile Sybillchen – Erotische Fantasien von Horst Janssen“, 18.07.–16.11.2014, Horst-Janssen-Museum Oldenburg, mit Texten von Kirsti Barkemeyer, Jutta Moster-Hoos und Antje Tietken.
22 Horst Janssen, *Zelebriert* (Radiervorlage zu *Phyllis*), 1984, Aquarell und Deckfarbe, über Bleistift, 22,5 x 41 cm, Galerie und Verlag St. Gertrude, Hamburg.
23 Vgl. Ausst. Kat. Oldenburg 2014, S. 14.
24 Ebd.
25 Janssen 1984, S. 7.
26 Ebd., S. 8.
27 Ebd.
28 Ebd., S. 30.
29 Ebd., S. 28.
30 Vgl. die Informationskarte zu: Horst Janssen, *Die Spezialität*, 1992, Aquarell, 49 x 77 cm, Galerie und Verlag St. Gertrude, Hamburg, Text: Antje Tietken, in: Geile Sybillchen. Erotische Fantasien von Horst Janssen. Kassette mit Reproduktionen von Werken von Horst Janssen zur Ausstellung „Geile Sybillchen – Erotische Fantasien von Horst Janssen“, 18.07.–16.11.2014, Horst-Janssen-Museum Oldenburg, mit Texten von Kirsti Barkemeyer, Jutta Moster-Hoos und Antje Tietken.
31 Ebd.
32 Ebd.
33 Janssen 1984, S. 32.
34 Ebd., S. 42.
35 Vgl. Gert Pinkernell, Namen, Titel und Daten der französischen Literatur. Ein chronologisches Repertorium wichtiger Autoren und Werke von 842 bis ca. 1960, 3. Ausgabe als elektronische Publikation der UB Wuppertal (2014). URL: http://www.gert-pinkernell.de/romanistikstudium/Internet1.html (letzter Aufruf: 08.11.2022)
36 Zitiert nach: Sade 2013, S. 23.
37 Ebd., S. 24.
38 Ebd., S. 28 f.
39 Ebd., S. 29.
40 Vgl. Horst Janssen und die Literatur „Der Wörterer“, URL: https://www.deutschlandfunk.de/horst-janssen-und-die-literatur-der-woerterer-100.html (letzter Aufruf: 23.11.2022)
41 Ebd.

Sabine Siebel

Horst Janssens Erotika

Von den Widersprüchlichkeiten der menschlichen Natur und ihrer Ausbalancierung in der Kunst

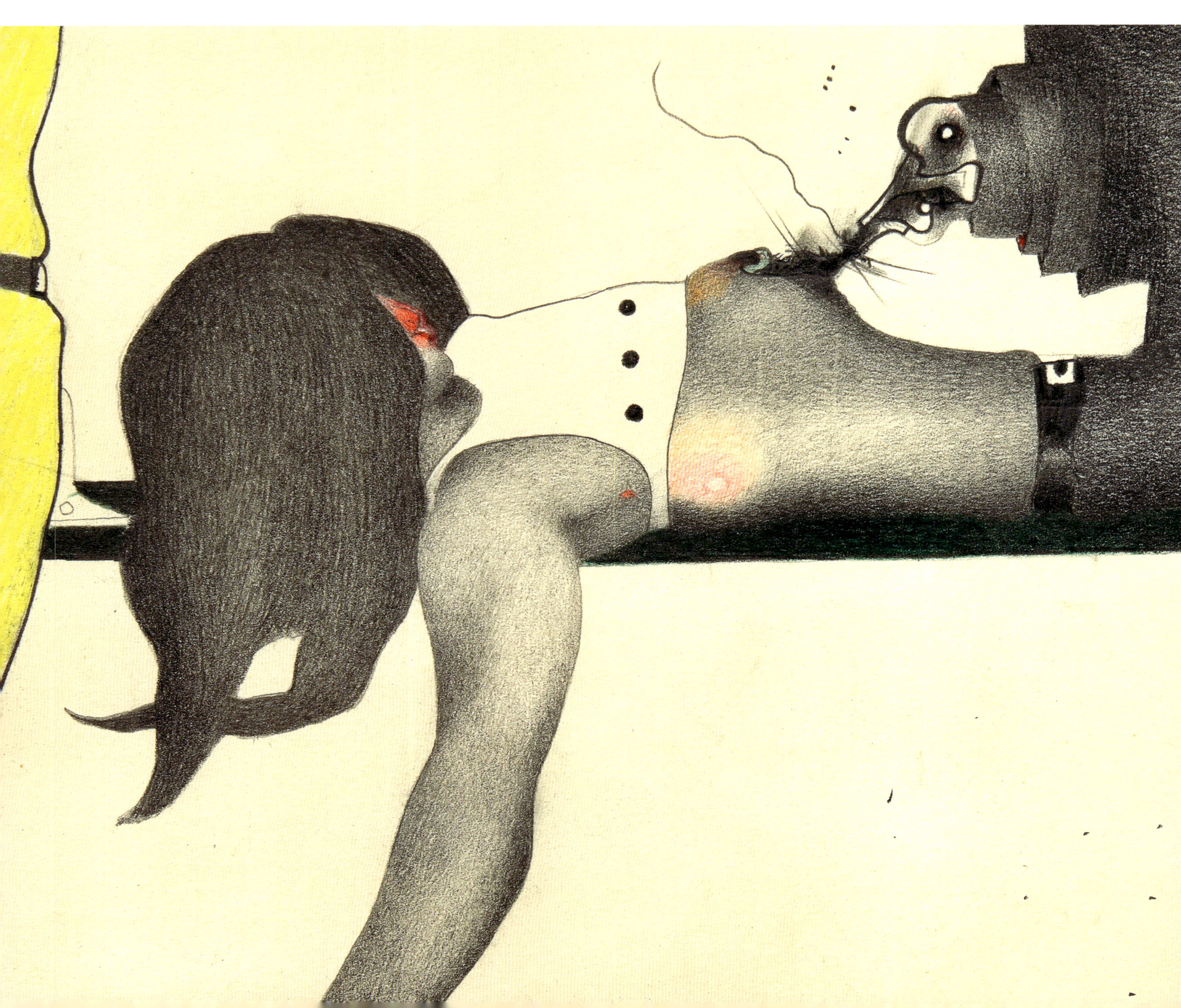

OBSESSION

Der Begriff der Obsession – den die Ausstellung im Titel trägt – lässt sich in vielfacher Weise mit Leben und Werk von Horst Janssen verknüpfen. Janssen war ein obsessiver Zeichner und Graphiker, geprägt von der „drängelnden Lust, immer und alles zu zeichnen".[1] Janssen *hatte* keine Obsessionen, Janssen *war* Obsession. So oder so ähnlich hätte er es vielleicht selbst formuliert, um das hohe Maß an Intensität und Fokussierung, an Lust und Leidenschaft zu beschreiben, das Voraussetzung und zugleich Wesen seiner künstlerischen Arbeit war – und das, wie er selbst befand, die besondere Qualität seines Werks ausmacht.[2]

Greifbar werden Janssens obsessive Energien nicht nur in dem immensen Umfang und der ausgesprochenen Vielgestaltigkeit seines graphischen Werkes (das außerdem von weit über hundert herausgegebenen Büchern und unzähligen Briefen und Postkarten begleitet wird). Diese Energien zeigen sich auch in seiner Vorliebe, Themen in Serien zu bearbeiten, sie also in einer Vielzahl formaler und inhaltlicher Variationen auszuschöpfen.

Als obsessiv lässt sich auch seine Fixierung auf bestimmte Themenfelder und dazugehörige Motive bezeichnen, an denen er durch alle Schaffensjahrzehnte hindurch festhält und die sein Werk charakterisieren. Eine dieser thematischen „Welten", in die er zyklisch und in einem Arbeitsschub von Tagen oder Wochen versinkt, ist – neben der Landschaft, dem Karneval, dem Stillleben, dem Porträt und der Schrifttafel – die Welt der Erotik.[3] Wie diese Welt sich präsent macht, beschreibt Janssen so: „Während man sich gerad eben in Landschaft erschöpft oder erschöpft hat, erwachen die in dieser Landschaftszeit verschlummernden ganz andersartigen Sehnsüchte und machen sich drängende Vorstellungen, – Vorstellungen von künstlich beleuchtetem, von Rüschenbändern abgebundenem und zwischen Rüschen und Bändern sich spreizendem und strammendem Fleisch, von geschmeidigem, um sich selbst schlüpfendem Fleisch."[4]

Es ist kein Zufall, dass Janssen die Spannungskurve während eines solchen Arbeitsschubs als Lustkurve beschreibt: Nur in der Serie könne er künstlerisch kulminieren, „um dann den Scheitelpunkt der Kurve zu erfahren, indem ich irgendwann in der Folge abflache und ermüde. Erst durch die Erfahrung des Ermüdens und der Schwäche ist mir rückblickend erkennbar, daß das Thema ausgereizt ist."[5] Janssen zeichnet also aus physischer Lust, vom Sexus angetrieben: „Meine Zeichnerei und das Geschlecht sind untrennbar verzwirnt", bekennt er.[6] Das Zeichnen einer Pornographie führe bei ihm zu einer erotischen Empfindung, die dem Moment der Darstellung entspräche.[7] Er beschreibt, wie er vollständig in seine erotischen Bildphantasien eingehe und es sich anfühle, als sei er selbst im Zentrum der Szene: „Künstliches, kunstvolles Licht erhellt die Szenerie, Samt und Seidenstoffe schließen diese ab. Eros stellt sich unverdeckt dar – Sexus fächelt die wohl dosierte Wärme – und unversehens findet sich der Künstler [...] in angenehmster Neugier befangen auf dem Bett wieder – im Zentrum der Szene."[8]

Dass Künstler Sexualität – auch ihre eigene – zum zentralen Gegenstand ihrer Kunst machen, ist ein modernes Phänomen, eine radikale Neuerung zu Beginn des 20. Jahrhunderts, die sich auch in der Kunst nach 1945 in allen Kunstformen weiter ausbildete.[9] „Seit dem Zweiten Weltkrieg wurde die Rolle der Erotik in der zeitgenössischen Kunst zunehmend bedeutender", so die Einschätzung des Kunsthistorikers Edward Lucie-Smith. Individualität konnte sich – basierend auf den Theorien Sigmund Freuds zum Unbewussten, zu Trieb, Verdrängung und Traumtätigkeit – über die erotischen Phantasien und Impulse des Künstlers neu definieren.[10]

OMNIPRÄSENZ

In Janssens riesigem Werk spielt die Beschäftigung mit Erotik und Sexualität in allen Phasen eine zentrale Rolle. Die Erscheinungsformen sind dabei erstaunlich unterschiedlich. Dabei ist es gar nicht so leicht, das erotische Werk von Janssen klar zu definieren oder abzugrenzen. Janssen selbst nennt Mitte der 80er Jahre sechs Zyklen, die er geschaffen hat und die er als „sexuell initiiert" bezeichnet. Dies sind *Nana* (1959), *Die Stunden der Mylène* (1962), die *Füssli-Suite* (1973), der *Große Totentanz* (1974), dann *Phyllis* (1977/78) und zuletzt *Die Litze* (1984). Diese Mappenwerke sind eindeutig Schwerpunkte, aber sowohl vorher als auch danach gibt es eine große Anzahl erotischer Bilder und auch Zyklen.

Janssens Auffassung, dass Eros und Sexus die beiden alles bewegenden Kräfte im Leben des Menschen sind – eben auch in seinem –, und seine Erklärung, dass sich ihm alle Erscheinungen dieser Welt im „Kostüm des Eros" zeigen, wie er 1987 anlässlich seiner Laudatio auf Paul Wunderlich resümiert, bieten eine gute Erklärung für die Allgegenwart der Erotik in seinem Werk. Da ihm alle Erscheinungen erotische Stimulanz sind, verhandelt Janssen Erotisches nicht nur an der Figur, sondern an allen Sachen und Gegenständen, die aufgrund ihrer analogen Form die entsprechende Optik auslösen. Das kann ein geöffnetes Portemonnaie, der Faltenwurf eines Kleides oder ein Teil einer Landschaft sein (Abb. 1 und 2). „Eigentlich steckt uns Eros schon in der reinen Linie und in der Weise, wie ein Fleck gekleckert ist", führt er in seiner Laudatio weiter aus.[11]

Die Bedeutung der Thematik für Janssen zeigt sich nicht nur in seinen graphischen Arbeiten, sondern auch in seinem geschriebenen Werk. In seiner Autobiographie, seinen öffentlichen Reden, in seinen Vorworten und den erotischen Phantasietexten informiert er die Öffentlichkeit verblüffend hemmungslos und radikal, exzentrisch und provokant über sein Liebesleben. Wir werden über Potenzprobleme des alternden Janssen gleichermaßen ins Bild gesetzt wie über seine Phantasien und Fetische. In seinen autobiographischen Texten schreibt er über seine ersten sexuellen Erlebnisse in Kindheit und Jugend und über früh geprägte Vorlieben und Fixierungen. Bekenntnisse, Reflexionen und vielleicht auch Fiktionen, die in engem Bezug zu seinen erotischen Darstellungen stehen, wie zu sehen sein wird.

Janssen erfand und erprobte in seinen Erotika immer wieder neue Bildlösungen; er variierte Technik, Stilistik, Formate und Ansprachequalitäten deutlich. Die spielerische, leichte Erotik der filigranen Figuren des jungen Janssen in den 50er Jahren beispielsweise steht drastischen Szenen in Farbe und delikaten Lichtverhältnissen im späteren Werk gegenüber (vgl. S. 130 und 131). Letztere bezeichnet er selbst als Ausdruck veränderter, derberer Bedürfnisse eines alten, müden Mannes, der sich nur noch auf dem Papier als „Kraftprotz" aufspielen kann – „Alterslügen" eben, so Janssen.[12]

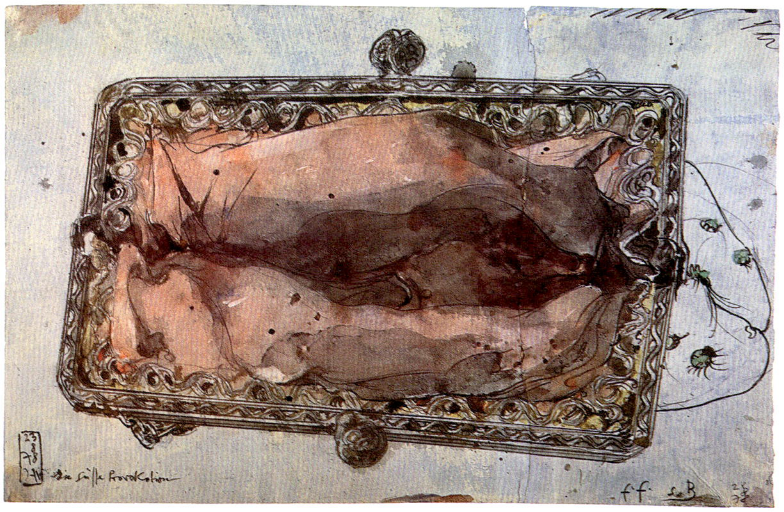

Abb. 1 Horst Janssen, *Die süsse Provokation*, 1978, Feder und Aquarell

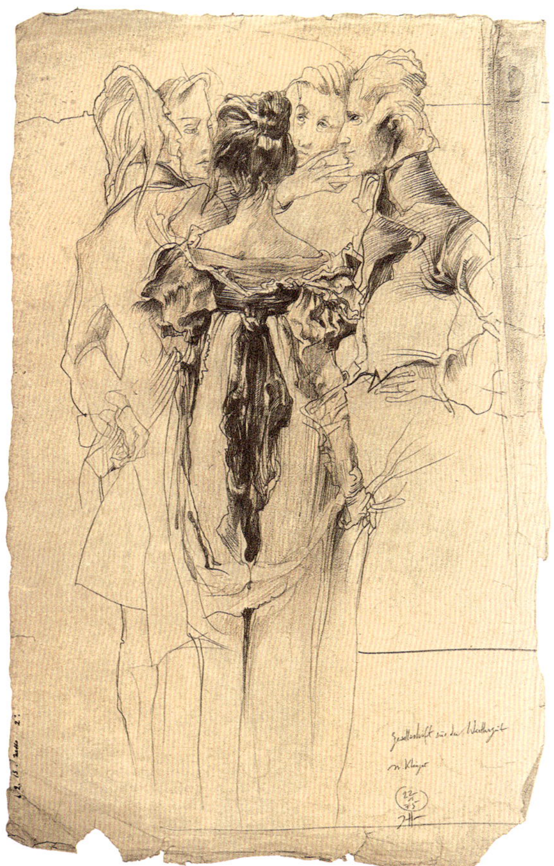

Abb. 2 Horst Janssen, *Gesellschaft aus der Wertherzeit – nach Klinger*, 1975, Blei- und Farbstift, 51 x 31 cm

Auch die Darstellung der Frau – ihr Typus, ihre Erscheinung und ihr Auftreten – variiert unverkennbar; den nahsichtig und frontal inszenierten, gefährlich-lüsternen, sich anbietenden, durchaus dominanten Sybillen aus den 60er Jahren stehen beispielsweise passive, gleichmütig schauende, puppenhaft anmutende Mädchengestalten in den 80er Jahren gegenüber.

In den Frauenakten der 60er Jahre scheint Janssen etwas von der erstarkten sexuellen Präsenz der Frauen zu reflektieren. Freizügige Bilder fanden sich damals in der Werbung, auf den Titelblättern von Zeitschriften und in Illustrierten. Fernsehen und Kino standen diesem neuen Bilderangebot nicht nach. Auch die Mode ließ die Frauen in kurzen Miniröcken und breiten Gürteln frech und sexy erscheinen (Abb. 3). Wissenschaftler stellten damals fest, dass statt der Suche nach „gefühlsbetonter Anlehnung an den Mann" die Frauen nun „die Forderung nach sexueller Erfüllung in den Vordergrund geschoben" haben.[13]

Von Janssen wissen wir außerdem, dass er damals ein eifriger Kinogänger war und auch gerne Modejournale anschaute. Seine sarkastischen Collagen-Kommentare zu den Beiträgen des Journalisten Friedrich Sieburg machen deutlich, dass er die Debatten zur Sexualkultur, wie sie damals in der Frauenzeitschrift *Constanze* geführt wurden, genau verfolgte (Abb. 4). Auch mit einem Bildtitel wie *Halbgeile Stockholmerin* verweist Janssen auf die damals in den Medien heiß gehandelte freizügigere Sexualkultur in Schweden und möglicherweise auf Ingmar Bergmanns Skandalfilm „Das Schweigen" von 1963, der in unvertrauter Offenheit tabuisierte sexuelle Handlungen zeigte.

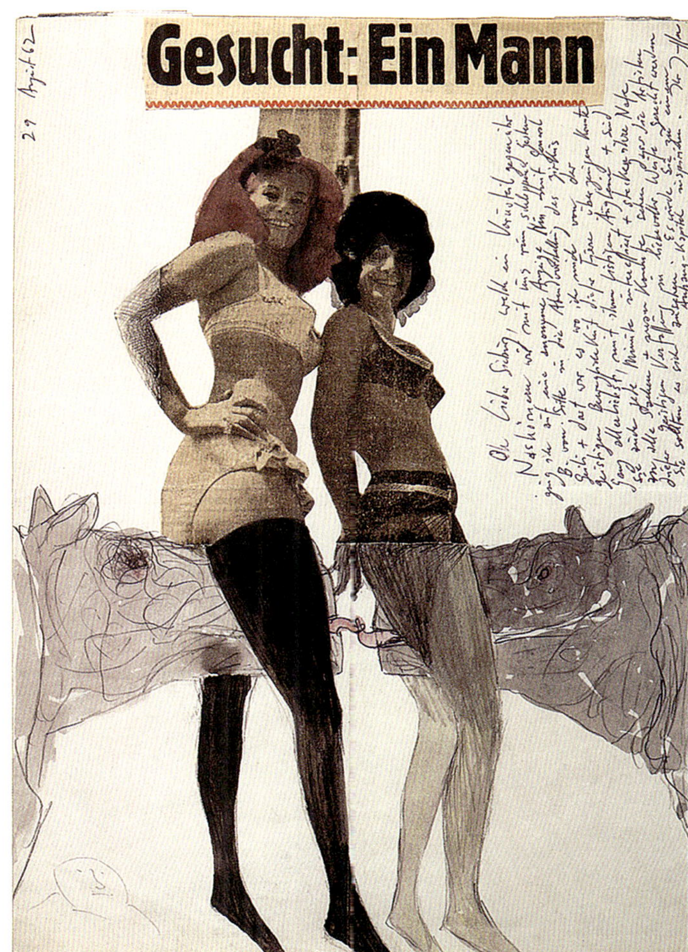

Abb. 4 Horst Janssen, *Gesucht: Ein Mann*, 29. August 1962, Collage aus Zeitungsabbildungen und zusätzlicher Übermalung, Farbstift und Tusche, 30 x 21 cm

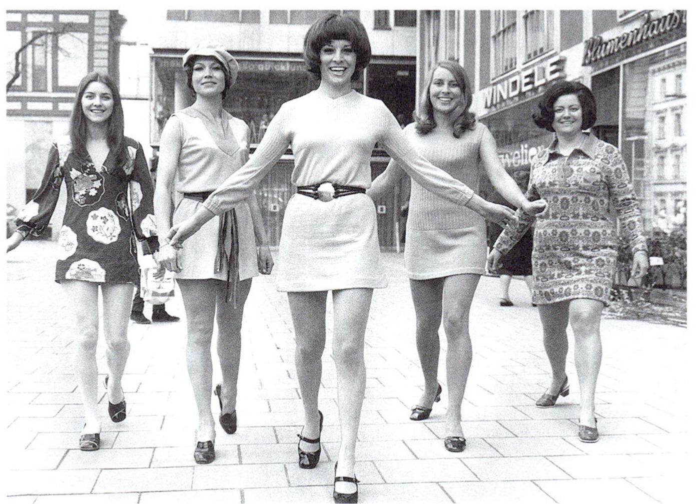

Abb. 3 Die Engländerin Mary Quant erfand 1962 den Minirock, der die Modewelt im Sturm eroberte.

Trotz des ausgeprägten Wandels im Erscheinungsbild gibt es in Janssens Erotika bemerkenswerte Konstanten, ja Fixierungen auf bestimmte Grundthemen, Leitmotive und Ausdrucksfiguren, die hier näher betrachtet werden sollen.[14] Konstanten, die in unserem Kontext besonders relevant erscheinen, sind Janssens Fetische und die Suggestion von Schmerzempfinden.

ARMFETISCH UND DRANGSALIERTER WEIBLICHER KÖRPER

Janssen hat wiederholt erotische Erlebnisse aus der Kindheit oder Jugend, die er mit lustvollem Schmerz verband, als Begründung für bestimmte Vorlieben, Fetische und motivische Fixierungen herangezogen. Das Spiel des Muskelreitens, diese „liebevollen Schulhofquälereien", die er mit der zehnjährigen Linde in einem Schuppen erlebte, bezeichnet Janssen als erste lustvolle Erfahrung, als erotisches Prélude. Die Verbindung von kontrolliertem Schmerz und Lust, die er an den Reaktionen des Mädchens während seines Reitens auf ihren Oberarmen beob-

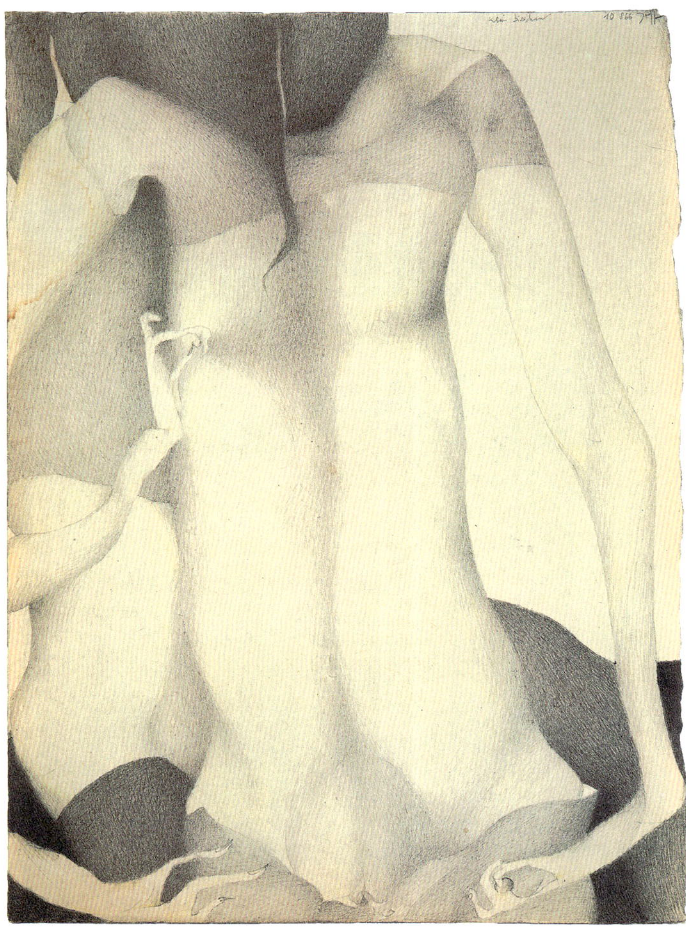

Abb. 5 Horst Janssen, *Kein bisschen*, 1966, Bleistift, 26 x 19 cm

achtete, habe auch ihn in bis dato unbekannte Erregung versetzt.[15] Janssen hat sich bei nahezu allen Geliebten für ihre schönen Arme begeistert. Der weibliche Arm – zumal der eingeschnürte oder mit dem Gewicht eines Tischbeins belastete, sein sich spreizendes Fleisch – ist ein Schlüsselmotiv in Janssens erotischem Bilderkosmos.
Auch für die immer wieder drangsalierten Brustwarzen in seinen Darstellungen bietet Janssen eine Vorgeschichte an: Auf die Zukunft programmiert habe ihn seine Mitstudentin Judith Schlottau, die ihn so hinlegte, wie er „selbst gern ein Mädchen hinlegen würde (sehe): unterhalb der Schulterblätter irgendeine feste Sache, egal was, in Rückenlage, klar, daß die ganze Chose vom Kehlkopf über den Thorax und das Bauchfell hin zum Geschlecht eine stramm gestraffte Sache ist. Wahrscheinlich hatten die (AUCH) männlichen Hormone der Judith mich in diese Lage bugsiert und dann kamen ihre Daumen und Zeigefinger und die machten, daß meine Brustspitzen direkt mit dem Säckling verbunden wurden – telegrafisch."[16] Übertragen auf einen Frauenkörper werden diese Vorlieben in Janssens erotischen Werken vielfach aufgegriffen – ergänzt durch eine große Menge phantastischer Elemente wie Klemmapparaturen, Zwingen, Riemen oder auch Tierwesen und andere Gestalten, die den Brustwarzen mit Schmerzen zusetzen. Für das Motiv des Kneifens einer weiblichen Brustwarze gibt es in der Kunstgeschichte eine prominente Bildvorlage, die Janssen in seinen Darstellungen sicher kreativ mitdachte. Die erotische Aufladung der Kunst des Manierismus sehr genau beobachtend, hat er das Doppelporträt der Gabrielle d'Estrée mit einer ihrer Schwestern von 1594 sicher gekannt (Abb. 5 und 6).
Der Janssen-Biograph Henning Albrecht stellt in diesem Zusammenhang eine interessante These auf. Er nimmt an, dass es sich bei diesen schmerzbesetzten Phantasien um Projektionen von Janssen handelt; sein „Wunsch, selbst heftig stimuliert zu werden", komme hier zum Ausdruck, die Frau „‚sei er dabei'".[17] Entwickelt man diese Annahme am Bildmaterial konsequent weiter, so könnten sich von hier aus ganz neue Ansätze und Deutungsspielräume für Janssens Frauenakte eröffnen.

VORBILDER AUS DER KUNSTGESCHICHTE

Janssen hat einmal geäußert, dass das Motiv schon immer sekundär gewesen sei[18], und damit betont, dass ihn als Zeichner vor allem das *Wie*, die zeichnerische Machart, interessiert – das Ausdrucksvermögen der Zeichnung selbst. Dieses künstlerische Interesse erprobt er über Jahrzehnte – fast obsessiv – anhand der immer gleichen Figurenkonstellationen und -posen. Wesentliche Anregungen dafür erhält er durch Vorbilder aus der europäischen und ostasiatischen Kunstgeschichte, die er Anfang der 70er Jahre intensiver zu studieren begann. Hier stand

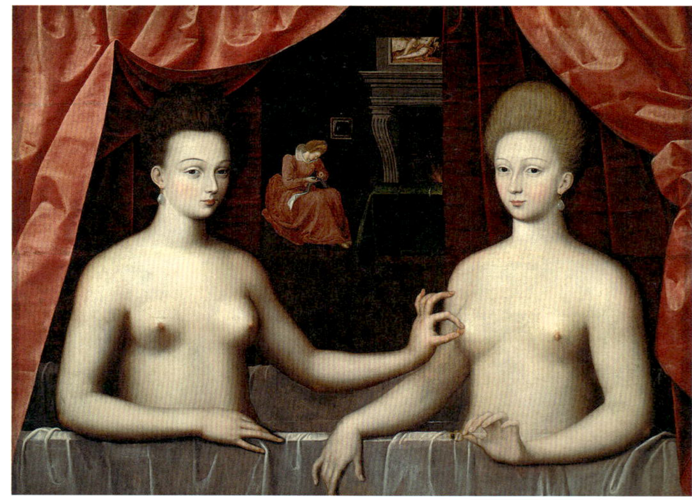

Abb. 6 Anonym, *Gabrielle d'Estrée mit einer ihrer Schwestern*, um 1594, Öl auf Holz, 96 x 125 cm, Musée du Louvre, Paris

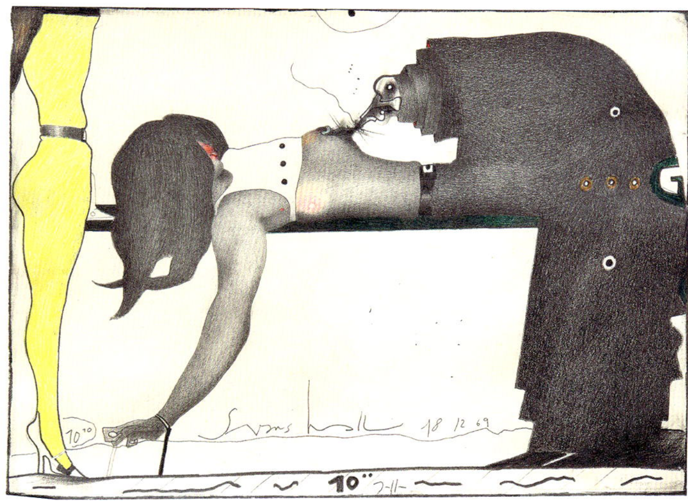

Abb. 7 Horst Janssen, *Svanshall, 10:00*, 1969, Bleistift und Buntstift, 29 x 39 cm, Horst-Janssen-Museum, Oldenburg

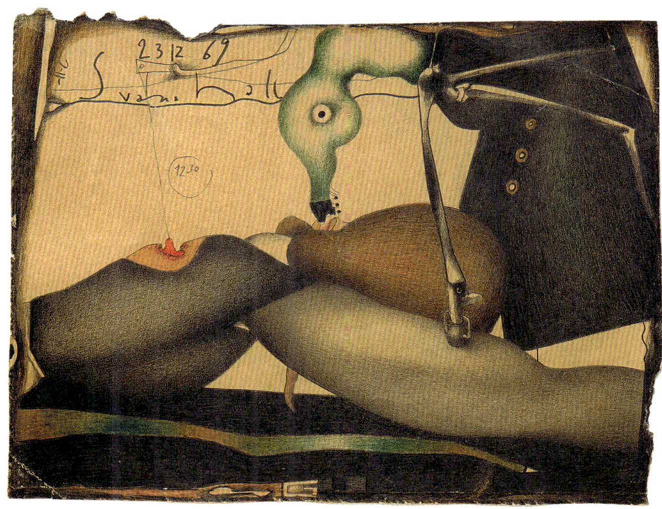

Abb. 8 Horst Janssen, *Svanshall*, 1969, Bleistift und Buntstift, 23 x 30 cm, Horst-Janssen-Museum Oldenburg

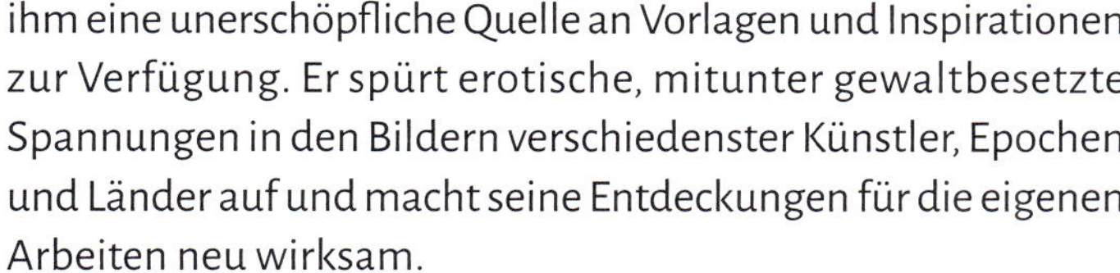

ihm eine unerschöpfliche Quelle an Vorlagen und Inspirationen zur Verfügung. Er spürt erotische, mitunter gewaltbesetzte Spannungen in den Bildern verschiedenster Künstler, Epochen und Länder auf und macht seine Entdeckungen für die eigenen Arbeiten neu wirksam.

Bereits in den 60er Jahren fasziniert ihn das Motiv der nackten Liegenden mit sie belagernden, an sie herandrängenden und in sie dringenden Wesen (vgl. Abb. 7 und 8). Auf die herausragende Bedeutung von Füsslis bekanntestem Werk *Der Nachtmahr* in diesem Zusammenhang ist bereits an anderer Stelle hingewiesen worden.[19] Darüber hinaus ließe sich auf den Holzschnitt *Der Traum der Fischersfrau* von Hokusai als weitere Inspiration (Abb. 9) hinweisen. Janssen verehrte diesen japanischen Künstler sehr.

Bis in die 90er Jahre hinein greift Janssen diese Figurenkonstellation in immer neuen Umsetzungen und emotionalen Zuspitzungen auf. Das hässliche, alte Weib, das den jungen, mädchenhaften Körper bedroht, ist eine motivische Zutat, die Janssen in seinen letzten Schaffensjahren dazuerfindet (Abb. 10).

Eine andere zentrale Figur ist der stehende Akt mit über den Kopf erhobenen – ausgestreckten oder angewinkelten – Armen. Auch dafür gibt es prominente Vorbilder in der Kunstgeschichte. Bereits als jungen Künstler inspirierten Janssen Motive des norwegischen Künstlers Edvard Munch (1863–

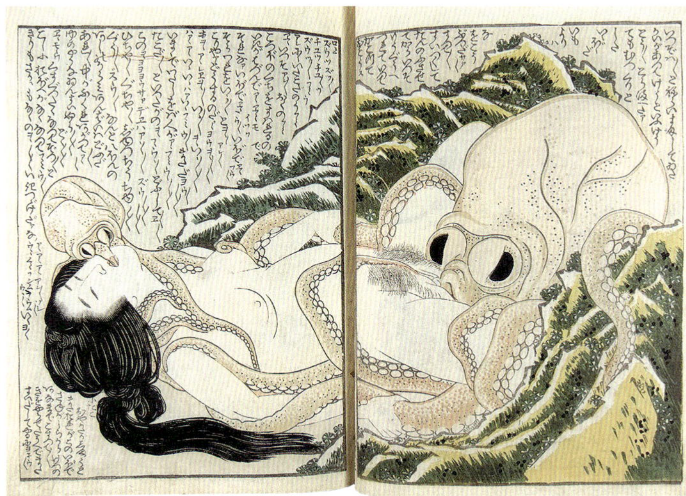

Abb. 9 Katsushika Hokusai, *Der Traum der Fischersfrau*, um 1820, Farbholzschnitt, 19 x 27 cm, Privatsammlung

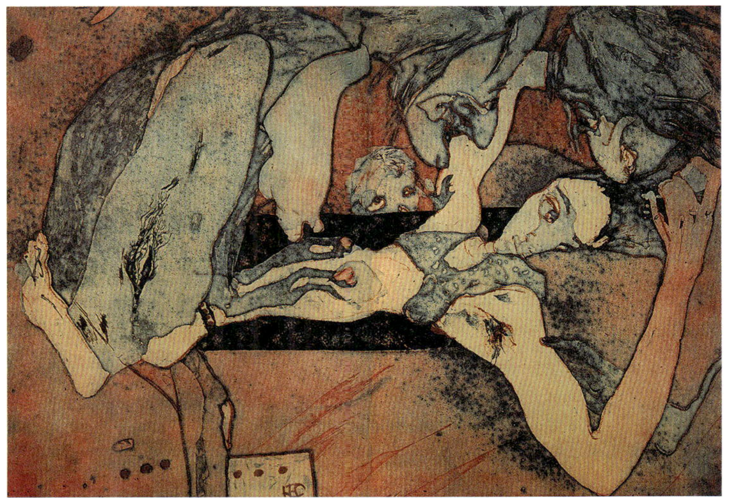

Abb. 10 Horst Janssen, *Hexenlust*, 1992, Farbradierung von 3 Platten, 35,2 x 51 cm

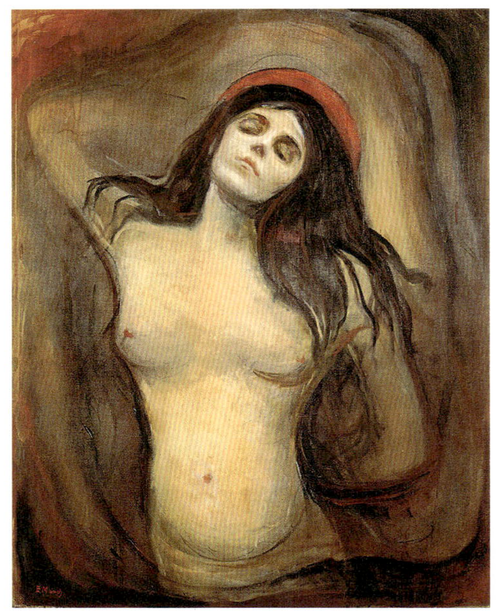

Abb. 11 Edvard Munch, *Madonna*, 1894–95, Öl auf Leinwand, 90,5 x 70, 5 cm, Nationalmuseum, Oslo

1944), und seine Madonnen-Bilder hat er offenbar genau studiert (Abb. 11). Interessant ist außerdem Kirsti Barkemeyers Hinweis auf die Figur des gekreuzigten Christus mit seinen gespreizten Armen und dem zur Seite oder auch nach vorne fallenden Kopf – das prominenteste Motiv in der christlichen Kunst und Teil des kollektiven Bildgedächtnisses.[20] Bezüge lassen sich außerdem zu der Märtyrerfigur des heiligen Sebastian herstellen, dessen Arme meist hinter dem Rücken oder über dem Kopf fixiert sind und dessen entblößter und verwundeter Körper in der Kunstgeschichte vielfach erotisch aufgeladen wurde (Abb. 12, 13 sowie S. 46, 49). Janssen unterlegt also seine stehenden Frauenakte mit diesen prominenten Leidensfiguren, die Opfer von Gewalt und öffentlicher Zurschaustellung wurden.

VERFORMTE WEIBLICHE AKTE

Janssens weibliche Akte zeigen in den meisten Phasen kein ausgeprägtes Körpervolumen.[21] Die Körper sind überwiegend lang und schmal, manchmal hager.[22] Die Brüste sind in vielen

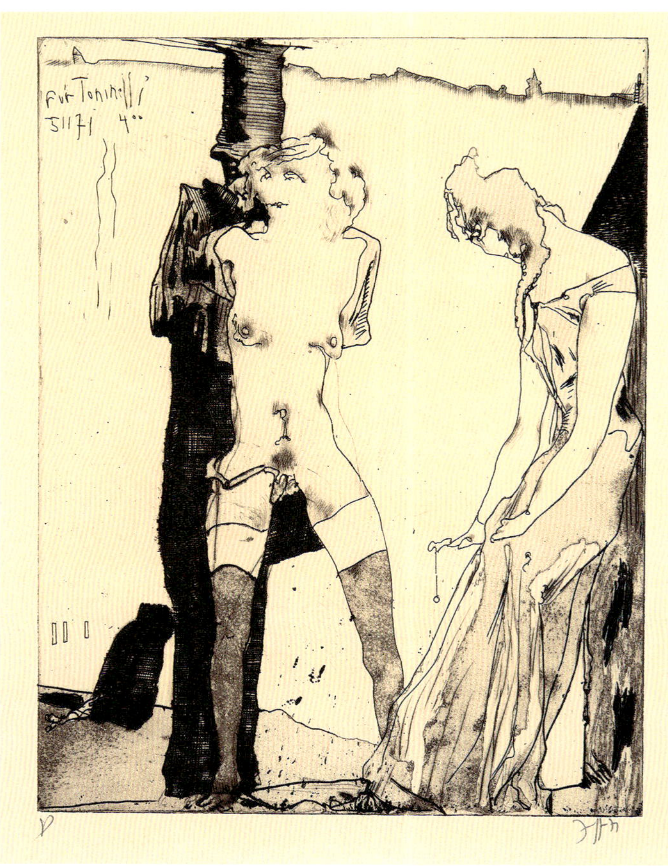

Abb. 12 Horst Janssen, Radierfolge *Carnevale di Venezia I*, 1971, Blatt 3, 1971, 29,5 x 22,3 cm, Horst-Janssen-Museum, Dauerleihgabe der Förderstiftung des Horst-Janssen-Museums

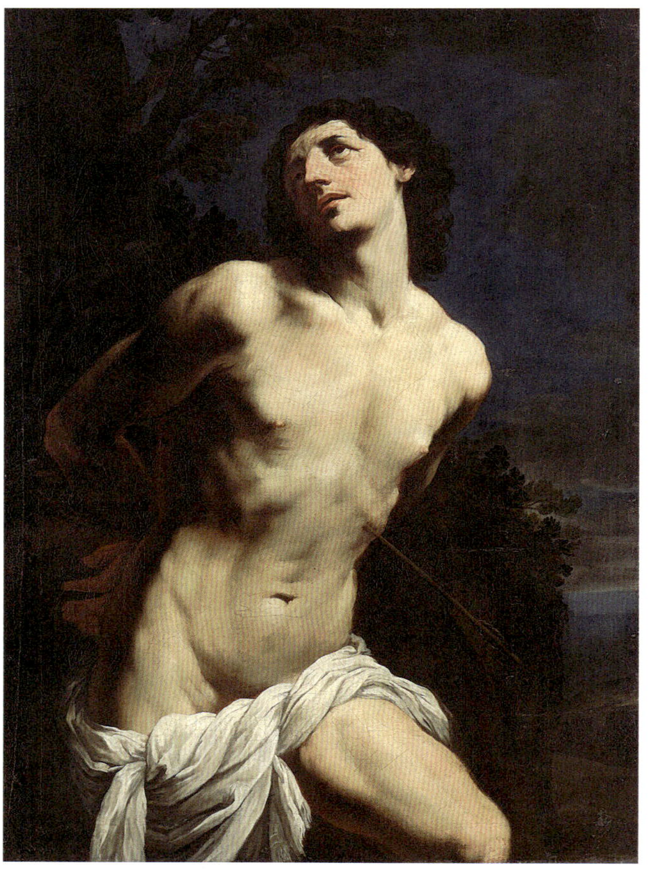

Abb. 13 Kopie nach Guido Reni, Der heilige Sebastian, 17. Jh., Öl auf Leinwand, 136 x 98,5 x 3 cm. Kunsthistorisches Museum, Wien, Gemäldegalerie (KHM-Museumsverband)

Bildern kaum ausgeprägt oder durch Abschnürungen deformiert. Vielfach sind die Geschlechtsteile „verzeichnet" oder ausgespart, was sich in der zweiten Hälfte der 70er Jahre verändert, wo der Koitus mitunter wie unter einem Brennglas direkt vor das Auge des Beschauers rückt. Das Gesicht bleibt oft verdeckt oder zeigt keine individuellen Züge. Die häufig krallenartigen Finger imaginieren eher schmerzhafte als sanfte Berührungen. Besondere Aufmerksamkeit liegt auf den schönen, meist wohlgeformten Armen. Sie können unnatürlich anschwellen und sogar die Form eines schmalen weiblichen Oberkörpers annehmen, so wie der ganze überlängte Körper zu einer unnatürlich gebogenen, verfremdeten Formfigur werden kann.

Von Janssen wissen wir, dass schmal gebaute Frauen ohne ausgeprägte weibliche Formen seinem Schönheitsideal entsprachen – ganz ähnlich dem androgynen Schönheitsideal der 60er Jahre. Diesen Typus finden wir jedenfalls vermehrt seit den 70er Jahren in seinem Werk vor.

Die Frauenakte in Janssens Bildphantasien sind von der erotischen Ausstrahlung seiner Geliebten angeregt, gehen jedoch nicht auf eigens für diesen Zweck angefertigte Modellstudien zurück. Genauer gesagt gründen diese Bildphantasien auf Janssens präziser Kenntnis ihrer Körper und werden vor allem als erinnerte Form mit ins Bild eingebracht, ohne dass dieses die Geliebte tatsächlich darstellen soll.[23] Sie rücken in eine erotische Bildphantasie ein, die sich von der Realität seines Liebeslebens abhebt.[24]

Janssens künstlerisches Interesse galt weder der Darstellung eines idealschönen Körpers noch seiner möglichst wirklichkeitsgetreuen Naturnachahmung, wie dies den Kunstkonzepten des weiblichen Aktes noch bis ins 20. Jahrhundert hinein entsprach. Seine Frauenakte bauen auf Traditionsbrüchen und radikalen Neuformulierungen auf, die zu Beginn des 20. Jahrhunderts in der Kunst erfunden wurden.

„Die Geschichte des modernen Aktes ist nicht zuletzt eine Geschichte der Tabubrüche hinsichtlich der freizügigen Darstellung weiblicher Nacktheit, Erotik und Sexualität", so die Forschung.[25] Für Janssen boten beispielsweise die „unschönen" Akte Egon Schieles zu Beginn der 70er Jahre wichtige Anknüpfungsmöglichkeiten (Abb. 14). Die reduzierte, kantige Linienführung in der Darstellung der überlängten, hageren Frauenkörper hat Janssen ausgesprochen fasziniert, und er schloss diese mit seinen Bildern von der damaligen Geliebten Bettina Sartorius kurz.[26]

Trotz ihrer Kantigkeit und reduzierten Volumina können diese Akte oft eine eigene sinnliche, durchaus erotische Ausstrahlung aufweisen. Ihre flächige Gestalt und herausstechende Helligkeit lassen die Körper mitunter besonders zart, fragil und verletzlich erscheinen. Es ist, als würde ihre Nacktheit auf besondere Weise fühlbar.

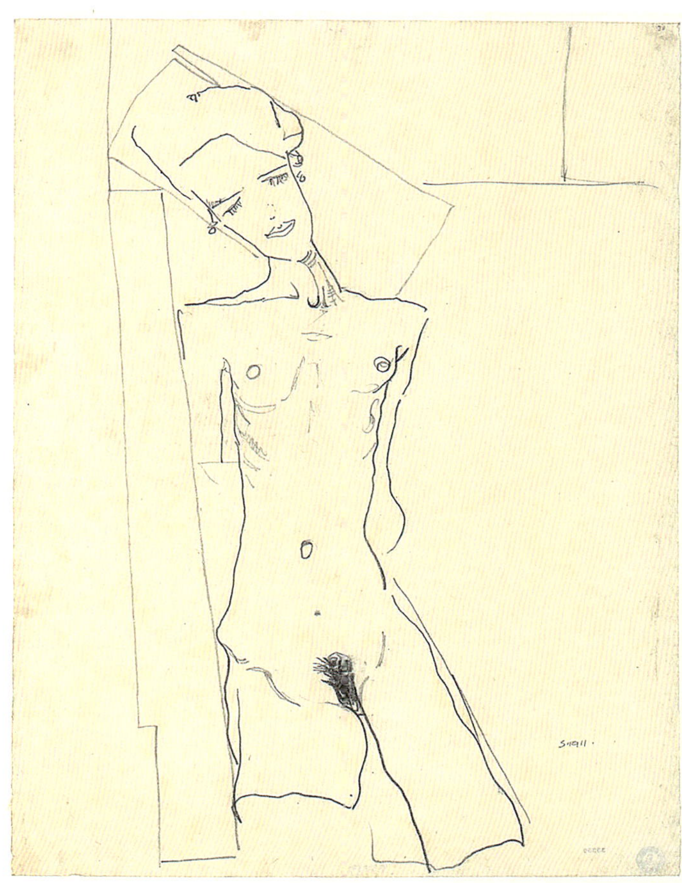

Abb. 14 Egon Schiele, *Stehender weiblicher Akt vor Hintergrund mit geometrischen Formen*, 1911, Bleistift auf Japanpapier, 50,5 x 37,9 cm, Albertina, Wien

Mitunter sind die perspektivischen Verzerrungen, Deformierungen und die Flächigkeit von Janssens Frauenakten so ausgeprägt, dass kaum mehr erkennbar ist, dass weibliche Körper dargestellt sind (Abb. 15). Das Objekt wird zu einer autonomen Form im Bild. Das Auge tastet das verrätselte Bildmotiv mit seinen starken Verkürzungen und den ungewöhnlichen Formen ab – ein spannungsvoller und lustvoller Sehvorgang, wie ihn Janssen liebt und immer wieder beschreibt.

UNGLEICHE PAARE – ZWISCHEN MACHT UND OHNMACHT

Ein weiteres zentrales Charakteristikum von Janssens erotischen Werken sind seine dissonanten Paare. Im Zentrum stehen Frauen, die meistens im Zusammenspiel mit einem oder mehreren Gegenspielern auftreten. Auffällig ist, dass Janssen den männlichen Part fast durchgängig mit phantastischen

Gestalten unterschiedlichster Wesensart besetzt.[27] Das versetzt das Geschehen eindeutig in eine fiktive Welt; gleichzeitig wird es dadurch einem männlichen Betrachter möglich, sich von seiner identifikatorischen, voyeuristischen Position etwas zu distanzieren.[28]
Janssen zeichnet skurrile Gnome, missgestaltete Kleinwüchsige, die sich gierig von der Seite an die Nackte herandrängen, fast lächerlich in Ihrer Hässlichkeit und sexuellen Gier (Abb. 16). Diese Konstellation erinnert an die grotesken Figuren der gesellschaftskritischen Bilder von Otto Dix oder Georg Grosz (Abb. 17 und 18). Huren, Kriegskrüppel und Militaristen sind darin Repräsentanten einer triebgesteuerten, hässlichen, aus den Fugen geratenen Welt.[29] Diese satirischen Bilder von Prostituierten und ihren gierigen Freiern mögen Janssen angesprochen haben, da ihn die abgründigen Seiten menschlichen Verhaltens ebenfalls immer faszinierten. In den Ausstellungen seines Galeristen Hans Brockstedt – zu deren Schwerpunkten die Kunst der 20er Jahre gehörte – war es Janssen seit den 60er Jahren möglich, regelmäßig Werke dieser Künstler zu sehen.

Weitere Besetzungen des männlichen Parts in Janssens ungleichen Paaren sind lüsterne Tierwesen und dämonische Mischwesen, welche die erogenen Zonen der Frau besetzen. Sie belagern und bedrängen sie, dringen in sie ein. Mitunter sind es menschenähnliche Figuren, dunkle, unheimliche, gesichtslose oder maskierte Gestalten mit Dreispitz oder hohen Zylindern, deformierte Figuren, Skelette und sogar phallische Phantasiegeschöpfe. Im Unterschied zu den Frauen ist ihr jeweiliges Gegenüber oft bekleidet, vermummt oder maskiert. Dieser Kontrast verstärkt die empfundene Entblößung und Schutzlosigkeit der dargestellten Frauen. Immer scheint es dabei um den Ausgleich von Gegensätzen zu gehen: Schönheit steht gegen Hässlichkeit, Jugend gegen Alter, Macht gegen Ohnmacht, Helles gegen Dunkles, Leben gegen Tod.
Trotz der angedeuteten, von Janssen suggerierten Einvernehmlichkeit, öfter auch zärtlichen Zuwendung (besonders innig beim Liebesspiel mit dem Tod), wirken die meisten erotischen Begegnungen der Frauen mit ihren jeweiligen Gegenspielern dissonant, manchmal unheimlich oder auch rü-

Abb. 15 Horst Janssen, *Mantel*, 1971, Radierung, 26,2 x 18,8 cm, Galerie und Verlag St. Gertrude, Hamburg

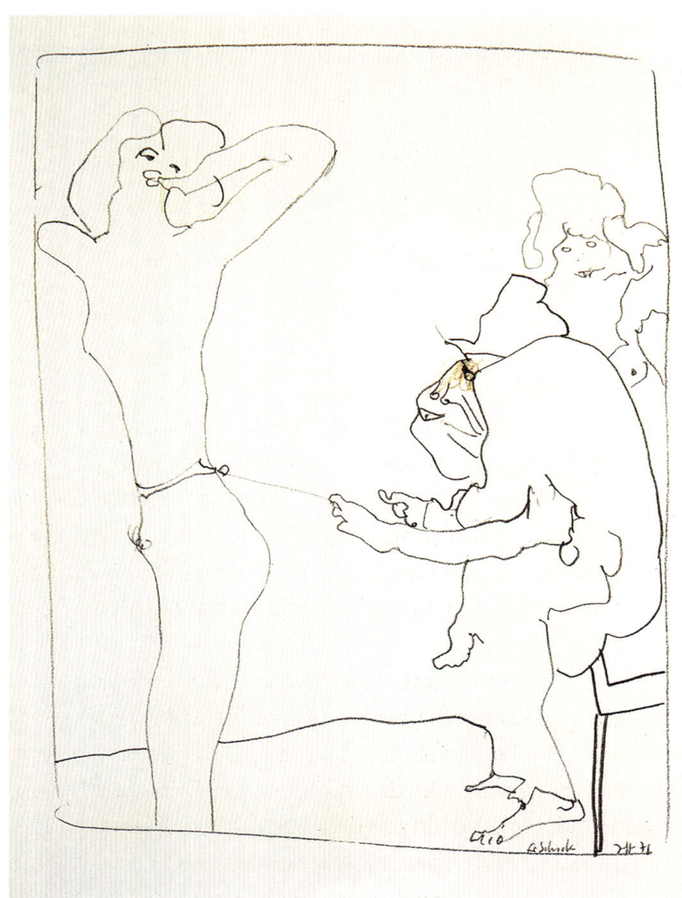

Abb. 16 Horst Janssen, *Skizze – Carnevale di Venezia*, 1971, Bleistift und Buntstift, 29,5 x 21 cm

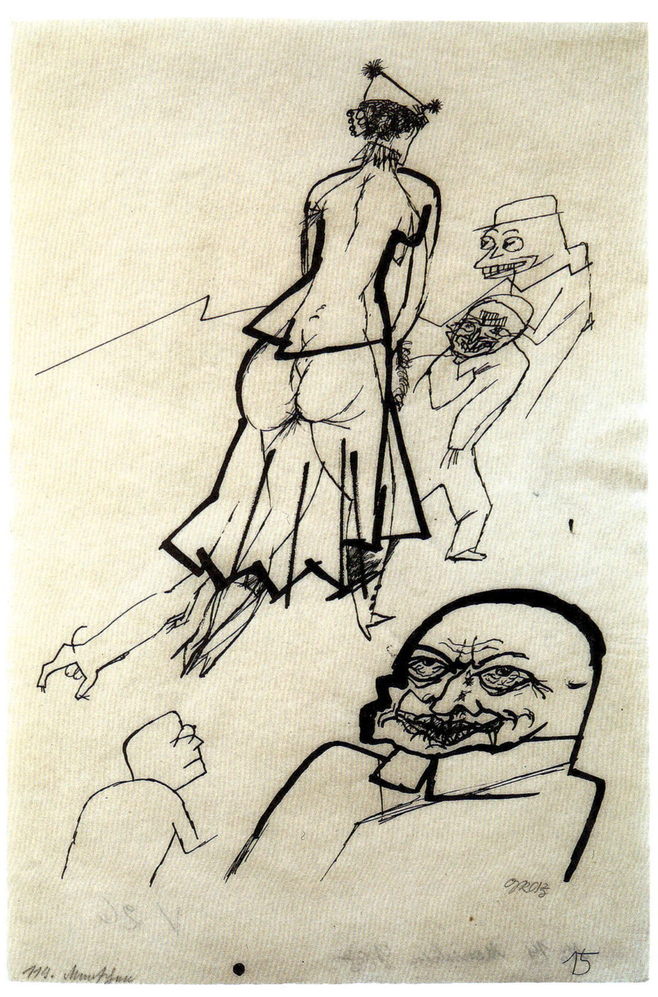

Abb. 17 George Grosz, *Menschen*, 1915, Rohrfeder und Feder, 32,2 x 21,1 cm

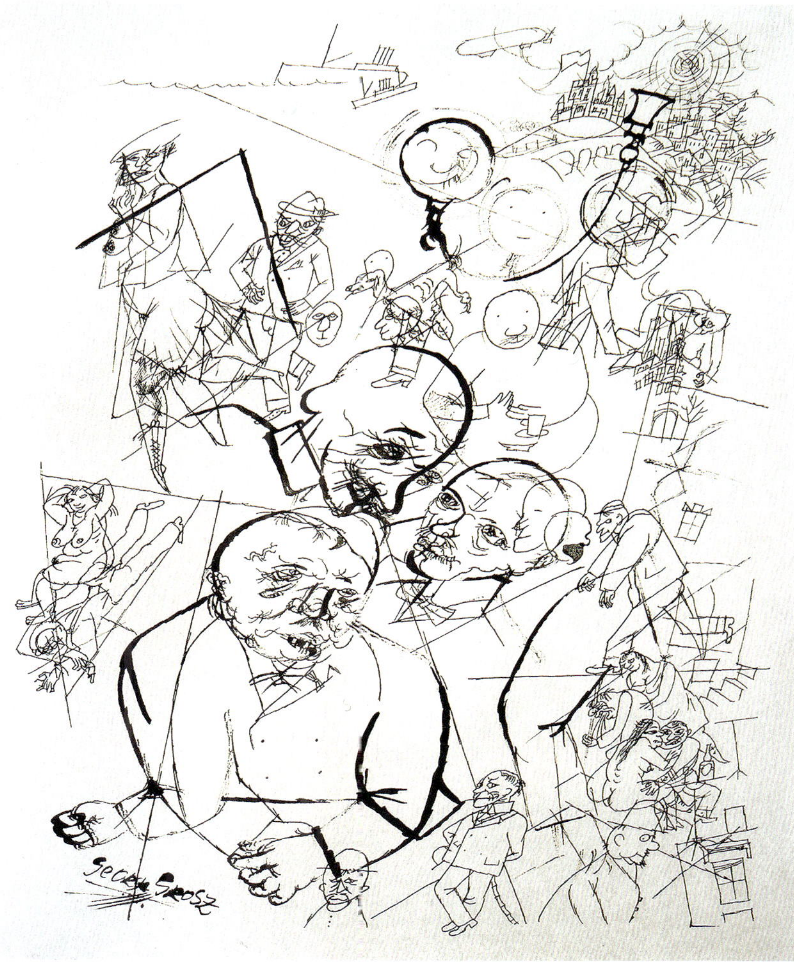

Abb. 18 George Grosz, *Traum*, 1917, Rohrfeder und Feder, 37,5 x 30,5 cm, Collection Harvey and Harvey-Ann Ross

de. Sie zeigen latente bis drastische Formen eines gewaltvollen Zugriffs auf den Körper der Frau: im Umfassen, im Belagern, durch die Fixierungen ihrer Arme und ihre voyeuristische Preisgabe. Die emotionale Haltung, die Janssen den Frauen ins Gesicht zeichnet, ist oft unklar und ambivalent. Sie changiert zwischen lustvollem Empfinden und Teilnahmslosigkeit.

Erotische Stimulanz konstituiert sich in Janssens erotischen Werken also wesentlich über den variantenreichen Zugriff auf den Körper der Frau, besonders auf ihre erogenen Zonen und auf ihre Arme: Das Spektrum reicht von der Darstellung einer sanften Berührung bis hin zu unterschiedlichen Spielarten eines schmerzbesetzten und gewaltvollen Zugriffs. Auf Janssens Strategie, die Wirkung durch Kontraste zu steigern, wurde bereits verwiesen. Janssens gelingt es aber nicht nur über das Motiv, sondern insbesondere mit den Mitteln der Zeichnung, der Linie, dem Helldunkel und auch der Farbigkeit, eine erotische Spannung fühlbar zu machen.

Wie schaute Janssen eigentlich auf das Verhältnis von Mann und Frau? Janssen hat öfter über seine Sicht auf das Geschlechterverhältnis gesprochen. Seiner Meinung nach seien die Frauen faktisch überlegen, während die Männer sich in diesem Kampf nur als überlegen aufspielen würden.[30] „Wo immer er mit einer von ihnen [den Kindfrauen, Verf.] zusammengetroffen sei, habe er sich schon auf den ersten Blick ergeben müssen, und nie sei er den Gedanken losgeworden, dass sie ihm irgendetwas voraushätten und von Bewandtnissen wüssten, die ihm verschlossen seien. Die Oberarme seien lediglich das Symbol dafür."[31]

Dass Janssen die Liebesbeziehung zu einer Frau immer auch als Machtkonstellation begreift, mag auch mit den persönlichen Erfahrungen zusammenhängen, die er im Lauf seiner vielen

Beziehungen machte. Sein Liebesbedürfnis, sein Verlangen nach Zuwendung war unermesslich, wie sein Umfeld einhellig bezeugt. Wiederholt bekennt er selbst, dass er die Frauen mit seinem maßlosen Glücksverlangen überforderte und sie ihn wegen der „immerwährenden Intensität seiner Zuneigung" verließen.[32] Dieses maßlose Temperament konnte sich in unbeherrschten und gewalttätigen Auftritten zeigen, wie Zeitgenossen schildern.[33] Es ist „das Desaster, das uns alles Unglück aus dem Glück kommen lässt, wenn wir nur maßlos genug im Verlangen sind".[34] Darin zeigte sich für Janssen die „Schmerzhaftigkeit des Lebens"[35], die auch in seinen Erotika Form annimmt. Janssens obsessive Beschäftigung mit den Frauen – in seinen Bildern und Texten – kann in diesem Sinn *auch* als Versuch verstanden werden, das Rätsel „Frau" zu begreifen, es zumindest auf dem Papier zu beherrschen.

Festzuhalten bleibt: Janssens melancholische oder morbide Erotik richtet sich zwar an seinen individuellen erotischen Vorlieben, Fetischen und Phantasien aus, geht aber darüber hinaus, indem er gleichzeitig zur Anschauung bringt, was er als das Ausbalancieren der Widersprüchlichkeiten der Conditia humana bezeichnet.[36] Mit der Stimulanz der Lust geht immer auch eine Gefährdung, ja der Blick in den Abgrund einher.

ÖFFENTLICHE REAKTIONEN AUF JANSSENS EROTIKA

Um das inhaltliche Bezugsfeld für Janssens Erotika zu erweitern, soll zum Schluss noch einmal der Blick auf gesellschaftliche Veränderungen gerichtet werden, unter denen sich Janssens Erotika ausgebildet haben. In den Jahrzehnten nach dem Zweiten Weltkrieg entwickelte sich eine Liberalisierungsbewegung, die als „Sexuelle Revolution" in die Geschichte einging und die Einstellung und Verhaltensweisen breiter Gesellschaftsschichten zur Sexualität stark veränderte. Gleichzeitig setzte eine Kommerzialisierung und Medialisierung des Sexuellen ein, die für die Allgegenwärtigkeit sexueller, ja pornographischer Bilder sorgte.[37] Beide Entwicklungen reflektierten auf die Kunst zurück – auch im Fall von Janssen.

Der Blick auf die Kunst, die Emotionen, die Kunstwerke auslösen, ändern sich. Sie stehen in engem Bezug zur Zeitgeschichte, beispielsweise zu gesellschaftlichen und technischen Veränderungen. Was gestern einen Skandal auslöste und die Gemüter erhitzte, versetzt heute niemanden mehr in Aufregung und – nimmt man den aktuell geführten Diskurs ins Visier, wie frei die Kunst in der Wahl ihrer Sujets sein darf – durchaus auch umgekehrt. Das gilt insbesondere für die Themen Erotik und Sexualität. Was heute großes Unwohlsein oder gar heftige Reaktionen auslöst, wurde gestern möglicherweise als Zeugnis von Kunstautonomie und Kunstfreiheit geschätzt.

Die Beschäftigung mit Janssens erotischem Werk und der insbesondere seit den späten 70ern zunehmenden sexuellen Drastik lässt neugierig werden, wie das zeitgenössische Publikum diese Werke aufnahm. Obwohl Janssens Erotika offenbar die Hamburger Gesellschaftskreise schockierten, wie die Zeitzeugin Erna Knoefel berichtet,[38] finden sich in der ZEIT und dem Hamburger Abendblatt kaum Verlautbarungen dieser Art.

Tatsächlich ist es eine weibliche Stimme, die sich 1978 kritisch zu Wort meldet. So schreibt die Kunstkritikerin Inge Mösch anlässlich der Janssen-Ausstellung zum 20-jährigen Jubiläum der Galerie Brockstedt und speziell der Präsentation von Janssens erotischer Serie *Phyllis*:

„Diese Damen sind im Lauf der Jahre immer schöner geworden. Aber es sind Gliederpuppen, meist in horizontaler Lage. Sie sehen romantisch-versonnen in die Landschaft, werden in der Requisitenkammer abgelegt, plaudern zusammen im Gartenzimmer, wobei Janssens Kopf heimlich lauschend am Fenster erscheint, oder lassen sich anscheinend recht gern von lüsternbrutalen Männern malträtieren. Die Blätter würden gut als Beitrag zur Frauenfrage in eine Ausstellung engagierter Kunst passen. Sie zeigen, wie ein Teil der Männer heute noch immer über das weibliche Geschlecht denkt. Ob Janssen das so kritisch gemeint hat, bleibt offen."[39]

Dass es außer dieser, durch die damaligen Gleichberechtigungsdebatten angeregten, kritischen Anmerkung keine öffentlichen Empörungen oder kritischen Stellungnahmen zu den von Janssen zwanglos als Pornos bezeichneten Darstellungen gibt, mag aus heutiger Sicht verwundern und ist erklärungsbedürftig.

EIN PLÄDOYER FÜR DIE KUNSTFREIHEIT

Janssens künstlerischer Auftakt in der erotischen Kunst Ende der 50er Jahre fiel in eine Zeit des Umbruchs und aufgeheizter öffentlicher Debatten. Vertreter von Justiz, Kirche und Politik positionierten sich, um gegen die immer mehr um sich greifende „Unzüchtigkeit" in den Künsten vorzugehen.

Die Augsburger Staatsanwaltschaft leitete beispielsweise ein Verfahren gegen die „Obszönität" eines Bühnenbildes ein, das Fotomontagen nach den spielerisch sinnlichen Gemälden des französischen Rokokomalers François Boucher für die Mozart-Oper *Die Hochzeit des Figaro* nutzte.[40] Schwierigkeiten bekam auch eine kulturelle Jugendzeitschrift, weil sie Aktzeichnungen von Picasso und anderen Künstlern abbildete.[41] Als zu freizügig empfundene Bilder wurden aus Ausstellungen entfernt, so zum Beispiel geschehen 1960 bei einer Berliner Schau von Friedrich Schröder Sonnenstern.[42]

Dass Bilder als „unzüchtig" beschlagnahmt und Künstler strafrechtlich verfolgt wurden, geschah auch im engsten künstlerischen Umfeld von Janssen. Paul Wunderlich, der Janssen in den Werkstätten der Landeskunstschule in die Kunst des Radierens einführte, sorgte 1960 mit seinem öffentlich präsentierten Mappenwerk *qui s'explique* für einen Skandal. Die Folge zeigte auf explizite Weise und variantenreich menschliche Geschlechtsakte (Abb. 19).[43] Wunderlich ging unerschrocken mit der Darstellung des Sexuellen voran, und Janssen ist dem „erfahrenen und dafür bewunderten Paul Wunderlich in das erotische Thema" gefolgt.[44] Janssen erinnert sich, dass die „nebenbei uns selbst entzückende, niedlich-morbide Erotica zu Unrecht von den Deutern zur Sittenkritik hochgeschwätzt" worden sei.[45]

Anders als bei Wunderlich blieben Janssens damalige Radierzyklen von einer juristischen Strafverfolgung verschont. Vermutet wurde, dass die homophilen Akteure Wunderlichs größeres Aufsehen und Empörung in der Öffentlichkeit erregten als Janssens damals feinlinige Nymphen in den Radierfolgen der Zeit.[46]

Diese vielen Prozesse gegen „unzüchtige" Kunst riefen ein verstärktes Engagement für die Kunstfreiheit hervor. Der Hamburger Generalstaatsanwalt Ernst Buchholz, der sich im Kunstleben der Stadt engagierte und auch Janssens Werke schätzte, übernahm eine Führungsrolle in dieser Auseinandersetzung.[47] Wurde diese Kontroverse zunächst in Bezug auf die erotische oder pornographische Literatur geführt, ließen sich die Argumente gleichermaßen auf die bildende Kunst übertragen.[48] Buchholz plädierte „für die vom Grundgesetz garantierte Freiheit der Kunst und sprach sich gegen eine Bewertung von Kunstwerken mit außerkünstlerischen Maßstäben aus".[49] Das Hamburger Landgericht fällte in diesem Kontext ein wichtiges Grundsatzurteil über die Freiheit der Kunst.[50] „Ob ein Kunstwerk unzüchtig sei, sollte fortan nicht mehr am Moralgefühl des Normalmenschen", am „amusischen Durchschnittsbürger" orientiert sein, sondern sich am Empfinden „kunstinteressierter Menschen" ausrichten.[51]

Das Argument, dass die künstlerische Qualität eines Werks dessen „Unzüchtigkeit" übergeordnet sei, ist grundlegend und zukunftsweisend. Es ist der Kunstcharakter, die besondere künstlerische Qualität, die erotische Werke von dem damals stereotyp vorgebrachten Vorwurf, unsittlich oder pornographisch zu sein, freispielen konnte. Eine Strategie, die Janssen offenbar schon in den 60er Jahren in seinen mit Millionen Strichen gezeichneten Bildern vertraut war. Er argumentiert: „Ohngeachtet, dass das Publikum Opfer des gleichen geilen Gefühls wird wie die Galane zierlicher vergangener Moden beim Anblick eines nackten Mädchenfußes, denkt es: Kunst."[52]

Vielleicht bietet sich von hier aus auch eine Erklärung dafür an, warum Janssens drastische erotische Darstellungen seit den 70er Jahren kaum öffentlicher Kritik ausgesetzt waren: Stand doch jede sittlich begründete Kritik seit den 60er Jahren unter Verdacht, nicht nur verklemmt und spießig zu sein, sondern auch die Freiheit der Kunst in Frage zu stellen, ja Kunst zu zensieren – was in einer Demokratie als absolutes Tabu wahrgenommen wurde.[53]

Interessant ist in diesem Kontext auch Janssens Äußerung von 1971, dass ihm seine Etablierung als Künstler Freiheit gebracht habe und dass er, als er das verstanden hatte, „alle geschenkten und nun nicht mehr strafbaren Möglichkeiten exerzierte, um den Konventionen ein bisschen zu wehren, den Konventionen, die uns alle, insbesondere den Avantgardisten, gefangenhalten".[54]

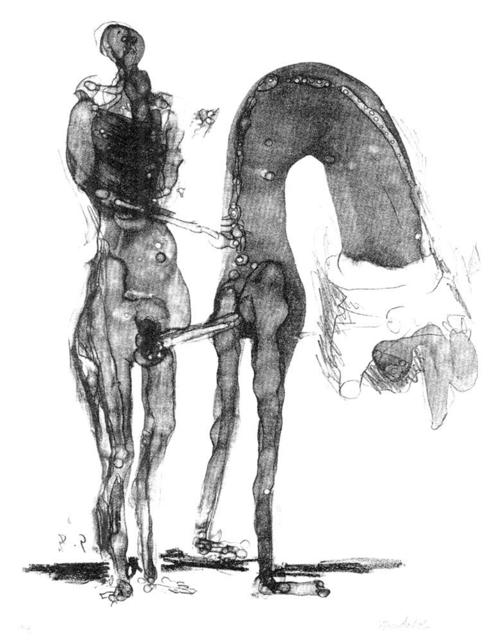

Abb. 19 Paul Wunderlich, *qui s'explique*, Blatt 10, 1959, Lithographie, einfarbig schwarz, 61 x 43 cm, Hamburger Kunsthalle, Kupferstichkabinett (Schenkung Dieter Brusberg, Berlin, 2010)

AUSBLICK

Um die übliche Betonung der Singularität von Janssens Werk und seinem „unüberbrückbaren Abstand zur Welt und Gesellschaft“[55] ins Konstruktive zu wenden, wäre gerade anlässlich der vorliegenden Thematik vorzuschlagen, seine Werke zukünftig noch stärker in kunsthistorische Zusammenhänge zu stellen. Eine These – deren weitere Verfolgung an dieser Stelle nicht leistbar ist – wäre, dass es gerade Janssens Beschäftigung mit dem Sexus ist, die ihn mit den zentralen Bewegungen des 20. Jahrhunderts verbindet, beispielsweise mit dem französischen Surrealismus und auch dessen Vorläufern, wie dem Schriftsteller Marquis de Sade (1740–1814). Dessen phantastische, entfesselte Bilderwelt von radikaler und anarchistischer Sexualität verehrten die Surrealisten. Janssen lehnte zwar die Grundforderung des Surrealismus ab, dass der Gestaltungsprozess vom Unbewussten gesteuert werden soll; dennoch mögen deren sexuell aufgeladene Bilder mit ihrer oft bedrohlichen oder gewaltvollen Atmosphäre in den 50er Jahren bei Janssen auf „offene Augen“ getroffen sein. Denn das zentrale Thema surrealistischer Männerphantasie war, wie bei Janssen, die Frau – ob Göttin, Teufelin, Puppe, Fetisch, Kindfrau oder wunderbares Traumwesen.[56] Verbindungen zwischen Janssen und den skandalösen Bildern des Surrealisten Hans Bellmer, der nach einer selbst hergestellten Fetisch-Puppe arbeitete, diskutierten jedenfalls bereits zeitgenössische Kunstkritiker.[57]

1 Janssen 1981, S. 308.
2 Vgl. Janssen 1988a, S. 222.
3 Vgl. Janssen 1986, S. 167.
4 Janssen 1981, S. 185.
5 Zitiert nach Osten 1992, ohne S.
6 Zitiert nach Spiegel-Artikel „Seele zu Topfe", Der Spiegel 46/1987.
7 Vgl. Janssen 1981, S. 125.
8 Janssen 1986, S. 169.
9 Vgl. Gorsen 1981.
10 Lucie-Smith 1997, S. 162.
11 Janssen 1987, S. 39.
12 Zitiert nach Fest 2001, S. 211 (Eintrag vom 7. März 1980).
13 Herbert L. Schrader, Frauen auf der Sexwelle, in: Hamburger Abendblatt, 18.2.1967.
14 Darauf machte bereits früher Dierk Lemcke aufmerksam: „Die Zeichnung wechselt gewaltig, nicht das Thema.", in: Janssen 1992, ohne S.
15 Janssen 1981, S. 205 f.
16 Janssen 1988a, S. 239.
17 Albrecht 2016, S. 361.
18 Vgl. Janssen 1988b, ohne S. (Abschnitt „Ein neues Jahr") – ebd. (Abschnitt 30.08.88): „So wie meine Kritzeleien nicht das ‚Motiv' meinen, sondern sich selbst."
19 Vgl. Siebel 2015.
20 Vgl. Barkemeyer 2012, S. 44.
21 Die durchaus sinnlichen, plastisch modellierten Sybillen der 60er Jahre bilden hier eine Ausnahme.
22 Hier sei angemerkt, dass der gelängte Oberkörper und die gescheitelte Frisur der Frau die Analogie zum männlichen Glied bewusst herstellt. Zu beobachten ist dies z. B. bei dem Bild Nr. 70, in: Janssen 1992.
23 Janssen 1984a, ohne S.: „In allen Stunden des lüstelnden Tuschens, sowohl 77 als auch 78, wurde die Hand, nicht der Pinsel, geführt von der Erinnerung an die Anatomie der Birgit."
24 Vgl. dazu die Ausführungen bei Albrecht 2016, der die ehemaligen Geliebten und Frauen befragt hat, S. 391: „Für seine Armdarstellungen wie für die späteren erotischen Werke gilt also, dass er auch hier keine ‚Selbstentblößung' betreibt, sondern sie mit Phantasien durchsetzt."
25 Hirschfelder 2021, S. 112.
26 Vgl. Breitkopf-Weinmann 2004, S. 9.
27 Janssen behauptet in einem Brief an Viola Rackow, dass er leider keine Männer zeichnen könne. Vgl. Janssen 1986a, S. 45.
28 Die erotischen Begegnungen zwischen Frauen sind ein wichtiges, aber untergeordnetes Thema in Janssens erotischem Werk. Wiederholt beschäftigt sich Janssen auch mit der von Frauen ausgeübten Gewalt gegen Männer, zum Beispiel in *Kastrierung des Zeus* und *Rache*, Bild Nr. 160 und 432, in: Janssen 1992.
29 Vgl. Ausst. Kat. München 2007, S. 18.
30 Vgl. Fest 2001, S. 212.
31 Ebd., S. 141 (Eintrag vom 02.01.1974).
32 Janssen 1981, S. 302.
33 Vgl. Ausst. Kat. Oldenburg 2002, S. 7.
34 Zitiert nach Janssen 1987a, ohne S. (Vorwort).
35 Janssen 1986a, S. 48.
36 Janssen 1981, S. 127.
37 Vgl. Bänziger 2015, S. 25 und 38.
38 Vgl. Knoefel 2002, S. 176.
39 Hamburger Abendblatt, 17.11.1978, Janssen überrascht auch noch heute. – Hinter dem Pseudonym „Inge Mösch" verbirgt sich die Fotografin und Kunstkritikerin Ingeborg Sello (1916–1982).
40 Vgl. DIE ZEIT, Wie beurteilt man Bühnenbilder?, 14.12.1962.
41 Vgl. Hamburger Abendblatt, Ist das Nackte anstößig?, 13.12.1952.
42 Vgl. Hamburger Abendblatt, Kunstskandal in Berlin, 29.11.1960.
43 Vgl. Ausst. Kat. Hamburg 2012, S. 28–39.
44 Blessin 2012, S. 18.
45 Janssen 1987, S. 20.
46 Vgl. Ausst. Kat. Oldenburg 2014, S. 7. Hier wird auch darauf hingewiesen, dass *L'heure de Mylène* als Reaktion Janssens auf Wunderlichs Mappe *qui s'explique* verstanden werden kann.
47 Hamburger Abendblatt, Jurist und Ästhet, 01.04.1958.
48 Angeklagt war Jean Genets Roman *Notre Dame des Fleurs* (1943), der wegen des Vorwurfs, „unzüchtig" zu sein, zensiert werden sollte.
49 Hamburger Abendblatt, Genets Roman nicht unzüchtig, 01.08.1962.
50 Vgl. ebd.
51 Vgl. Hamburger Abendblatt, Für die Freiheit der Literatur, 12.03.1966.
52 Zitiert nach Janssen 1981, S. 62.
53 Vgl. Gorsen 1981.
54 Janssen 1981, S. 120.
55 Fest 2005, S. 271.
56 Dazu: Ausst. Kat. Frankfurt 2020, und Lucie-Smith 1997, S. 158.
57 Vgl. DIE ZEIT, Den Puppen verfallen, 12.05.1967.

Erotische Landschaften

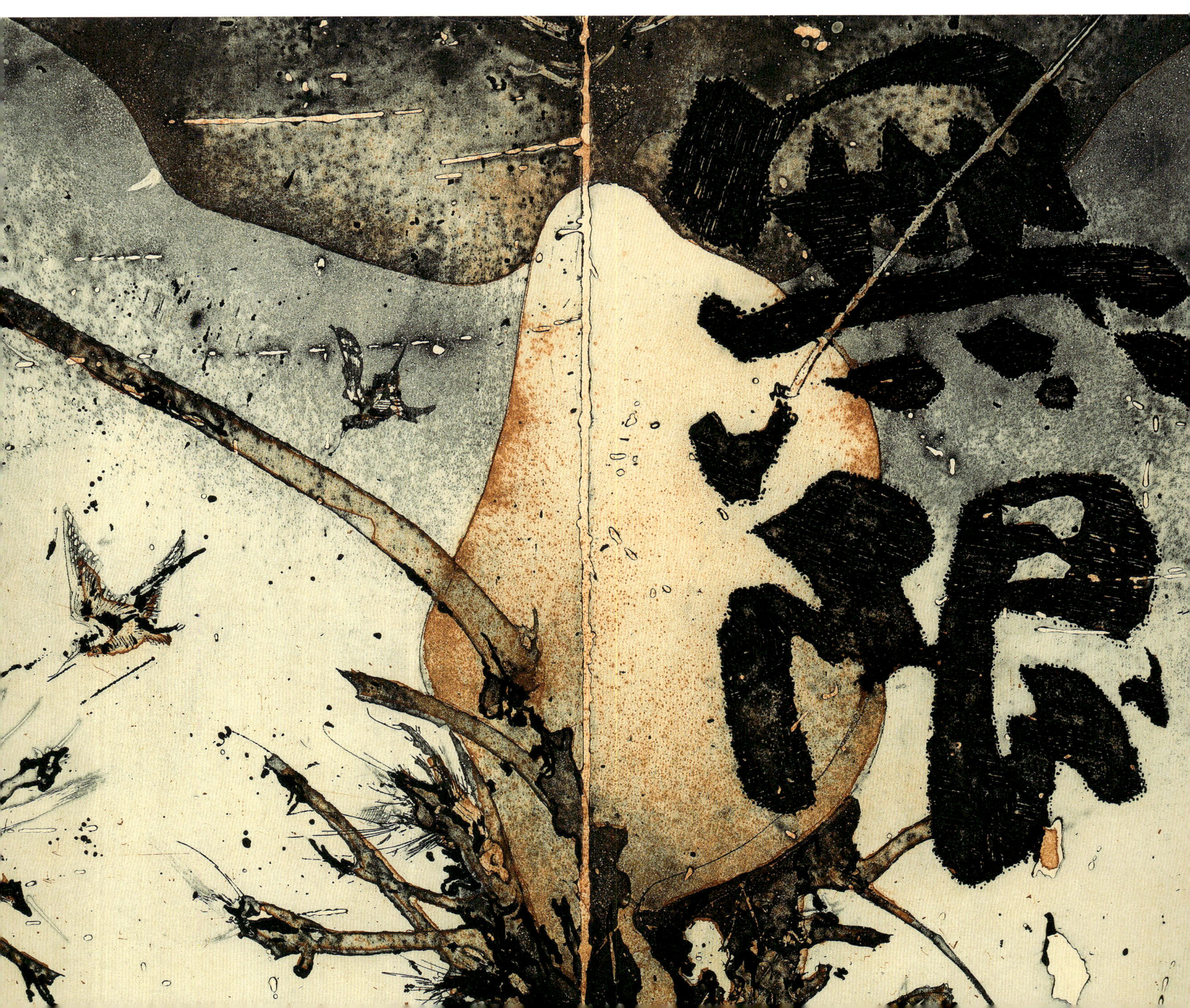

Landschaften spielen eine wichtige Rolle im zeichnerischen und graphischen Werk von Horst Janssen. Der Künstler ist einem breiten Publikum vor allem durch dieses Sujet bekannt geworden. Besonders prominent sind etwa sein graphischer Zyklus *Eiderland* (1985) oder die meisterhaften Aquarelle und Federzeichnungen aus der Serie *Bobethanien* (1990), die Janssen Heidrun Bobeth widmete. Sie hatte sich um Janssen intensiv gekümmert, nachdem seine Augen bei einem Sturz vom Balkon am 19. Mai 1990 mit Salpetersäure, einem Utensil seiner Radiertätigkeit, in Kontakt kamen und er daraufhin fast erblindete. 1991 ließ er die Zeichnungen auch als Farbradierungen drucken. Für Janssen können Landschaften auch immer erotisch aufgeladen sein. Die Landschaftsaquarelle aus der Serie *Bobethanien* bezeichnete Janssen selbst als „einen Hinweis auf ein Arkadien aus Fleisch und Witz“[1] und beschrieb sie in seiner Eröffnungsrede im Albertinum Dresden am 3. Februar 1991 mit folgenden Worten:

> „Bobethanien
> Suchen Sie es nicht. Es hat mit Atlantis nichts gemein. Ich sage Ihnen, wo es liegt: vor der Stadt Hamburg, am Unterlauf der Elbe, wo der Fluß wohl gut zwei Kilometer breit ist: die Haseldorfer Marsch! Es ist MEINE Landschaft [...] Und wenn ein Gewitter jenseits des Flusses lauert oder so tut, als wolle es herüberrollen – aber es nicht kann, und wie verärgert grollend die Elbe aufwärts abgeht – ja dann löst sich die Psyche auf in Landschaft; und wenn alle drei Ereignisse zusammenfallen, dann ist diese Landschaft reines Geschlecht – Liebesakt. [...] Und in diese Landschaft fuhr mich Bobeth, als ich vorübergehend blind war, daß ich das Wasser, das Land und die Luft riechen solle. In jenen Tagen war Bobethanien geboren UND eine Liebe.“[2]

Die Analogie zwischen der Landschaft *Bobethanien*, die neben der Darstellung der Haseldorfer Marsch auch Heidrun Bobeth symbolisiert, und der sinnlichen Liebe beschrieb Janssen an einer Stelle seiner Eröffnungsrede der Ausstellung im Albertinum sehr eindringlich:

> „Heidrun Bobeth. Sie ist es, die sich diese Landschaft wünschte. Und ich wußte wohl, daß Bobethanien nicht in Kunst verkommen dürfe, daß es vielmehr darin wehen und riechen müsse, daß es sich darin dehnen und strecken müsse, daß darin Biegen und Splittern, Matschen, Gluckern und Glitschen sein müsse [...]“.[3]

In seinem Gedicht *Landschaft* formuliert Janssen: „Landschaft ist Gesche“ und nimmt damit Bezug auf seine langjährige Freundin und Muse Gesche Tietjens.[4] So weisen Landschaften für Janssen ausdrücklich Parallelen zu den von ihm geliebten Frauen auf, sind Reminiszenzen an diese.

Janssens Landschaften sind nicht bloß einfache Darstellungen der ihn umgebenden Natur. Sie sind darüber hinaus außerdem Motive, die sich bei genauerem Hinsehen eindeutig auf die weiblichen und männlichen Geschlechtsorgane beziehen.

Die in verschiedenen Varianten existierende Farbradierung *Wasserfall* (1989) mag auf ersten Blick an eine Gesteinsfläche erinnern, aus dessen Schlucht Wasser entspringt. Bei genauem Hinsehen wird jedoch deutlich, dass es sich auch um die Darstellung einer Vulva handeln kann. Dieselbe Annahme trifft auf die Zeichnung *Val Bavona* (1971) zu. Im Radierzyklus *Laokoon* (1986) lassen sich Radierungen finden, die an das weibliche Geschlechtsorgan denken lassen (zum Beispiel die Blätter 23/44 oder 24/44). Das 23. Blatt der Radierfolge *Laokoon* bezeichnete Janssen in Bezug auf seine Partnerin Annette Kasper beispiels-

weise als *Annettchen – seine Bäume.*[5] Auch hier wird wieder der Bezug zwischen Landschaft und Sexualität deutlich.
Bezüglich der männlichen Geschlechtsorgane erinnert beispielsweise ein auf den ersten Blick pflanzliches Gebilde in der Farbradierung *Rabarber Land* (sic!) aus der Suite *Svanshall* (1976) an einen Phallus. Die Farbradierung *Alter Mann träumt Landschaft* (1988) lässt zunächst an eine Trauerweide denken. Tatsächlich verbirgt sich auch hinter dieser Darstellung ein männliches Glied. Janssen spielte in dieser delikaten Farbradierung aber nicht nur mit verschiedenen Motiven und ihrer Interpretation. Zugleich wird sein ausgesprochenes Interesse für japanische Kunst in dieser Arbeit deutlich. Die Farbradierung erweckt durch ihre dezente Kolorierung und die fernöstlichen Schriftzeichen den Eindruck, als wäre sie ein japanischer Farbholzschnitt.

LB

1 Zitiert nach: Janssen 1991, S. 1 [o. P.].
2 Ebd., S. 3 [o. P.].
3 Ebd., S. 1 [o. P.].
4 Vgl. Ausst. Kat. Oldenburg 2010, S. 12.
5 Vgl. Gäßler 1995, S. 270, Nr. 44/23.

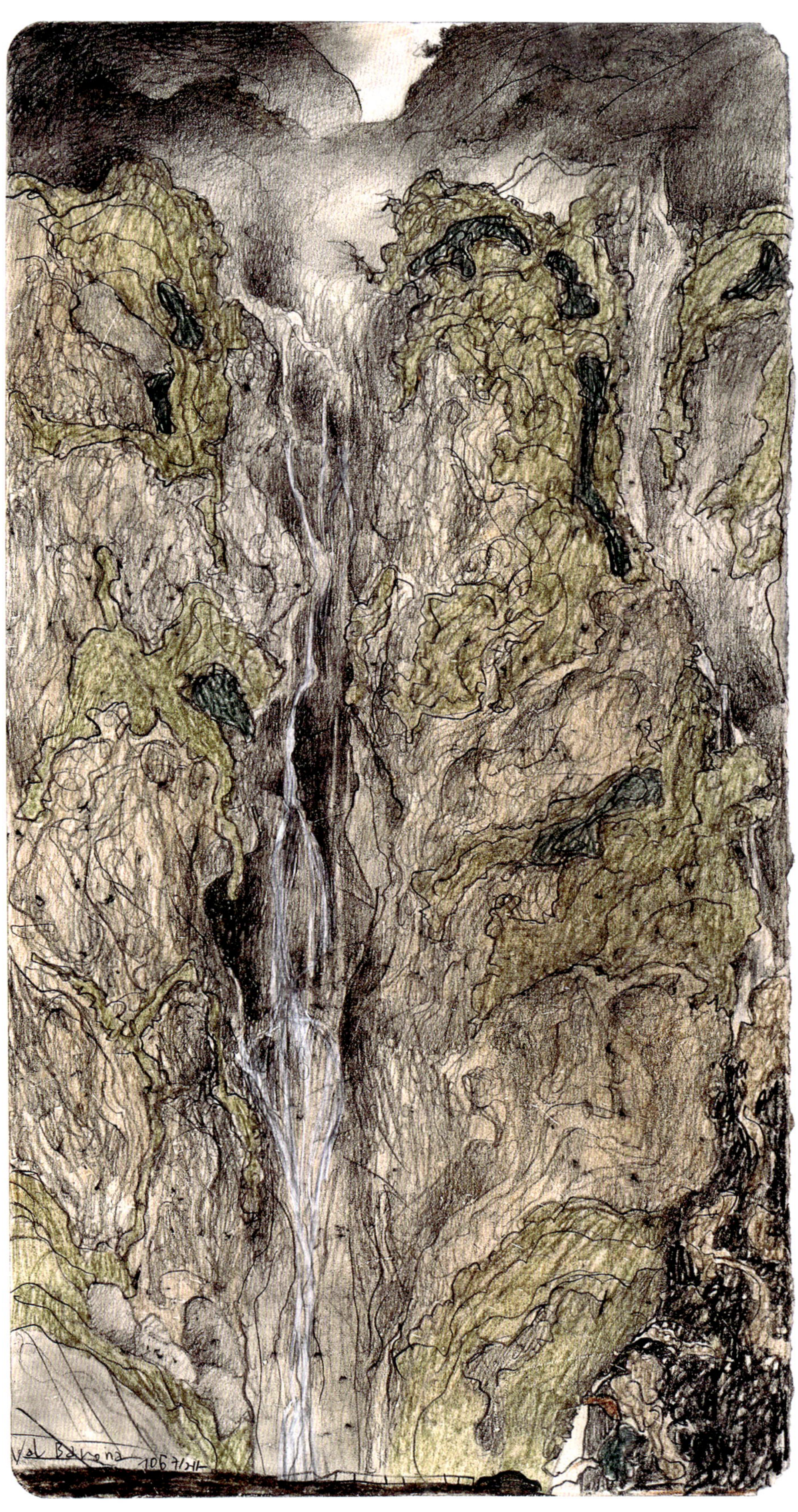

Val Bavona
1971
Blei- und Farbstift
40,8 x 20,8 cm
Galerie Brockstedt, Berlin

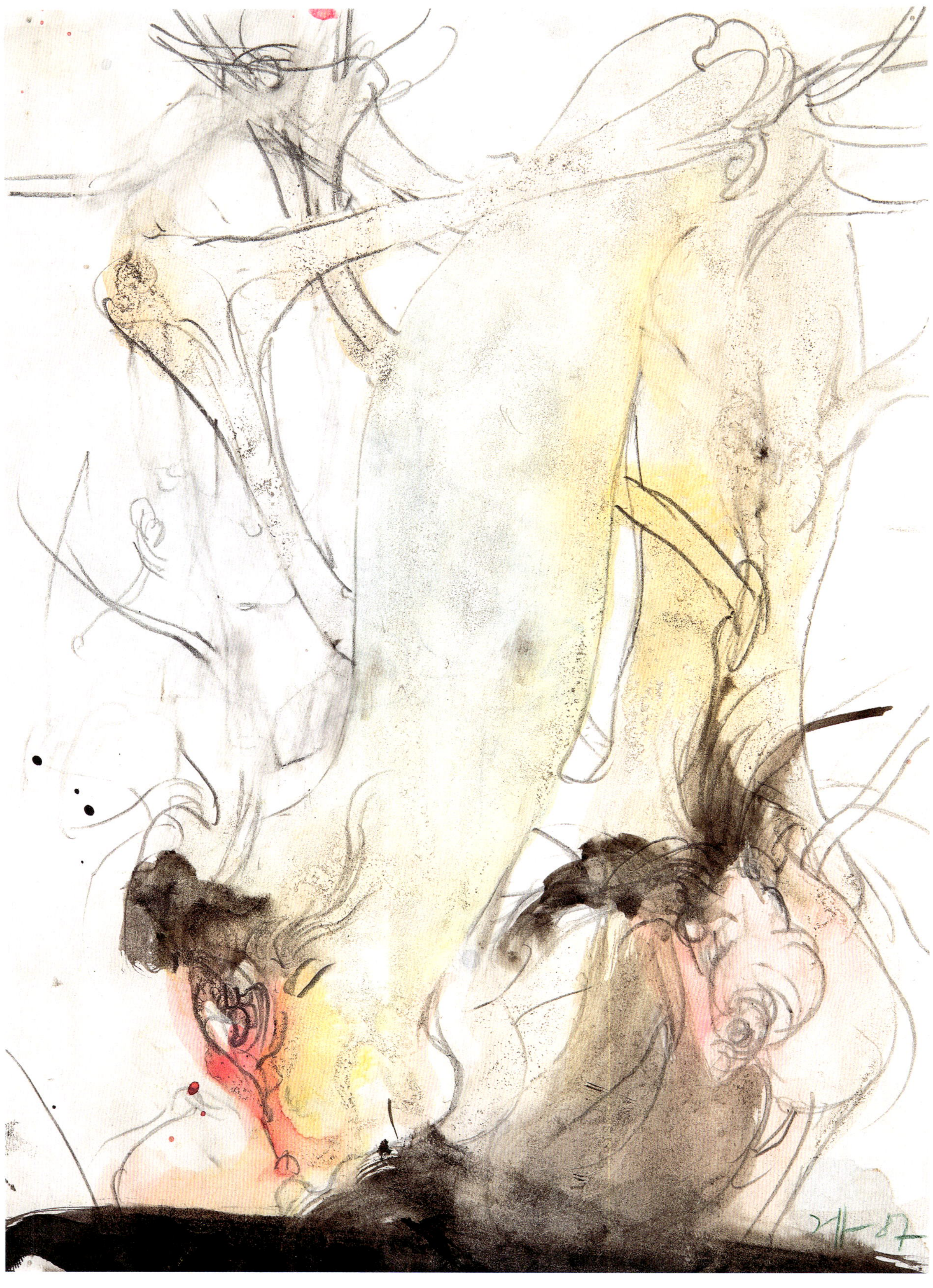

Daphne und Chloé
1987
Aquarell
30 x 21 cm
Horst-Janssen-Museum, Oldenburg, ehemals Sammlung Blessin

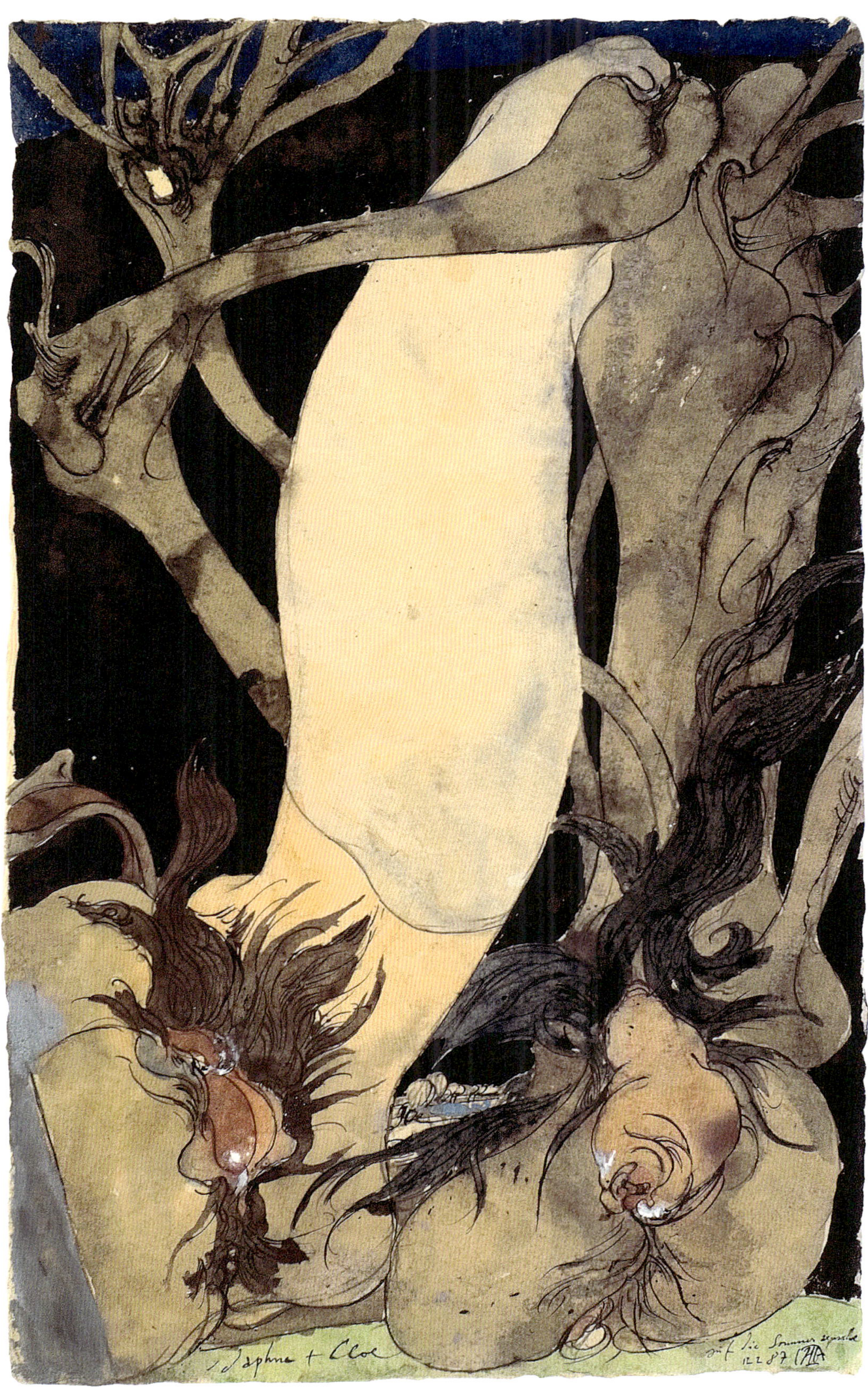

Daphne und Chloé
1987
Feder, Aquarell, Gouache
66 x 40,6 cm
Galerie Brockstedt, Berlin

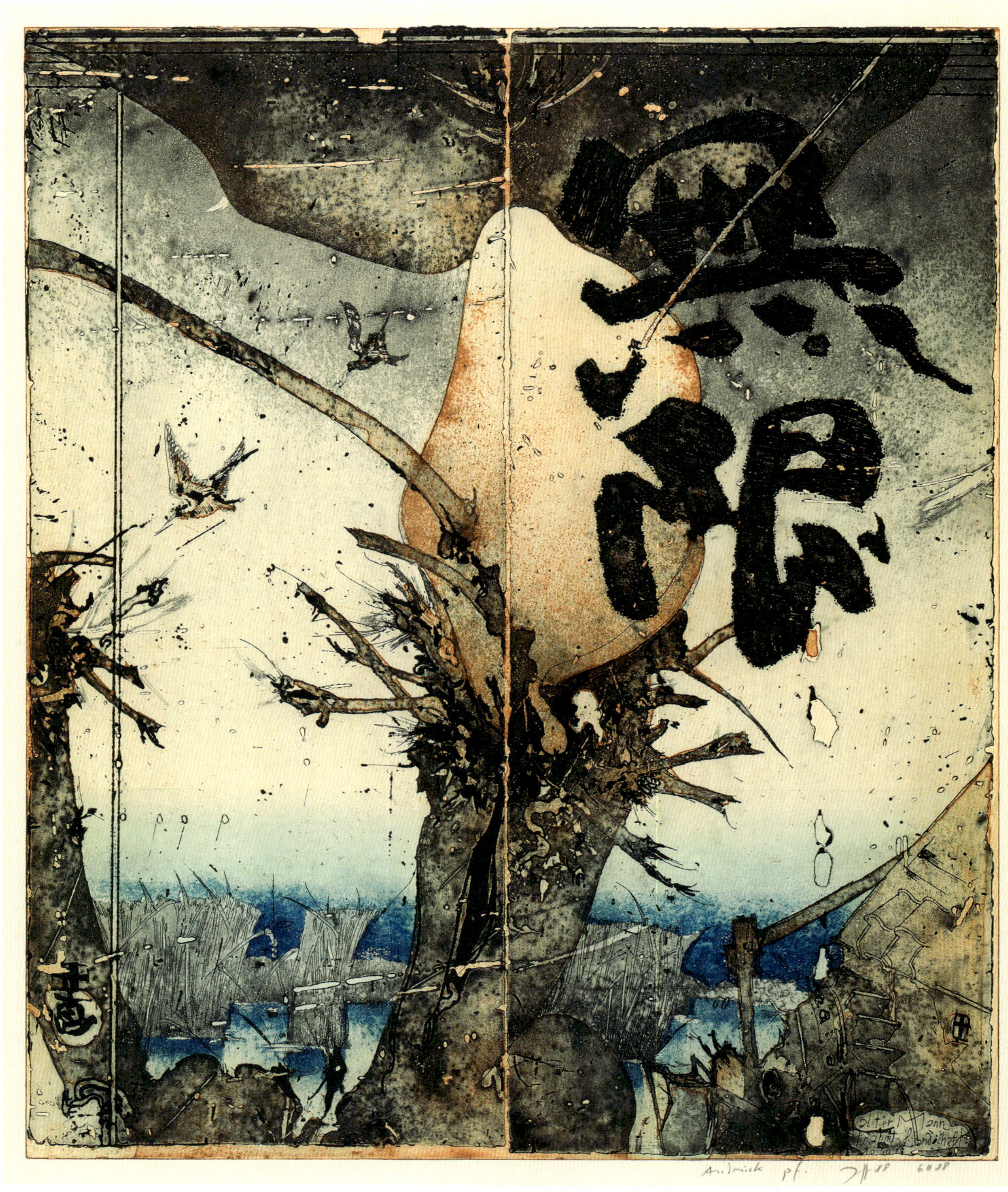

Alter Mann träumt Landschaft
1988
Farbradierung
von vier Platten
59,8 x 49,5 cm
Galerie und Verlag
St. Gertrude, Hamburg

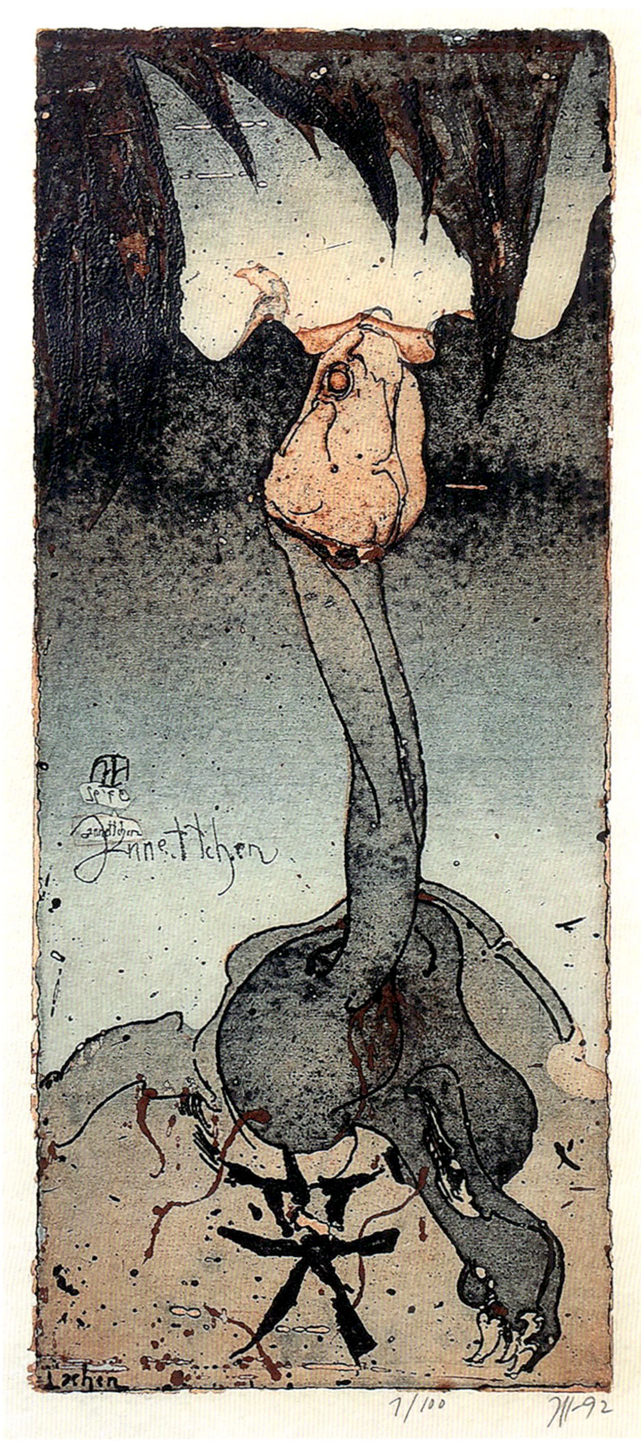

Annettchen Lachen (Annette küsst)
1992
Farbradierung von zwei Platten
49,5 x 20,3 cm
Galerie und Verlag
St. Gertrude, Hamburg

Eros und Tod

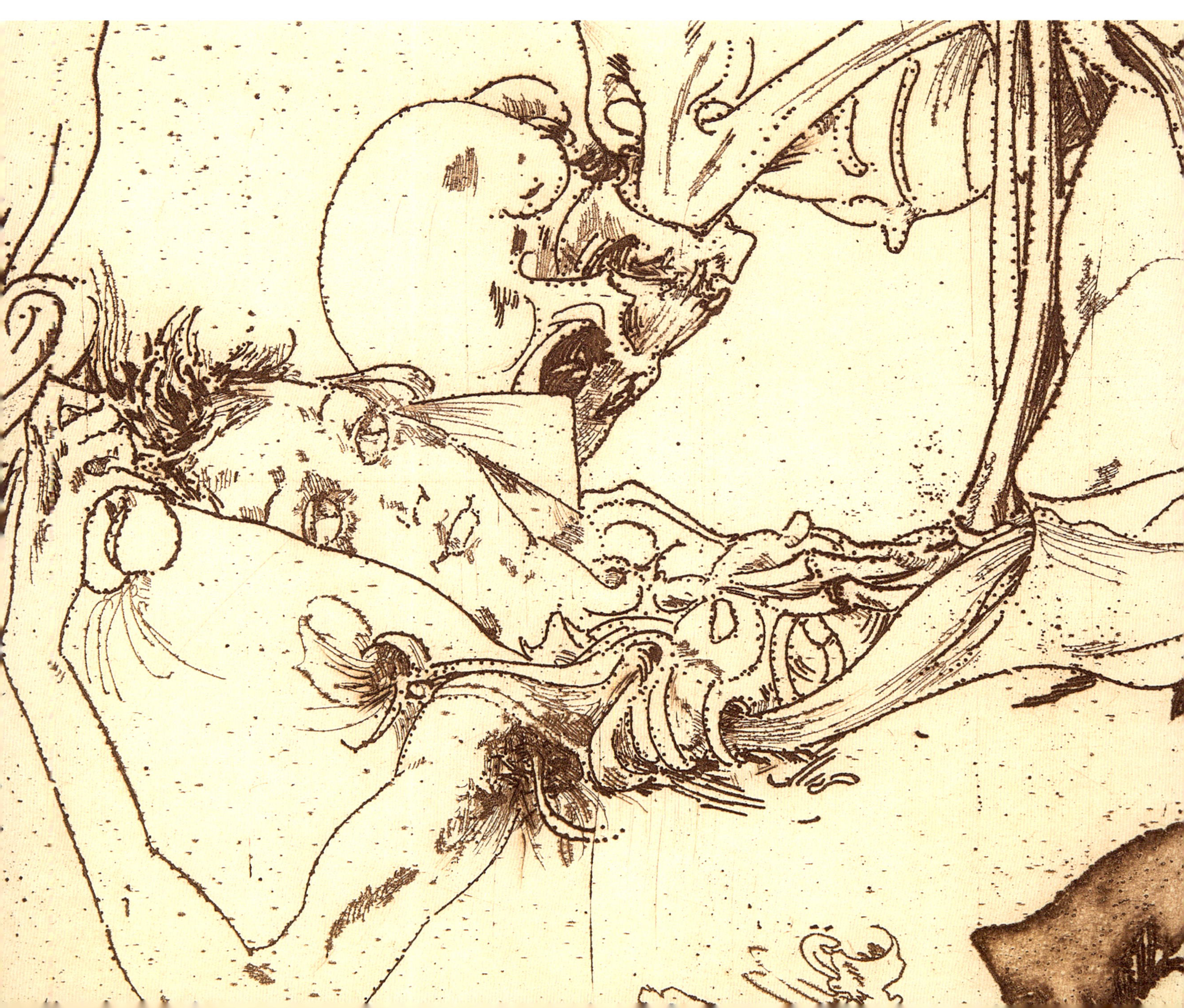

Der Tod hat eine zentrale Bedeutung im Werk von Horst Janssen. Immer wieder begegnen uns Totenschädel und Skelette in seinen Darstellungen. Die menschliche Vergänglichkeit illustriert Janssen gern auch in zerfallenen Gesichtern, die halb lebendig, halb tot zu sein scheinen. In seinem Radierzyklus *Hanno's Tod* (1972) zeigt Janssen sein eigenes Gesicht aus verschiedenen Blickwinkeln im Prozess der Verwesung. Dabei bezieht er sich thematisch auf den Tod des kleinen Hanno, des letzten Sprösslings der Familie Buddenbrook aus der berühmten Familiensaga von Thomas Mann.

Janssen thematisiert Alter, Tod und Verfall nicht nur in seinen Selbstporträts, sondern kombiniert sie auch mit erotischen Motiven. Immer wieder spielt er in verschiedenen Varianten mit den Themen Lust und Tod – was auch ein Spiel mit der Überschreitung von Normen und Tabus bedeutet. Im Dezember 1972 lernte Janssen die junge Studentin Bettina kennen. Sie inspirierte ihn zu Darstellungen, die den Topos „alter Mann und junges Mädchen“ behandeln. Bettina verkörpert den Typus Frau, der auf Janssen besonders erotisch wirkte.[1] Sie erinnert an ein junges Mädchen mit einem ausgeprägt schlanken Körperbau. Die Figuren der „Bettina“-Serie verweisen auf Frauenakte von Egon Schiele: Knochige bzw. extrem deformierte Körperformen zeichnen die knabenhafte Statur der jungen Bettina aus.[2] In den Radierungen wird Bettina als Engel oder in dem Blatt *Ich will fliegen* sinnlich erotisch dargestellt.[3] Die Interpretation dieser Serie ist nicht ganz klar: Entweder hat Bettina den Künstler nur buchstäblich „beflügelt“, oder er hat durch die Andeutung der Flügel und der damit verbundenen Assoziation des Schwebens in andere Sphären ganz bewusst eine Todesnähe hervorrufen wollen.[4]

Vielfach orientierte sich Janssen bei Darstellungen an den Totentänzen des Mittelalters, die in Reigen Menschen in Begegnung mit dem Tod zeigen. So schuf er zwischen 1973 und 1974 einen Totentanz, der in elf Radierungen die Begegnungen zwischen einem Skelett und einer jungen Frau darstellt. Die Szenen bewegen sich zwischen Ruhe und Ekstase. Janssen gestaltet den Tanz als Verführungsszene, die den Tod zur Konsequenz hat.

LB

1 Vgl. Ausst. Kat. Oldenburg 2004, S. 21.
2 Ebd.
3 Ebd., S. 22.
4 Ebd.

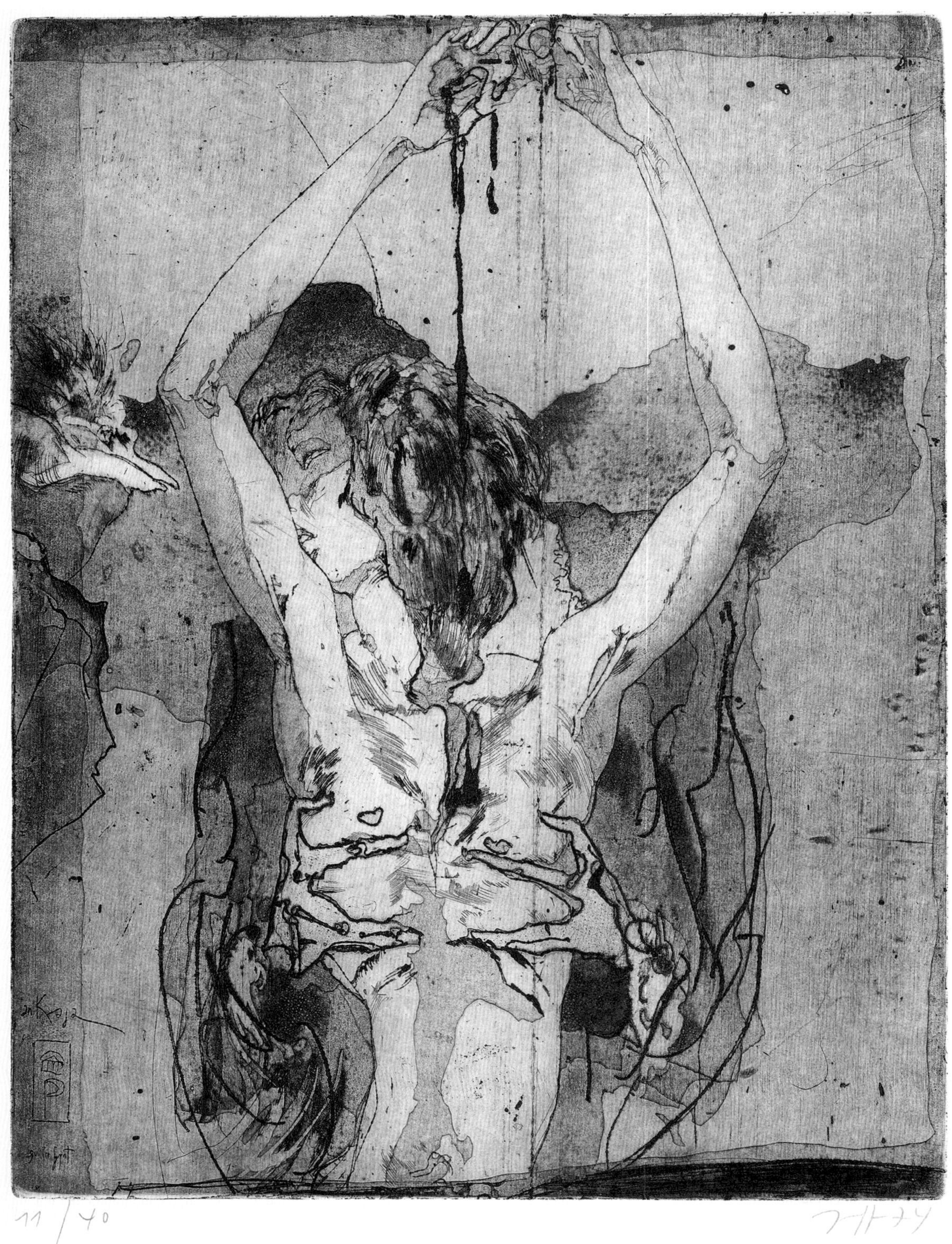

Radierfolge *Totentanz*
1974
Blatt 6
71 x 56,3 cm
Horst-Janssen-Museum, Oldenburg, Dauerleihgabe Familie Hüppe

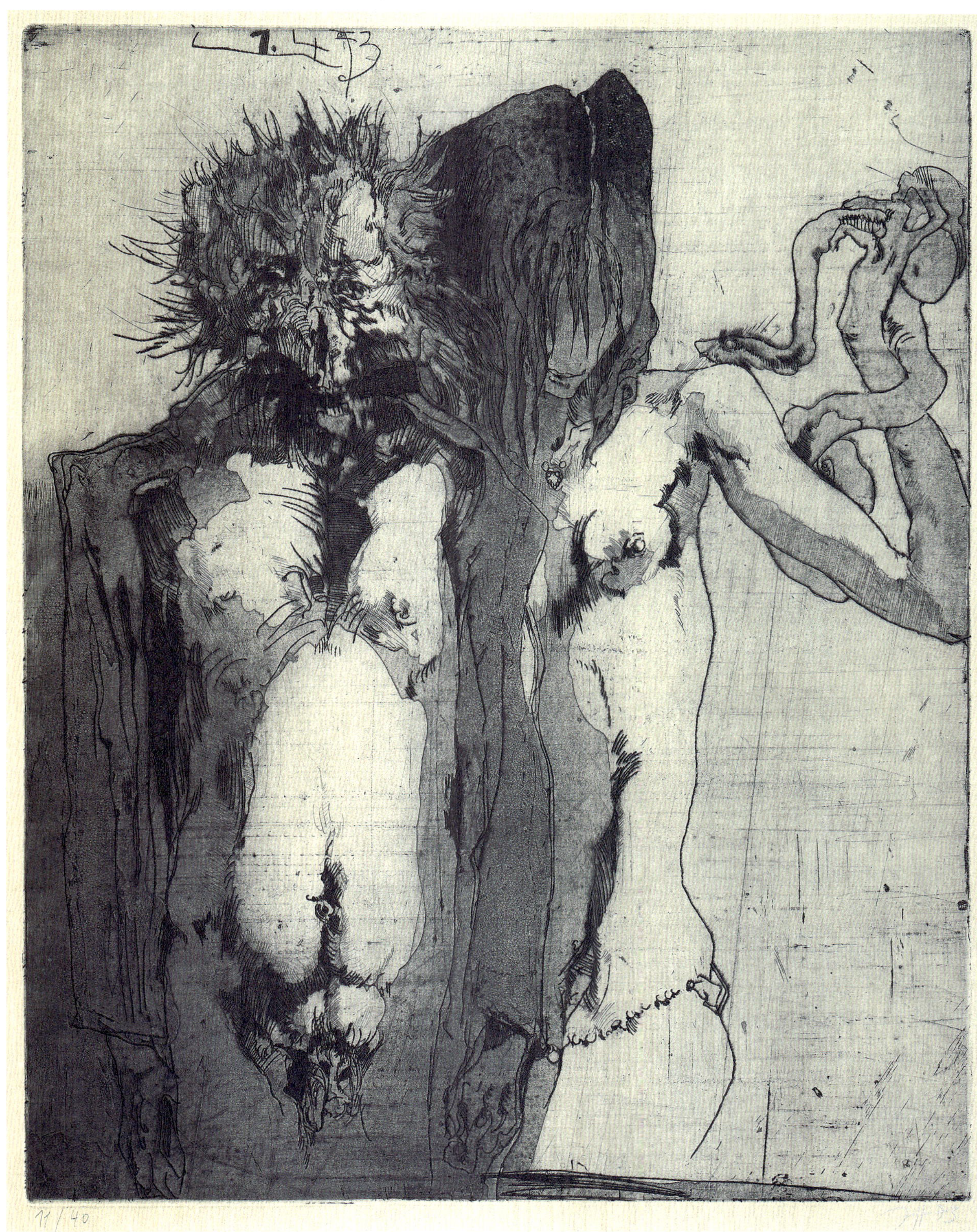

Radierfolge *Totentanz*
1973
Blatt 7
67 x 48,7 cm
Horst-Janssen-Museum, Oldenburg, Dauerleihgabe Familie Hüppe

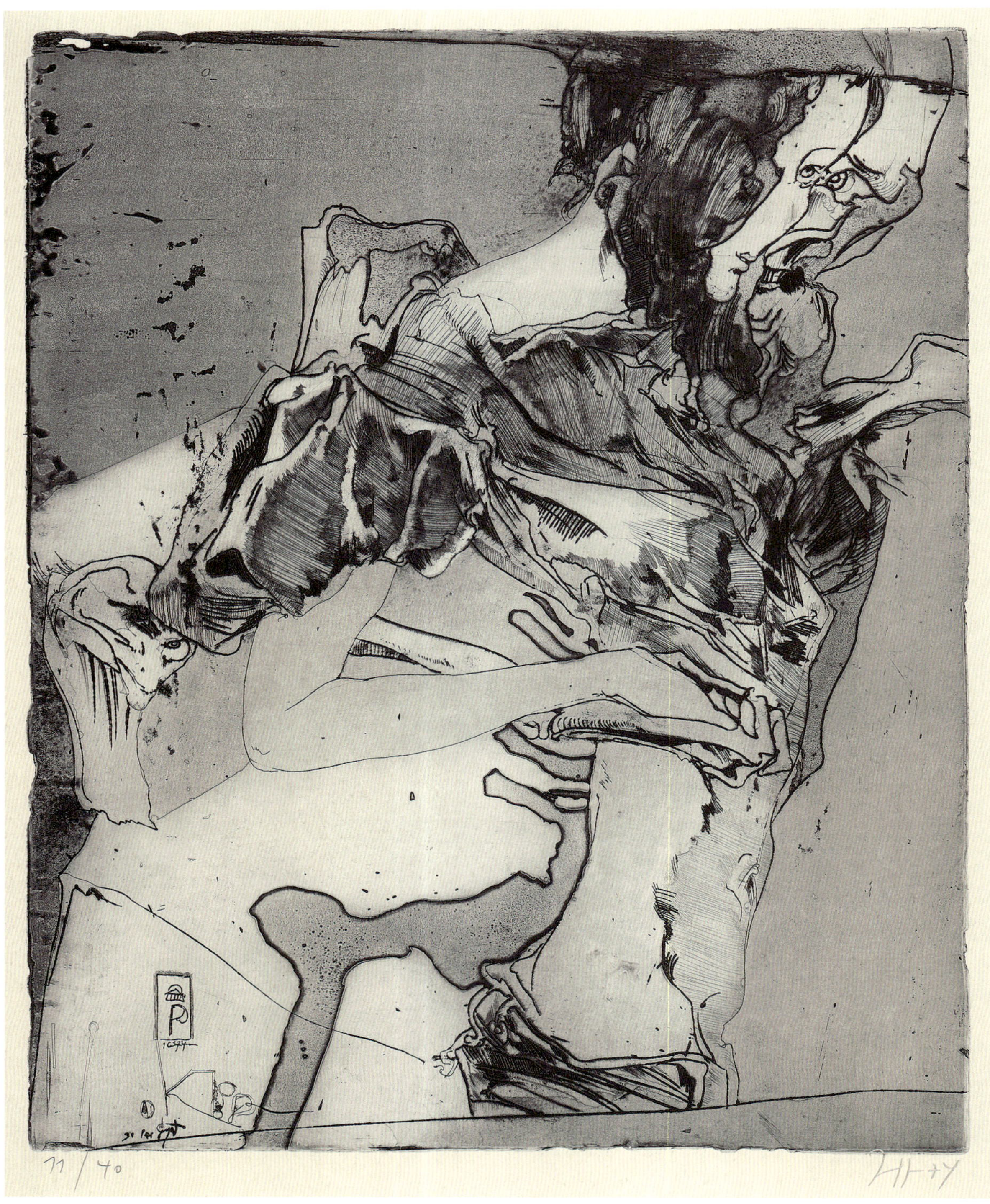

Radierfolge *Totentanz*
1974
Blatt 8
66,7 x 50,1 cm
Horst-Janssen-Museum, Oldenburg, Dauerleihgabe Familie Hüppe

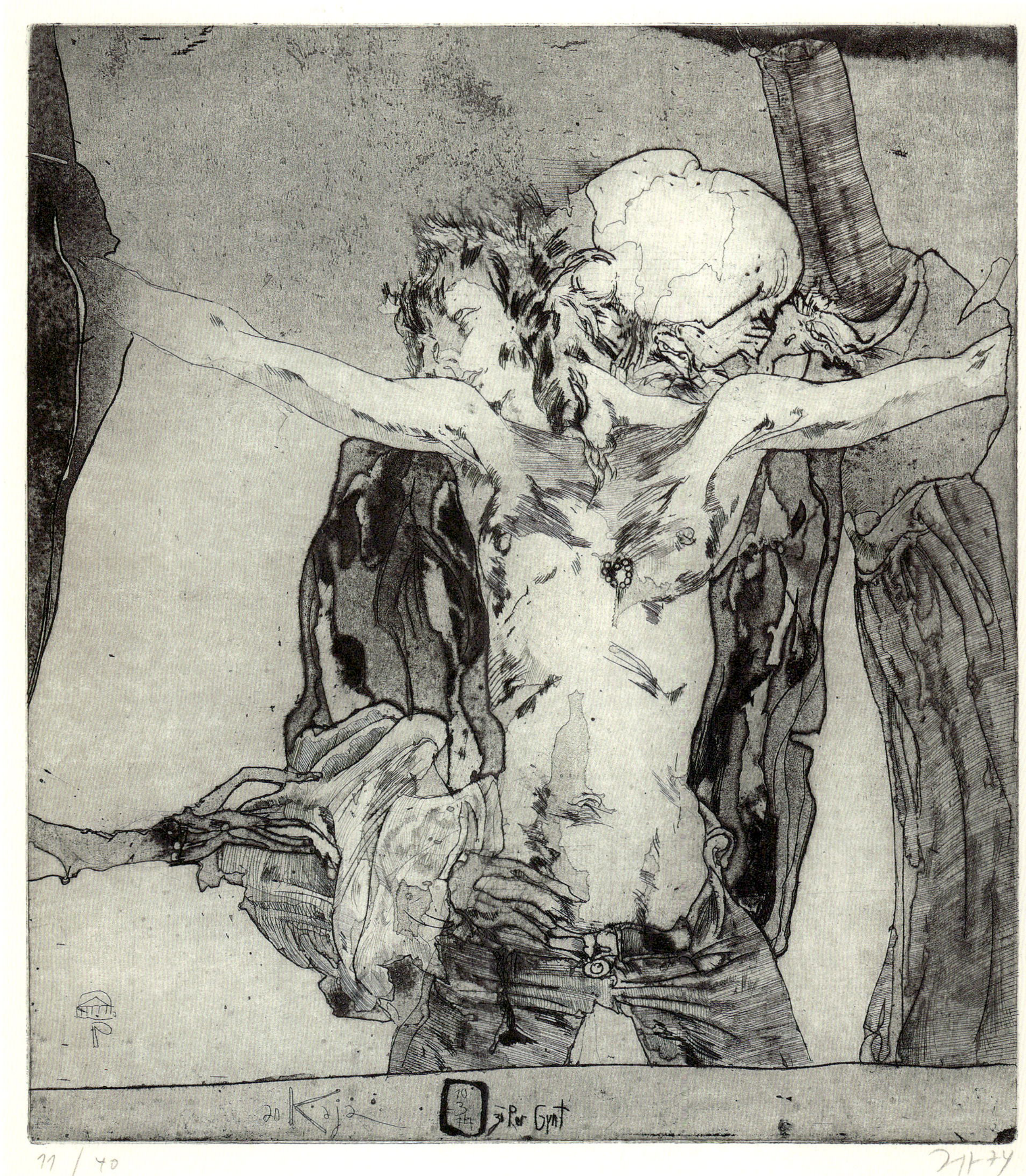

Radierfolge *Totentanz*
1974
Blatt 9
67,5 x 49,3 cm
Horst-Janssen-Museum, Oldenburg, Dauerleihgabe Familie Hüppe

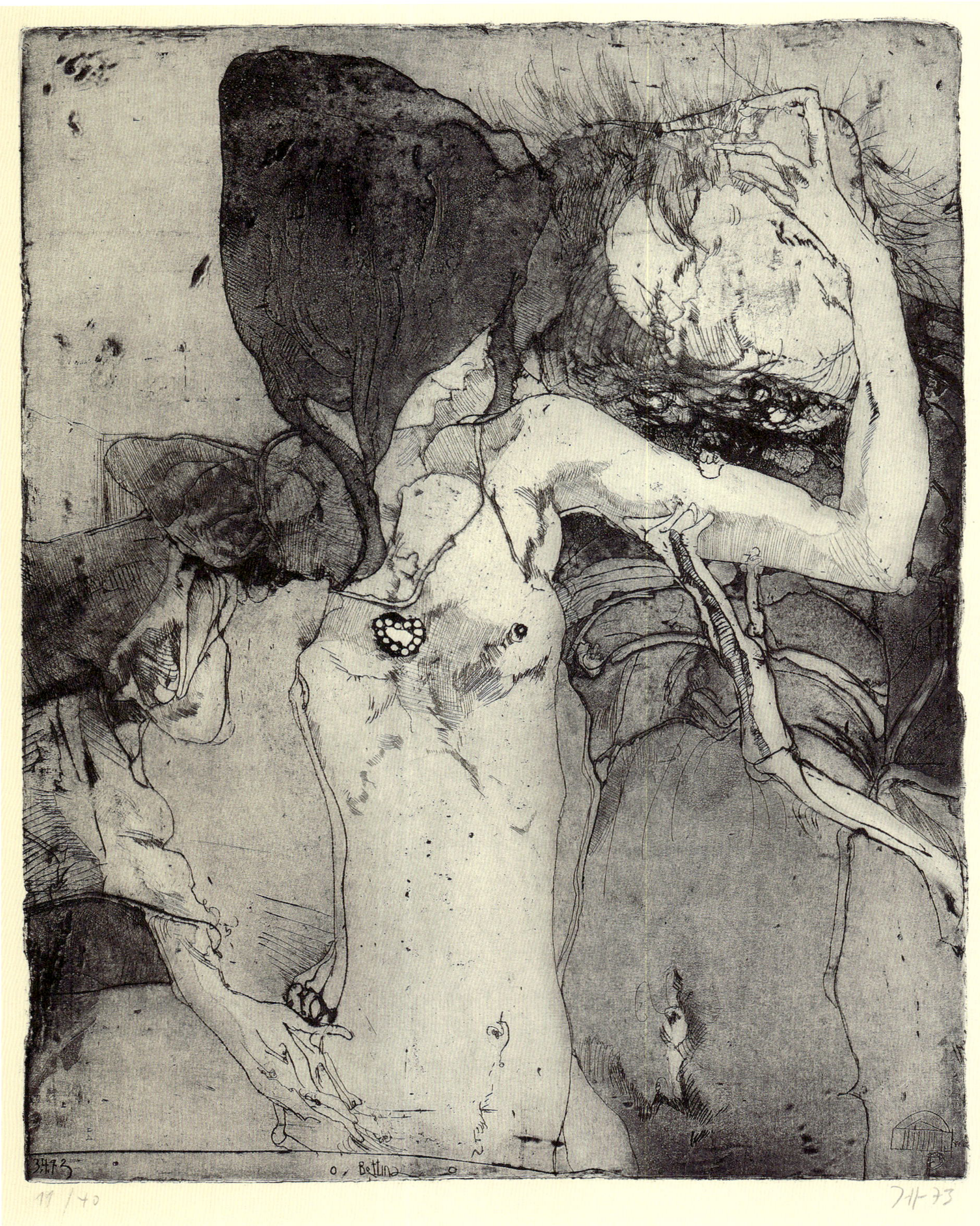

Radierfolge *Totentanz*
1973
Blatt 10
68 x 52 cm
Horst-Janssen-Museum, Oldenburg, Dauerleihgabe Familie Hüppe

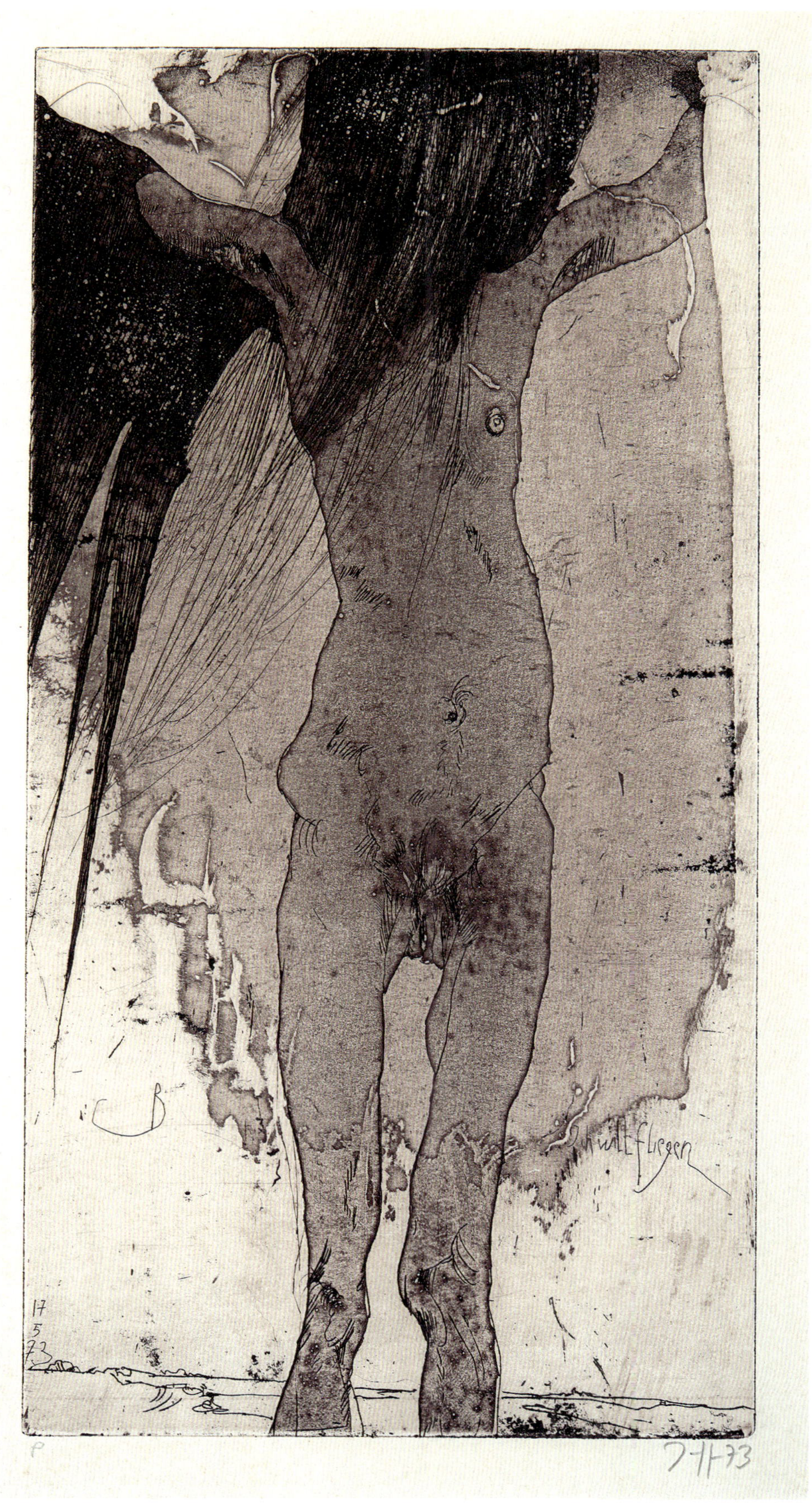

Ich will fliegen
1973
Radierung
49 x 32,5 cm
Horst-Janssen-Museum,
Oldenburg, Dauerleihgabe
der Claus Hüppe-Stiftung

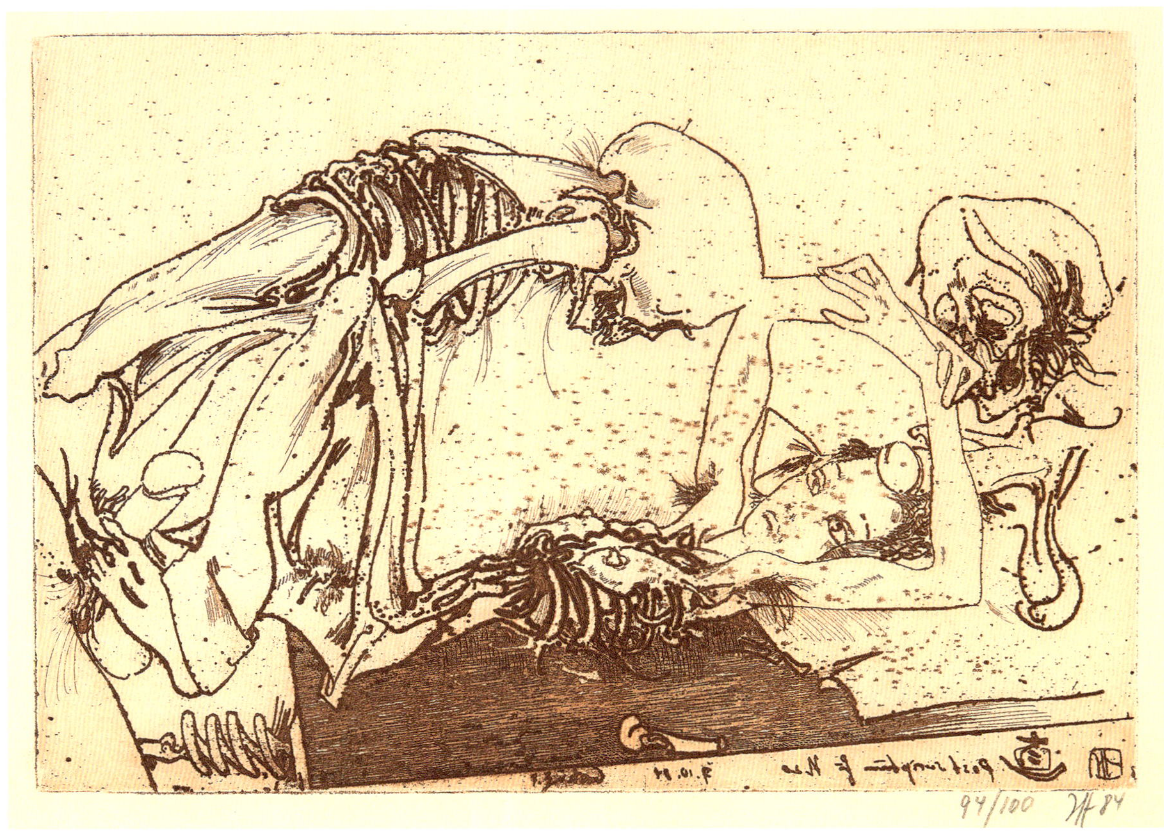

Radierfolge *Postscriptum*
1984
Blatt 12
28,3 x 37,9 cm
Horst-Janssen-Museum, Oldenburg, Dauerleihgabe des Vereins der Freunde und Förderer des Horst-Janssen-Museums

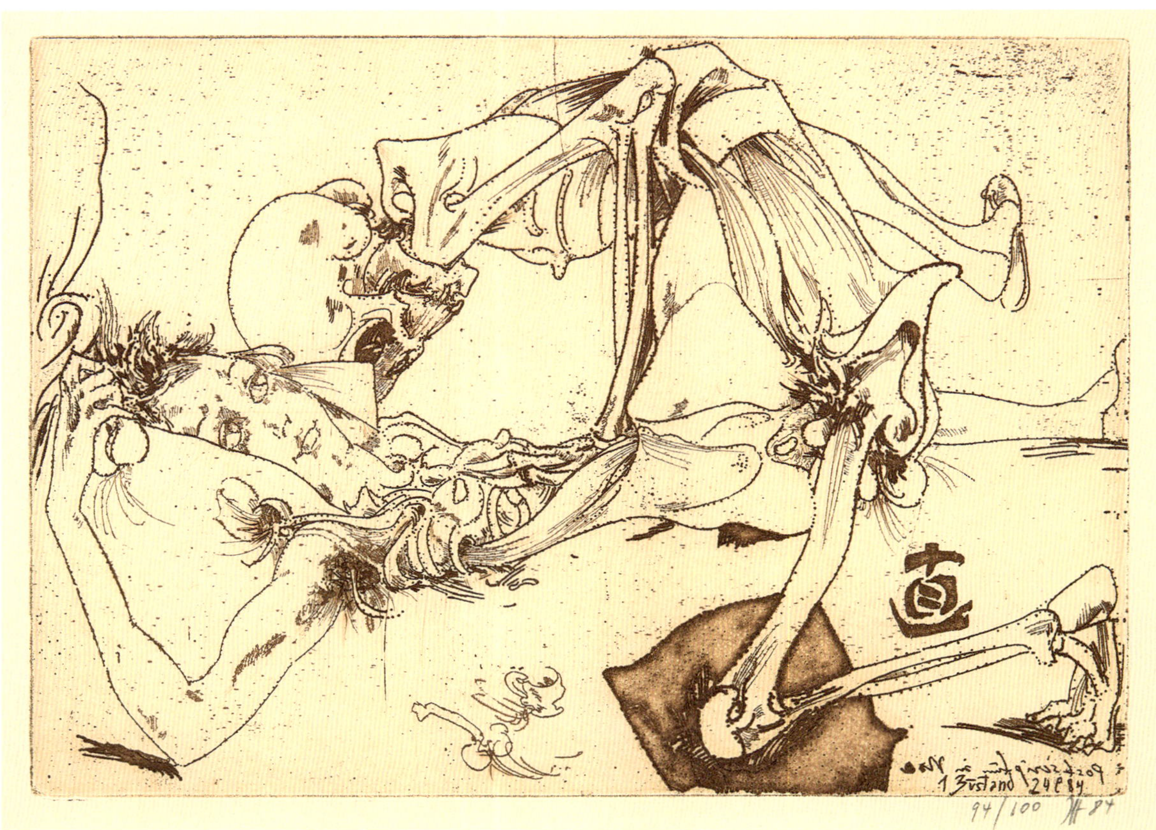

Radierfolge *Postscriptum*
1984
Blatt 10
28,3 x 37,8 cm
Horst-Janssen-Museum, Oldenburg, Dauerleihgabe des Vereins der Freunde und Förderer des Horst-Janssen-Museums

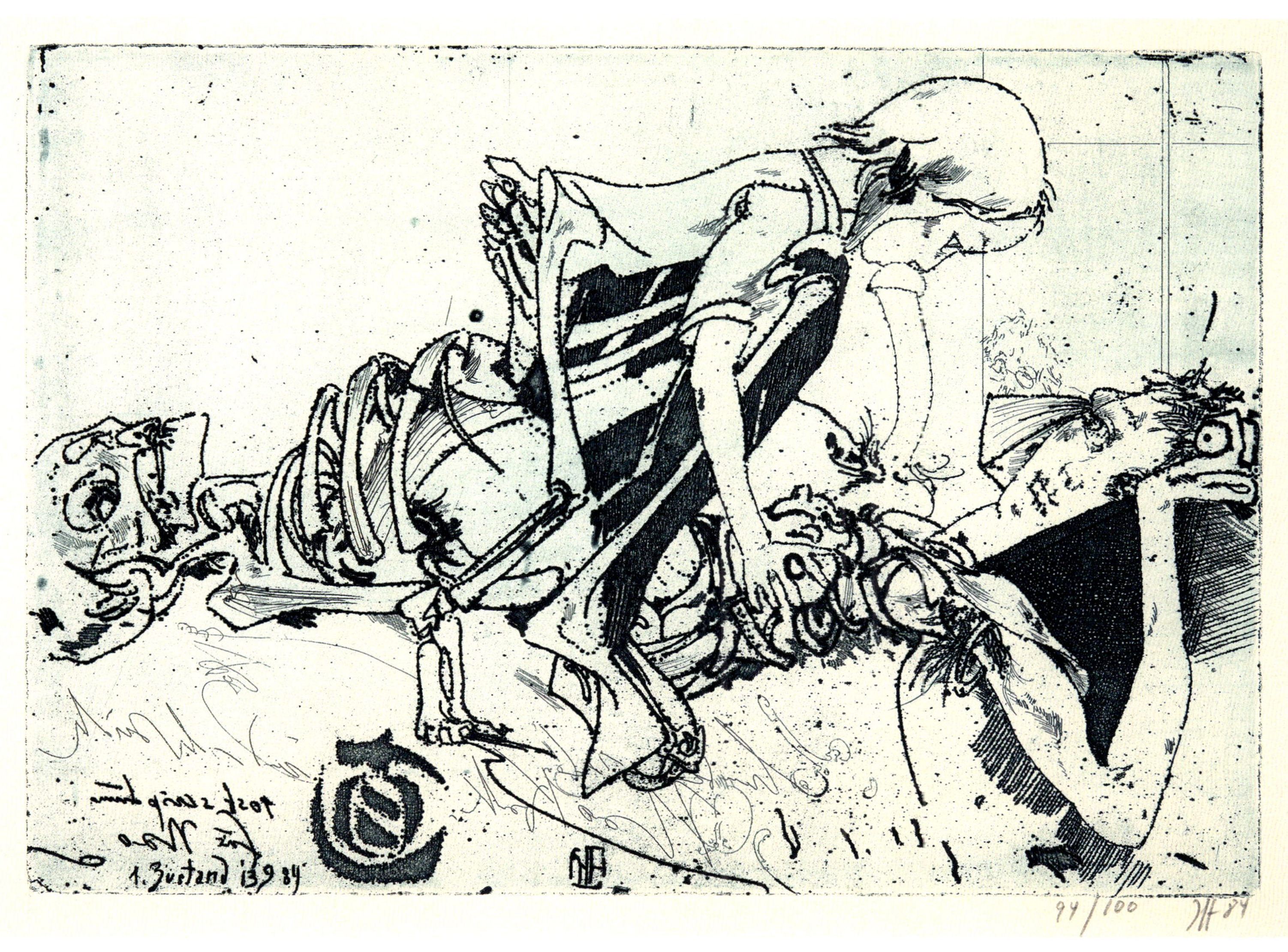

Radierfolge *Postscriptum*
1984
Blatt 7
28,5 x 38 cm
Horst-Janssen-Museum, Oldenburg, Dauerleihgabe des Vereins der Freunde und Förderer des Horst-Janssen-Museums

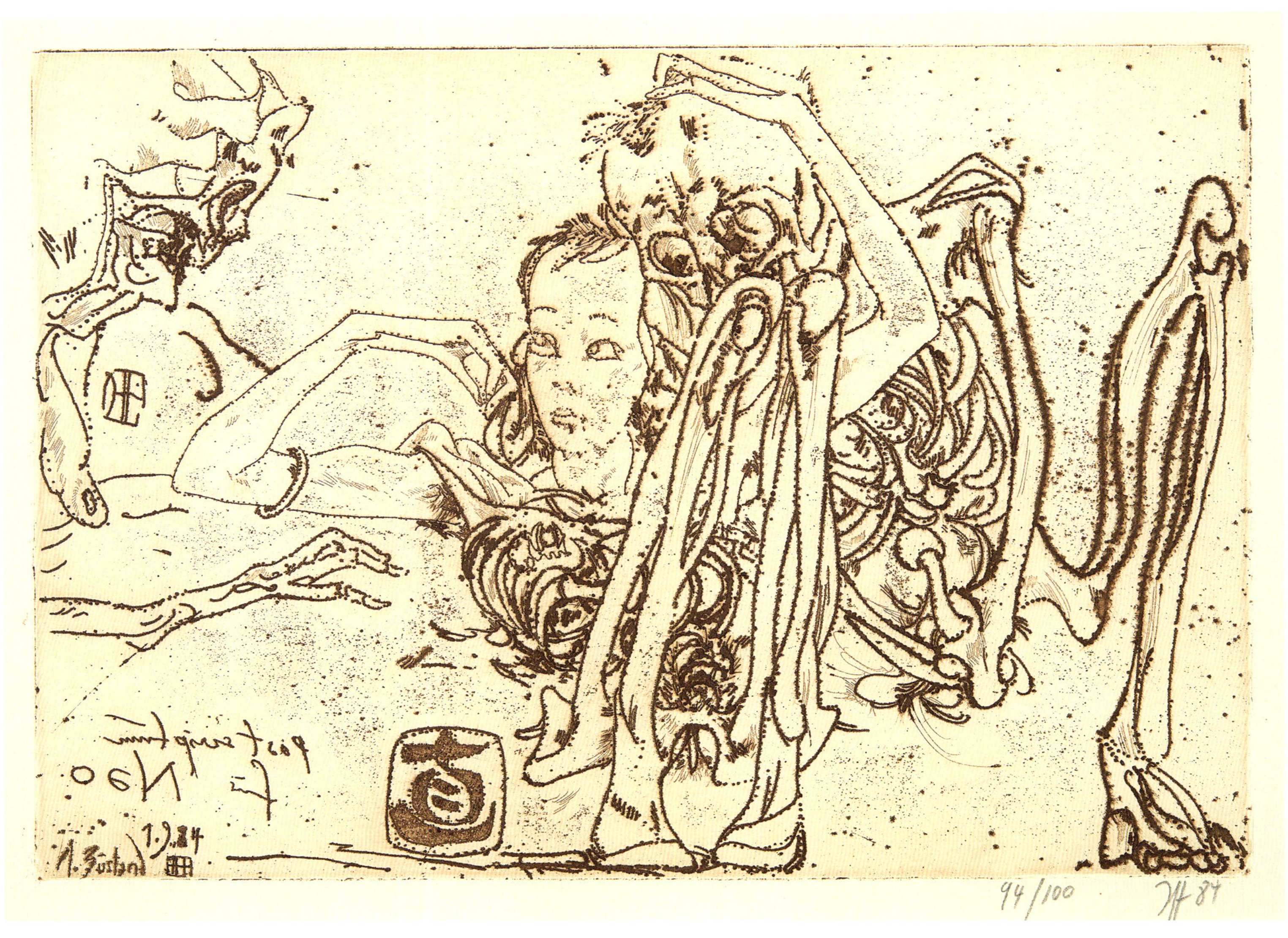

Radierfolge *Postscriptum*
1984
Blatt 4
28,2 x 37,8 cm
Horst-Janssen-Museum, Oldenburg, Dauerleihgabe des Vereins der Freunde und Förderer des Horst-Janssen-Museums

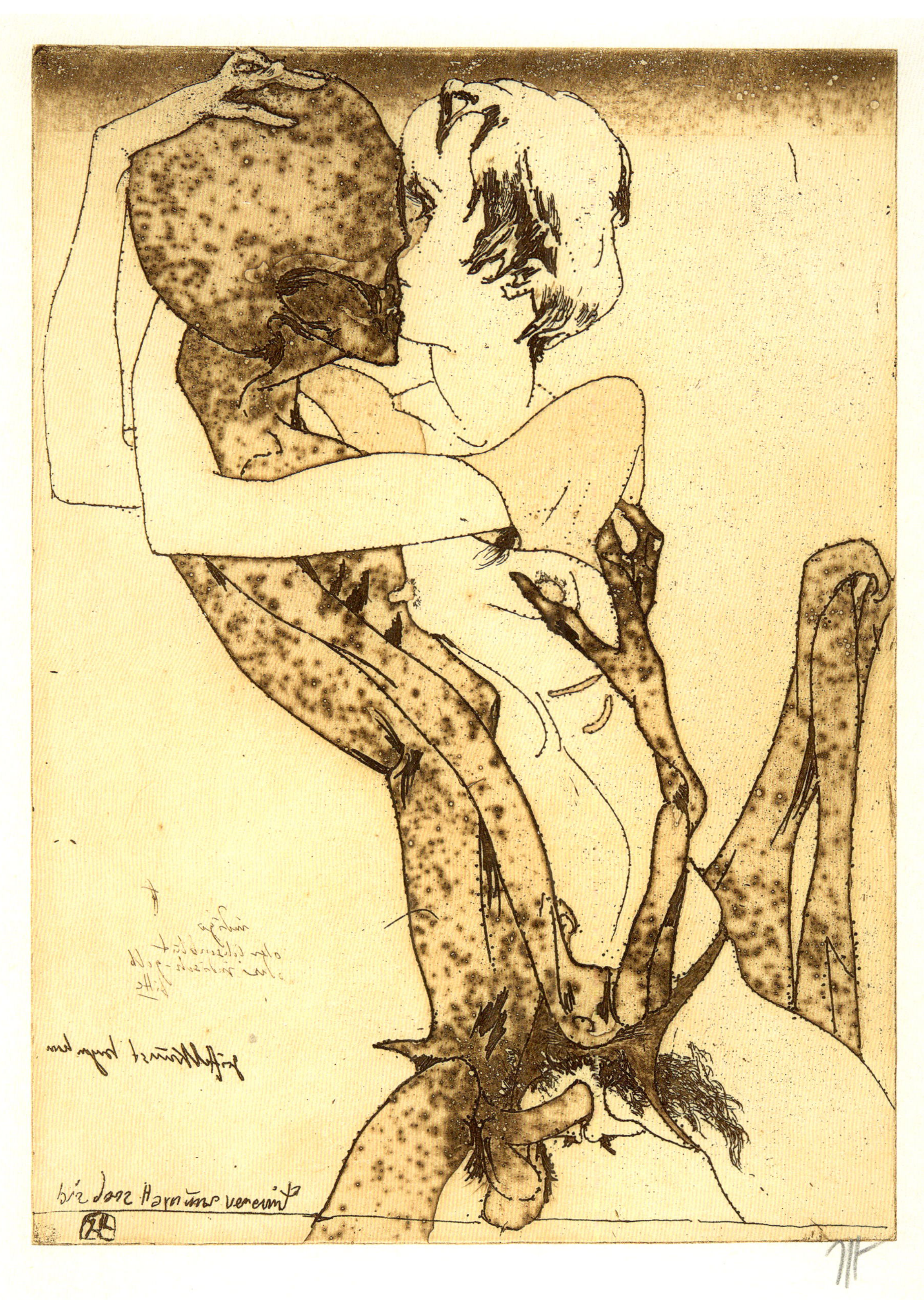

Bis dass Hayn uns vereint
[1984] undatiert
44,5 x 33,4 cm
Radierung
Horst-Janssen-Museum, Oldenburg, Dauerleihgabe der Claus Hüppe-Stiftung

Kuss

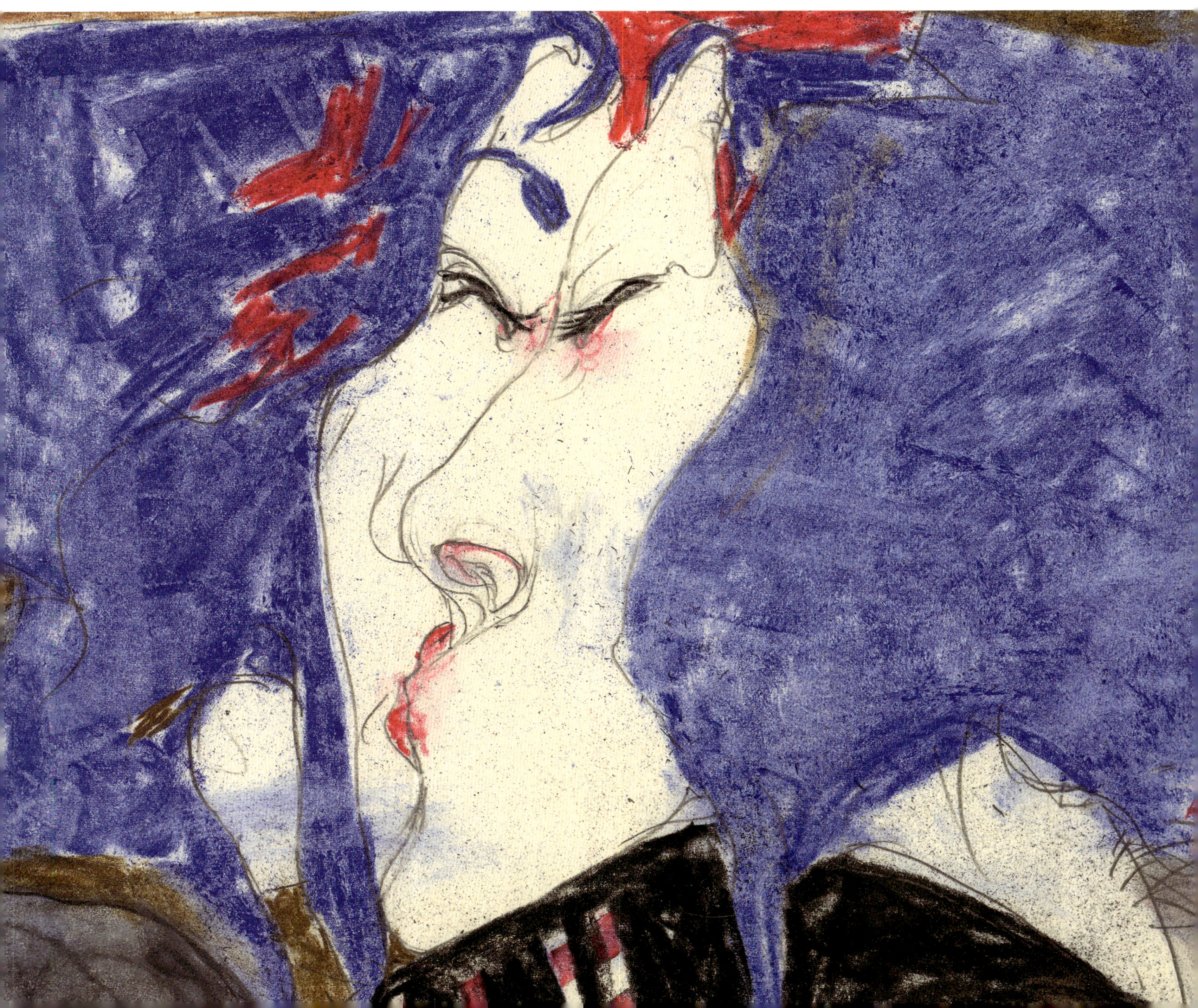

1985 schuf Janssen eine Farblithographie, die zwei Menschen beim Küssen zeigt (Abb. 1).[1] Das Motiv lässt unweigerlich an Edvard Munch denken, der zwischen 1897 und 1902 seine populären Holzschnitte zum Thema Kuss in verschiedenen Varianten schuf (Abb. 2).[2] Wesentlich stärker als Munch fokussiert sich Janssen auf die Gesichter der Liebenden, die bei Munch nur eine einheitliche Farbfläche darstellen, bei Janssen aber Details wie Augen, Augenbrauen, Mund und Nase aufweisen. Das Motiv des Küssens beschäftigte Janssen bereits in seiner auf den 2. Oktober 1970 datierten Radierung *Der Kuss*, die auch in dieser Ausstellung zu sehen ist. Im Gegensatz zu der 1985 geschaffenen Lithographie überschneiden sich die Gesichter des Paars in der Radierung nicht. Hier konzentriert sich Janssen stärker auf die Berührung von Lippen und Gesichtern.

Für die Farblithographie *Der Kuss* sind die blauen Haare des Liebespaars besonders charakteristisch. Der blaue Hintergrund wirkt wie ein Himmel, in dem beide miteinander verschmelzen.

Im Kupferstichkabinett der Hamburger Kunsthalle wird eine von Janssen auf den 5.11.1985 datierte Entwurfszeichnung für die Lithographie *Der Kuss* verwahrt. Janssen schuf zunächst eine Bleistiftzeichnung, die er mit farbiger Kreide in Blau, Rot, Schwarz (teilweise gewischt) und Braun kolorierte. Von der Lithographie gibt es drei unterschiedliche Varianten. In einer Auflage von 100 Exemplaren auf leicht grau-braunem Papier entstanden Abzüge, die das Liebespaar mit blauen Haaren und braunen Strähnen im Haar darstellen. Die Augenbraue der rechten Figur ist ebenfalls braun. Die Partien um Augen, Nase und Mund sind mit einem hellen, leicht verwischten Rot koloriert. Unterhalb des Gesichts der linken Figur ist ein schwarzer Kragen mit weiß-roten Streifen zu erkennen. Der Teil darunter ist innerhalb des Bildfelds mit brauner Lithographie-Tusche gefärbt. Darunter ist ein horizontal verlaufender schwarzer

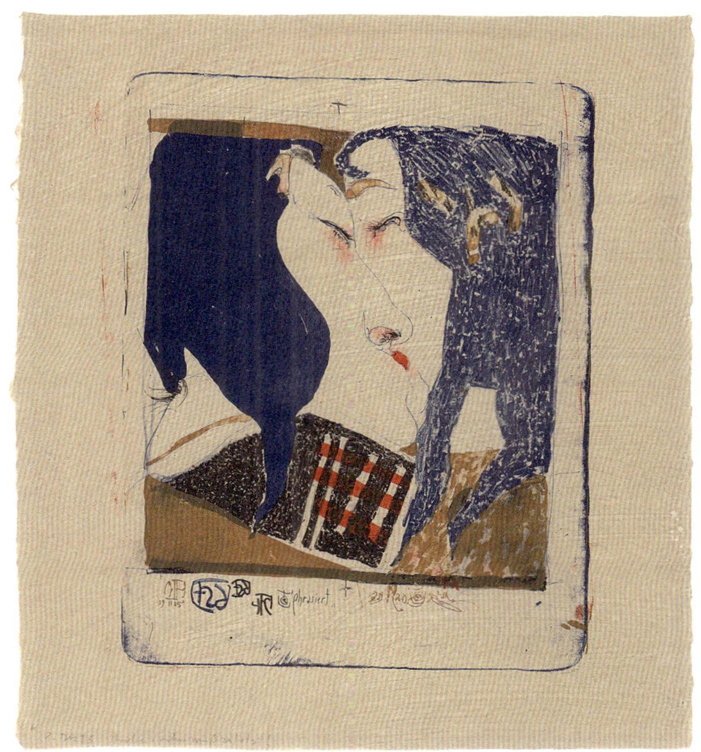

Abb. 1 Horst Janssen, *Der Kuss*, 1985, Farblithographie in Rot, Blau, Schwarz und Ocker, 53 x 46,6 cm, Hamburger Kunsthalle, Kupferstichkabinett

Streifen zu erkennen, unter dem sich verschiedene gedruckte Schriftzeichen und die Datierung des Drucks am 19.11.1985 erkennen lassen. Die Bildfläche ist durch blaue und goldene Streifen eingerahmt. Janssen hatte eine Druckplatte für die Konturen der Gesichter, das Haar und die Umrahmung angelegt. Auch das erste Schriftzeichen von links nach der Datierung ist auf der ersten Druckplatte eingezeichnet. Die Variante dieser ersten Platte, die in den meisten Fällen in Blau gedruckt wurde, ist in

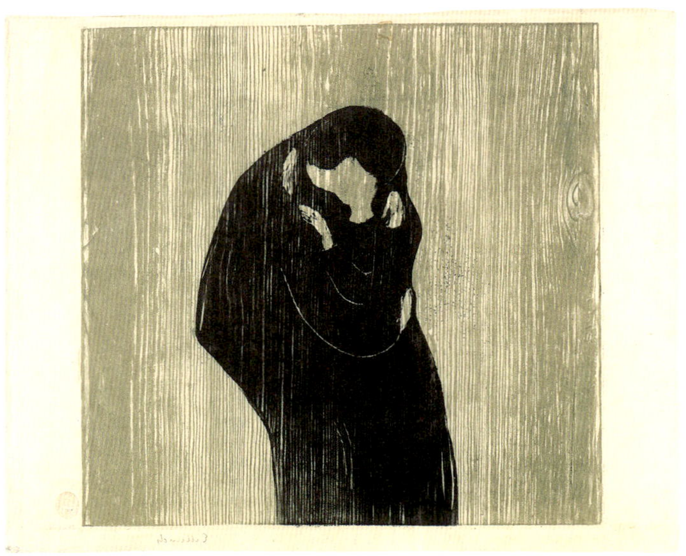

Abb. 2 Edvard Munch, *Der Kuss* IV, 1902, Farbholzschnitt in Grau und Schwarz, 51 x 61,3 cm, Staatliche Museen zu Berlin, Kupferstichkabinett

einem Abzug mit schwarzer Farbe auf weißem Papier, der ebenfalls in der Hamburger Kunsthalle verwahrt wird, gut zu erkennen. In einem Probedruck auf blauem Papier experimentierte Janssen neben der ersten Druckplatte in Blau mit einer zweiten Druckplatte in Rot. Dies kann man besonders gut erkennen, wenn man die erste in Schwarz gedruckte Platte mit dem Abzug in blauer Farbe auf blauem Papier vergleicht. Die mit roter Farbe eingefärbte Druckplatte sollte nicht nur die Augen, Nase und Mund akzentuieren, sondern auch drei schräg verlaufende Streifen auf der Bekleidung der linken Person, leicht unterhalb des Gesichts erzeugen. Janssen arbeitete gern mit verschiedenfarbigen Papieren, die jedem Druck den Charakter eines Unikats verleihen.

LB

1 Janssen 1988, S. 13, Kat. Nr. 6.

2 Vgl. Woll 2001, Nr. 114 (The Kiss I), Nr. 115 (The Kiss II), Nr. 124 (The Kiss III), Nr. 204 (The Kiss IV).

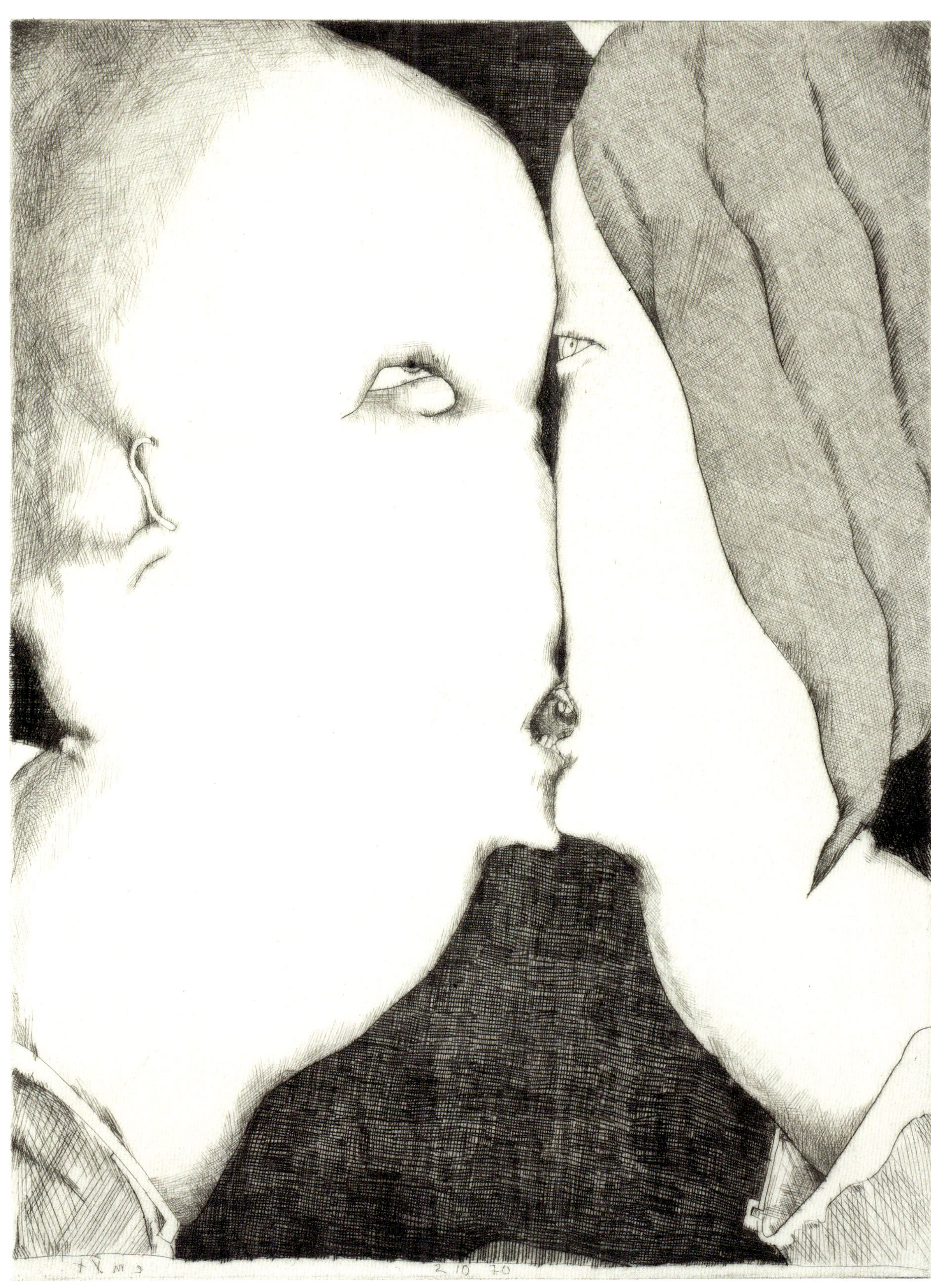

Der Kuss
1970
Radierung mit Kaltnadel
26,3 x 18,8 cm
Galerie und Verlag
St. Gertrude, Hamburg

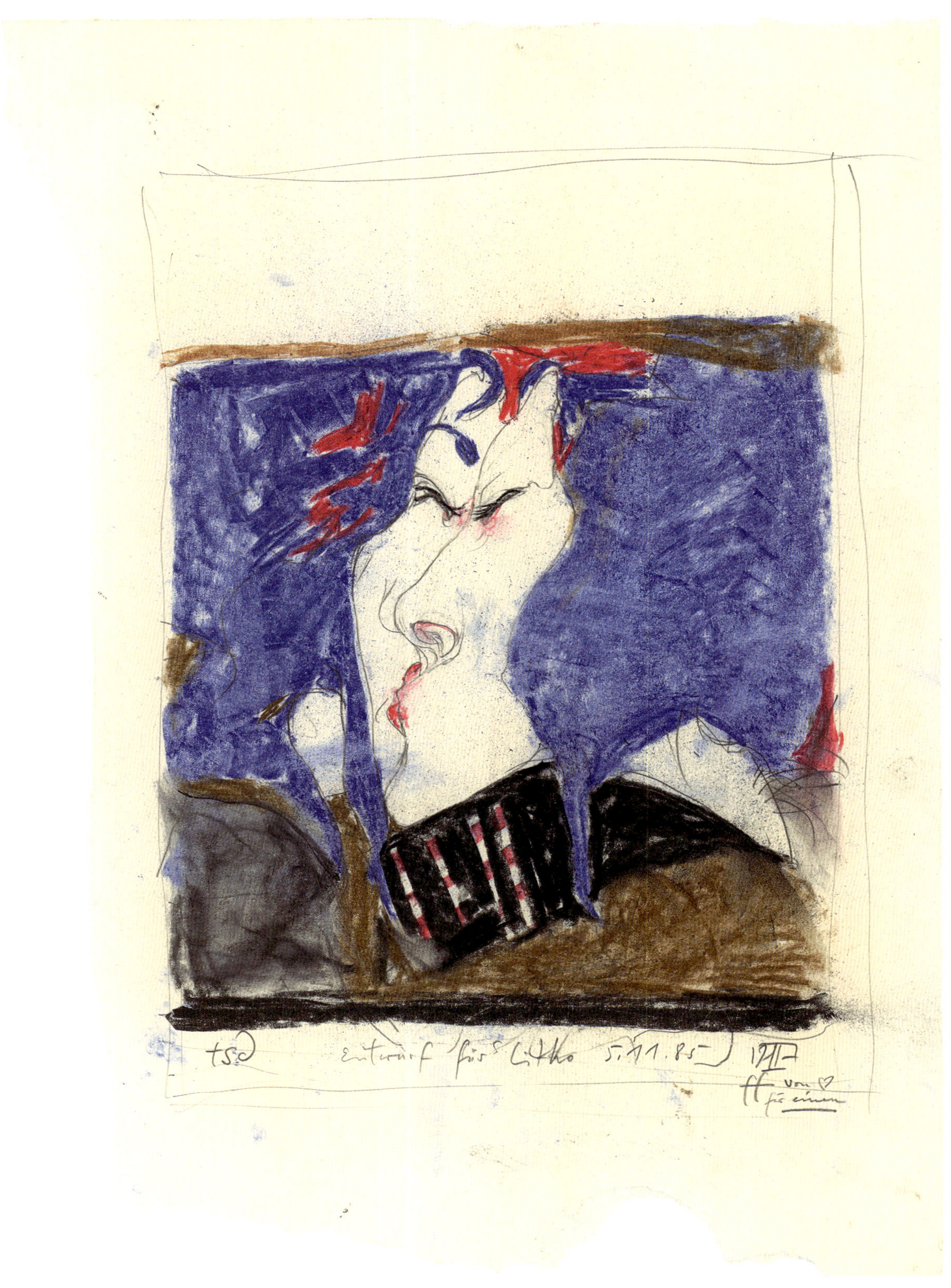

Der Kuss
1985
Entwurf für Lithographie
Blei- und Farbstift (Fettkreide)
51 x 33 cm
Hamburger Kunsthalle,
Kupferstichkabinett

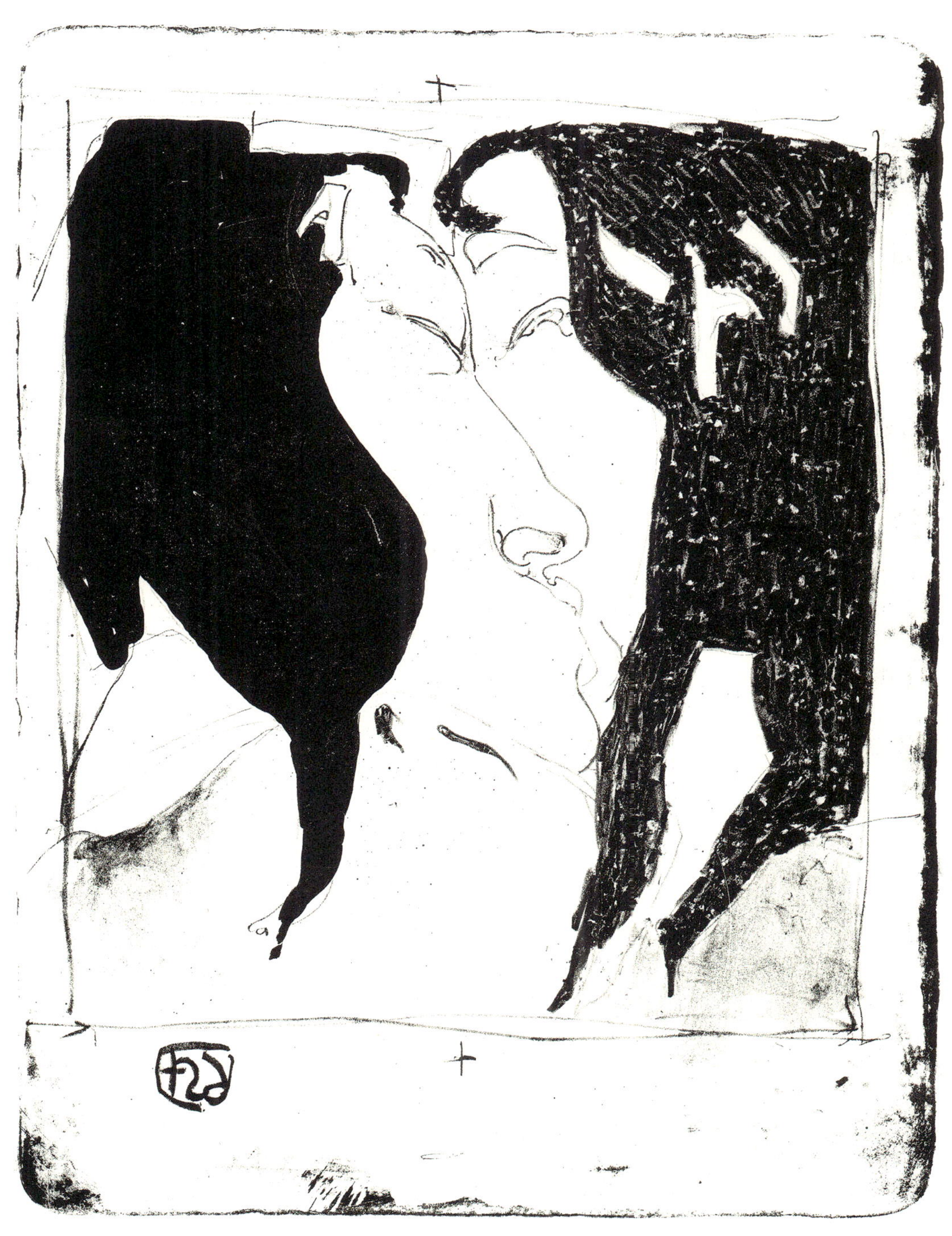

Der Kuss
1985
Lithographie
53,4 x 37,9 cm
Hamburger Kunsthalle,
Kupferstichkabinett

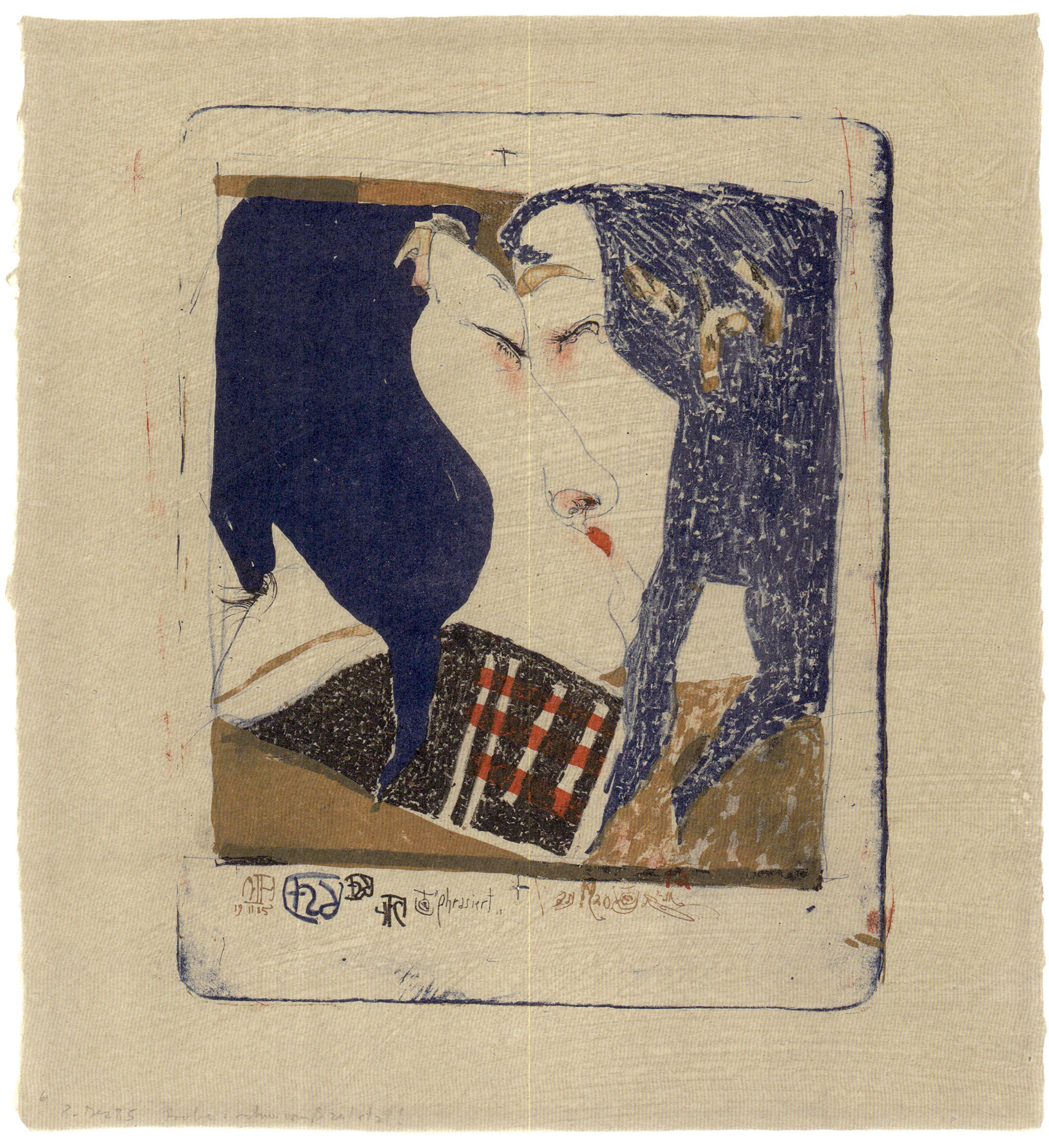

Der Kuss
1985
Farblithographie in Rot, Blau, Schwarz und Ocker
53 x 46,6 cm
Hamburger Kunsthalle, Kupferstichkabinett

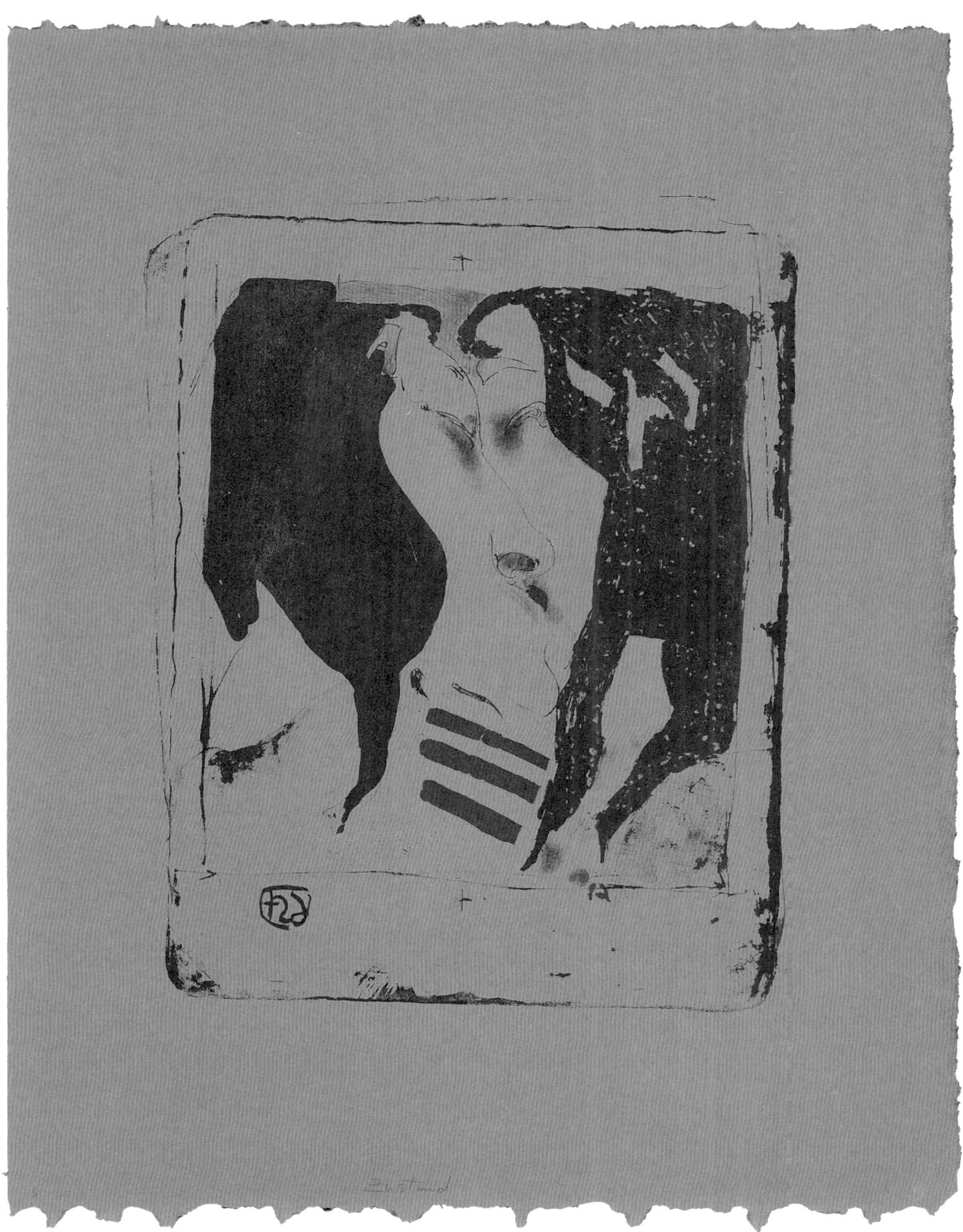

Der Kuss
1986 (?)
Lithographie in Rot und Blau,
auf blauem Japanpapier
64 x 50,3 cm
Hamburger Kunsthalle,
Kupferstichkabinett

Femme fatale

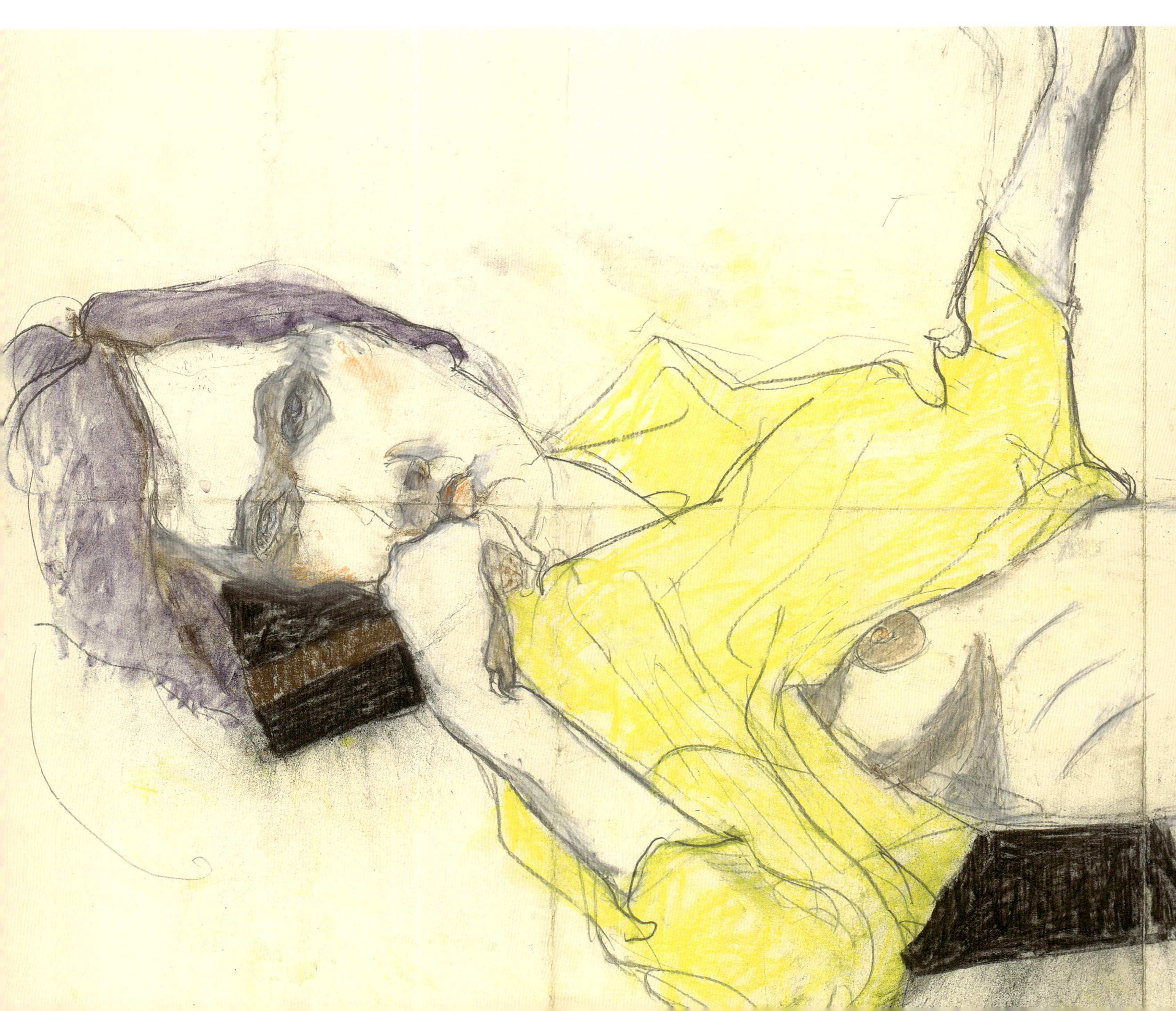

Die Frauenbildnisse im Werk von Horst Janssen sind extrem facettenreich. Porträts, beispielsweise von Gesche Tietjens, haben oft einen sehr melancholischen Charakter. Eine Reihe von altmeisterlich wirkenden Zeichnungen wiederum orientieren sich etwa an Sandro Botticelli und evozieren keinerlei eindeutige Erotik. Sie unterscheiden sich ganz deutlich von den Zeichnungen aus dem Komplex der *Geilen Sybillchen* oder gar den Aquarellen aus der Serie *Phyllis*.
Im Werk von Horst Janssen gibt es eine Reihe von Frauenporträts, die sehr geheimnisvoll wirken und die „Frau" als unbekanntes Wesen charakterisieren. Zu diesen Arbeiten lassen sich die Farbradierungen *Lischi* (Abb. 1) oder *Susette Gontard* (Abb. 2) zählen, die zwischen 1988 und 1992 entstanden. Janssen vermochte mit seinen Radierungen zweierlei Dinge zu bewirken: Auf der einen Seite schuf er eine Darstellung, die zwischen geheimnisvoller Schönheit und Hässlichkeit oszilliert. Auf der anderen Seite entstanden einfach technisch brillante Farbradierungen. Die Darstellung von Lischi im Profil erinnert nahezu an eine hexenartige Gestalt. Susette Gontards Haare verschmelzen mit dem Bildhintergrund. Auf diese Weise wird die geheimnisvolle Aura der Porträtierten noch gesteigert.
In krassem Gegensatz zu den genannten Farbradierungen stehen die Zeichnungen, die Janssen zur gleichen Zeit (1988) von seiner damaligen Geliebten Annette Kasper schuf. Janssen hatte Annette Kasper 1985 kennengelernt und widmete ihr eine Vielzahl von Werken. Kaum eine Liebesbeziehung wurde von Janssen im Hinblick auf seine emotionale Befindlichkeit künstlerisch so intensiv verarbeitet wie diese. Es existieren zwei großformatige Pastellkreidezeichnungen von Annette Kasper, die in der Ausstellung einander gegenübergestellt werden. Die in der Hamburger Kunsthalle und der Galerie St. Gertude in Hamburg erhaltenen Blätter zeigen Annette Kasper liegend, der Kopf ist zur rechten Seite geneigt. Der Blick gleitet träumend

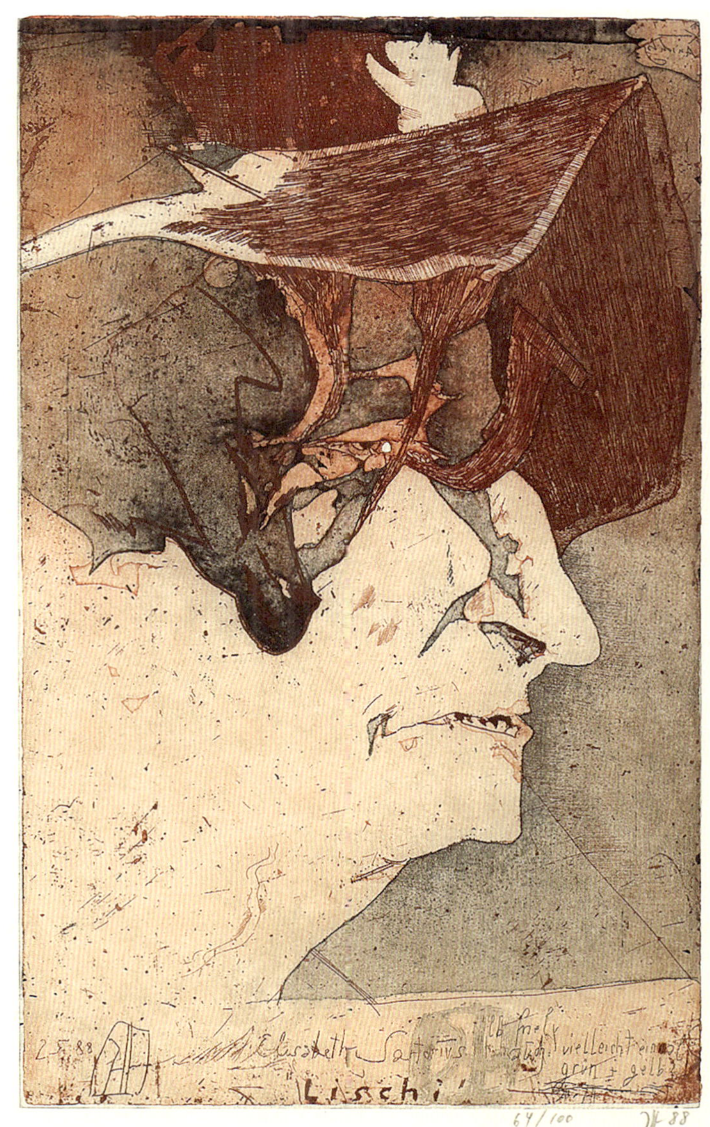

Abb. 1 Horst Janssen, *Lischi*, 1988, Farbradierung von zwei Platten, 62,3 x 40,2 cm, Galerie und Verlag St. Gertrude, Hamburg

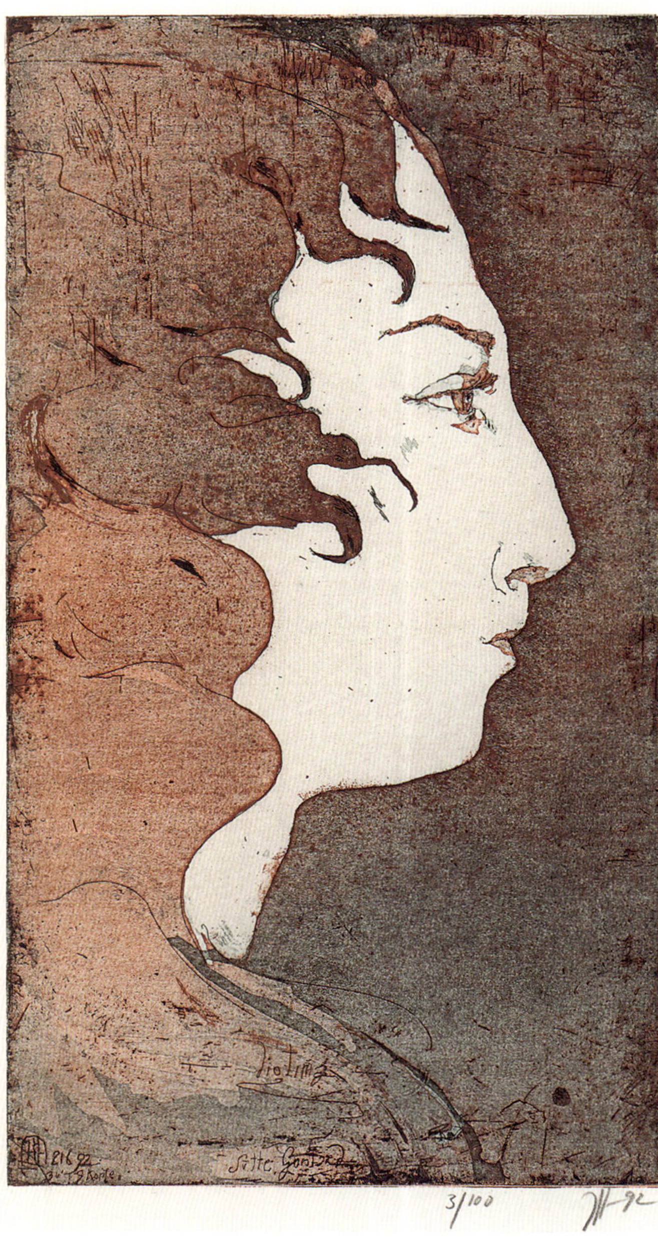

Abb. 2 Horst Janssen, *Susette Gontard*, 1992, Farbradierung von zwei Platten, 60,8 x 44,8 cm, Galerie und Verlag St. Gertrude, Hamburg

ins Leere. Im Gegensatz zu den Farbradierungen *Lischi* und *Susette Gontard* steht in den Zeichnungen von Annette Kasper eindeutig der voyeuristische Blick im Mittelpunkt des Geschehens. Die Bluse von Annette ist nach oben gerutscht, so dass ein Blick auf die rechte Brust freigegeben wird. Die Jeans sitzt sehr locker und umfängt die schmale Taille. Die Zeichnung aus der Hamburger Kunsthalle unterscheidet sich von der Arbeit aus der Galerie St. Gertrude im Wesentlichen dadurch, dass die Bluse mit gelber Pastellkreide koloriert ist. Auch das Gesicht von Annette in der Version aus der Kunsthalle wirkt durch die farbige Kolorierung lebendiger.

Insgesamt wird deutlich, wie unterschiedlich die einzelnen „Frauentypen" im Werk von Janssen sind. Sie zeigen, dass Janssen aus verschiedenen Blickwinkeln auf seine Musen und andere Frauenbekanntschaften blickte und diese sehr unterschiedlich in Szene zu setzen wusste.

LB

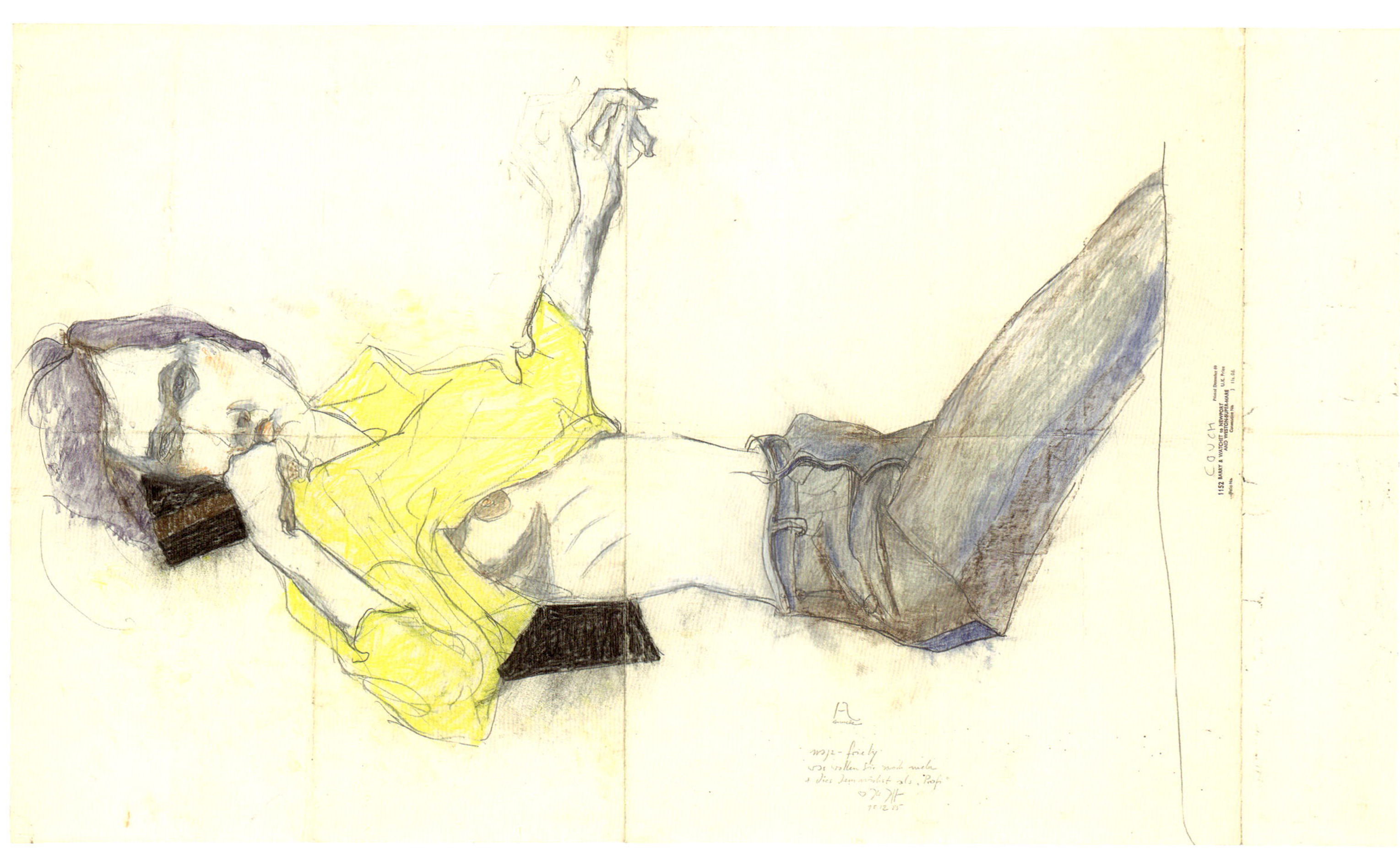

Annette Kasper
1985
Bleistift und Pastell
70,5 x 116,5 cm
Hamburger Kunsthalle,
Kupferstichkabinett

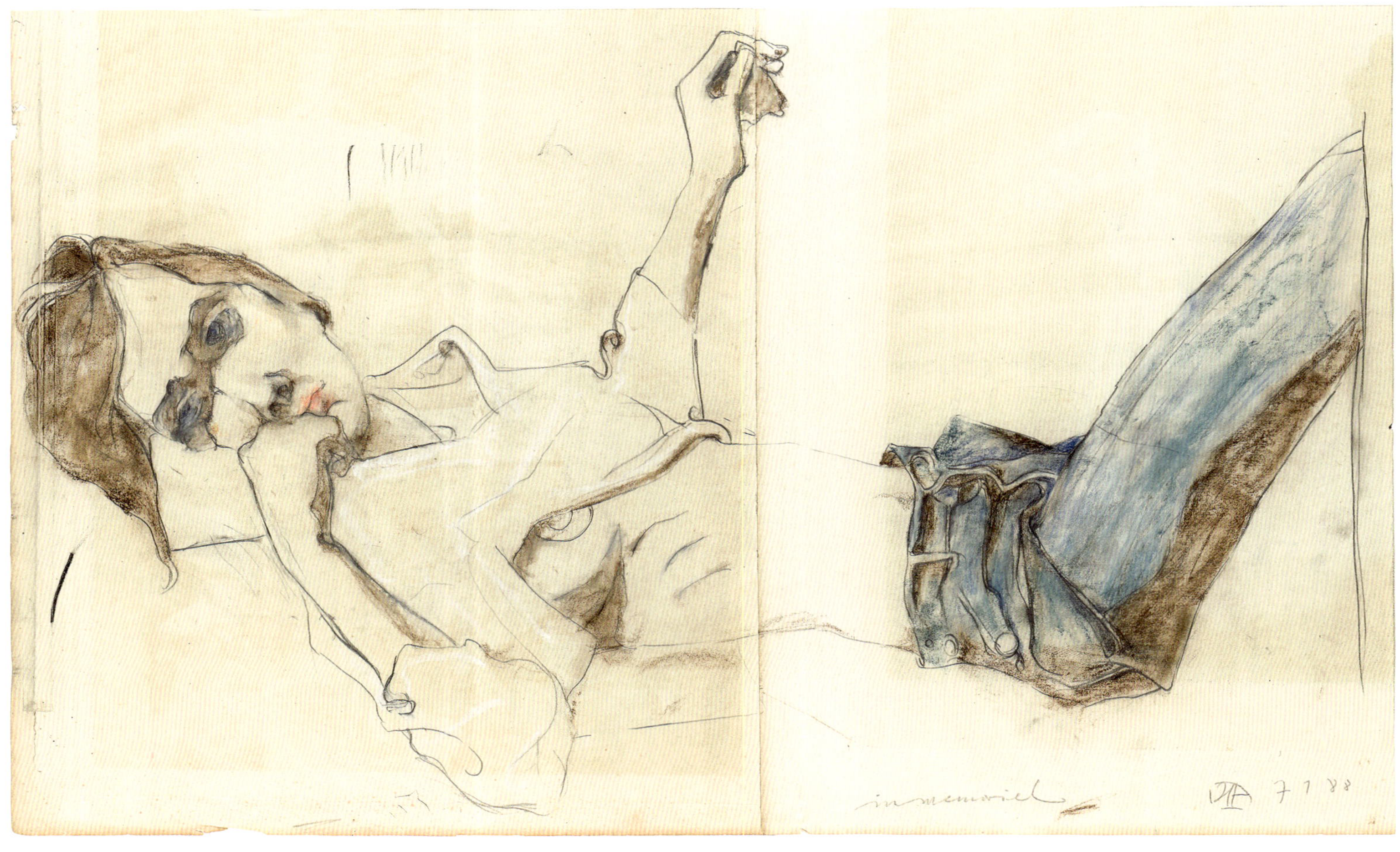

Memorial
1988
Pastellkreide
59,4 x 95,5 cm
Galerie und Verlag St. Gertrude, Hamburg

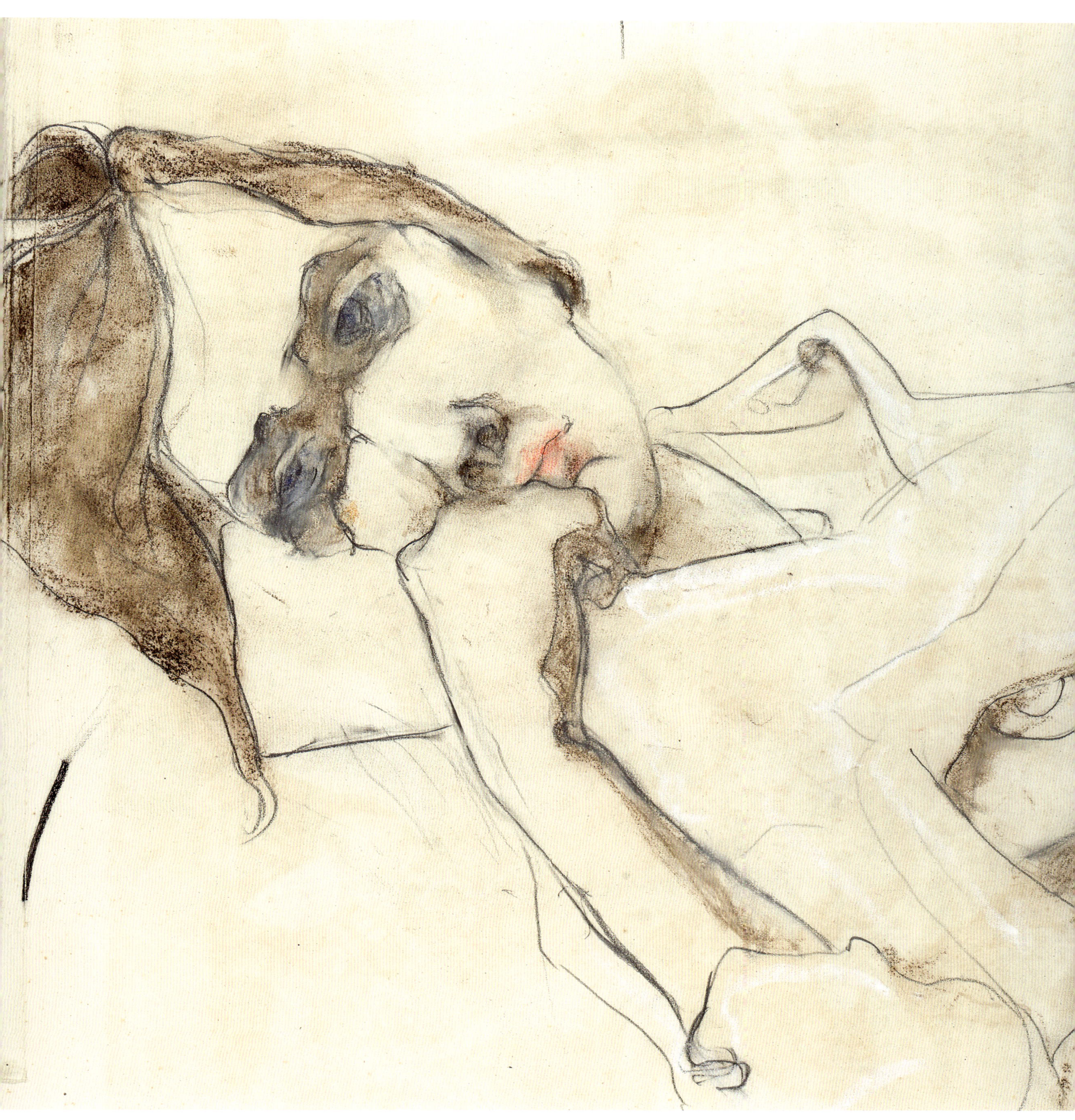

Geile Sybillchen

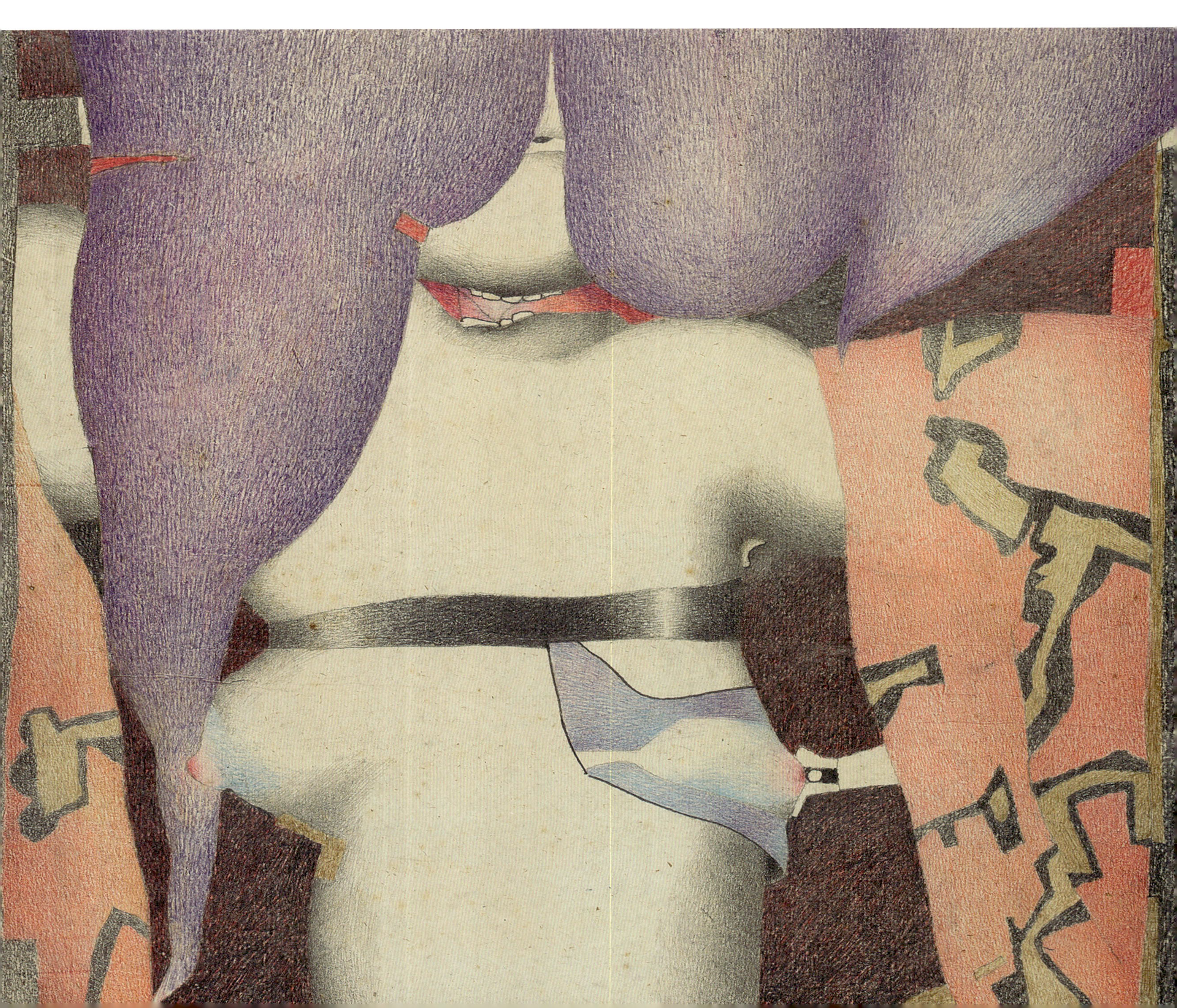

Horst Janssen war ein extrem virtuoser und begnadeter Zeichner. Sein zeichnerisches Werk umfasst Schätzungen zufolge über 30 000 Arbeiten. Dabei muss zwischen den als gedanklichen Einfällen zügig aufs Blatt geworfenen Skizzen, die der Künstler nach Belieben überall schuf, wo ihm ein spannender Gedanke kam, und den detailliert herausgearbeiteten Meisterzeichnungen unterschieden werden. Bezüglich der Feinheit und des Detailreichtums bezeichnete sich Janssen auch gern selbst als „Millionenstrichler". Im Kontext der erotischen Zeichnungen nehmen die von Janssen als „geile Sybillchen" titulierten Blätter eine herausragende Bedeutung ein. Die seit den 1960er Jahren entstandenen, auch als „Fleischzeichnungen" benannten Arbeiten zeigen außerordentlich hochkarätige Farb- und Bleistiftzeichnungen von Frauenkörpern. Bei genauem Hinsehen offenbart sich, wie detailliert Janssen die Körper verschiedener Frauen in den Fokus nahm. Janssen verzichtete in aller Regel auf die Herausarbeitung der Physiognomie und gab den Dargestellten kein Gesicht. Als Bildtitel verwendete er lediglich *Schnalle*, *Milly*, *Twist tanzende Nutten* oder *Halbgeile Stockholmerin*. Die gezeichneten Frauen lassen sich überwiegend nicht identifizieren. Bei *Milly* handelt es sich um Mildred Thompson, eine Kommilitonin von Janssen, die mit einem Stipendium an die Hochschule für bildende Künste gekommen war.[1] Die 1963 datierte Bleistiftzeichnung *Halbgeile Stockholmerin* besticht besonders durch die lediglich in verschiedenen Graustufen geschaffene „Körperlandschaft", die eher an den Prozess von Vergänglichkeit bzw. Verwesung als an einen „attraktiven" Körper erinnert. Bei der 1968 entstandenen Zeichnung *Schnalle* liegt die Betonung stärker auf einzelnen Details wie etwa den Brustwarzen, dem Gürtel bzw. dem Mund und den Zähnen. Der Rest des Gesichts wird von den herabhängenden Haaren verborgen. Die sehr langen Brustwarzen fallen deutlich auf. Sie werden wiederum von einer Öse oder „Schnalle" fixiert. Janssen verwendet das Motiv von Gürteln, Schnallen und Ösen in Bezug auf die Darstellung weiblicher Akte sehr oft. Diese Motive lassen sich auch in den Radierungen des Zyklus *Brief an Mirjam* in unterschiedlich ausgeprägter Form finden. Sie offenbaren Janssens Interesse für metallische oder aus Leder gefertigte Fetisch-Objekte, die den weiblichen Körper umschließen oder malträtieren. Zeichnungen wie *Milly* oder *Violine* beeindrucken hingegen durch ihre Farbigkeit und Plastizität.

LB

1 Vgl. Albrecht 2016, S. 193.

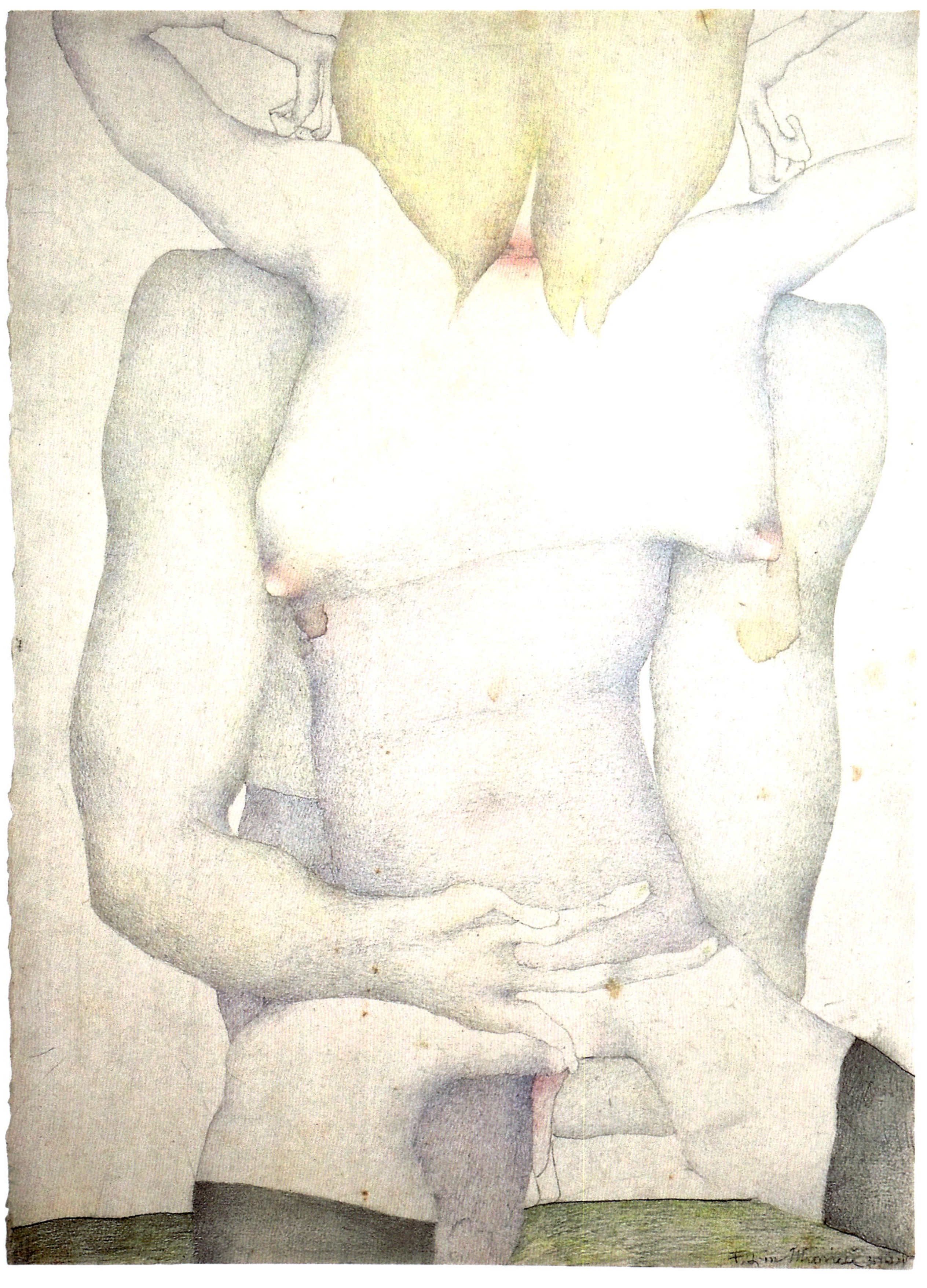

Fia
1963
Blei- und Farbstift
41,5 x 29,0 cm
Galerie und Verlag
St. Gertrude, Hamburg

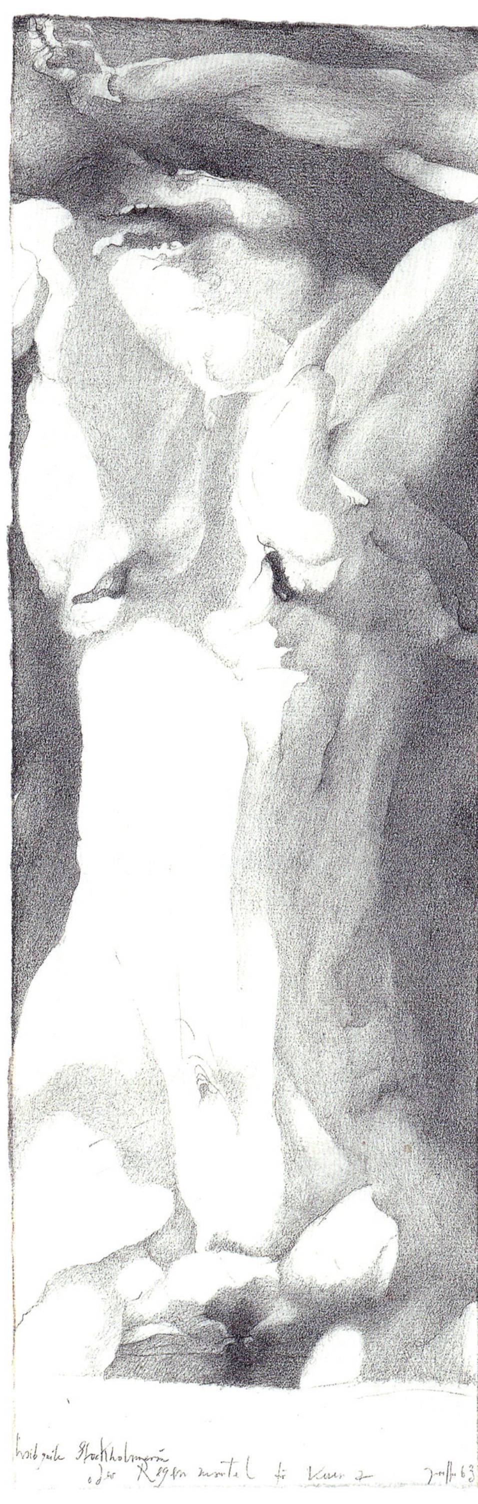

Halbgeile Stockholmerin oder
Regenmantel für Verena
1963
Bleistift
44,8 x 14 cm
Galerie Brockstedt, Berlin

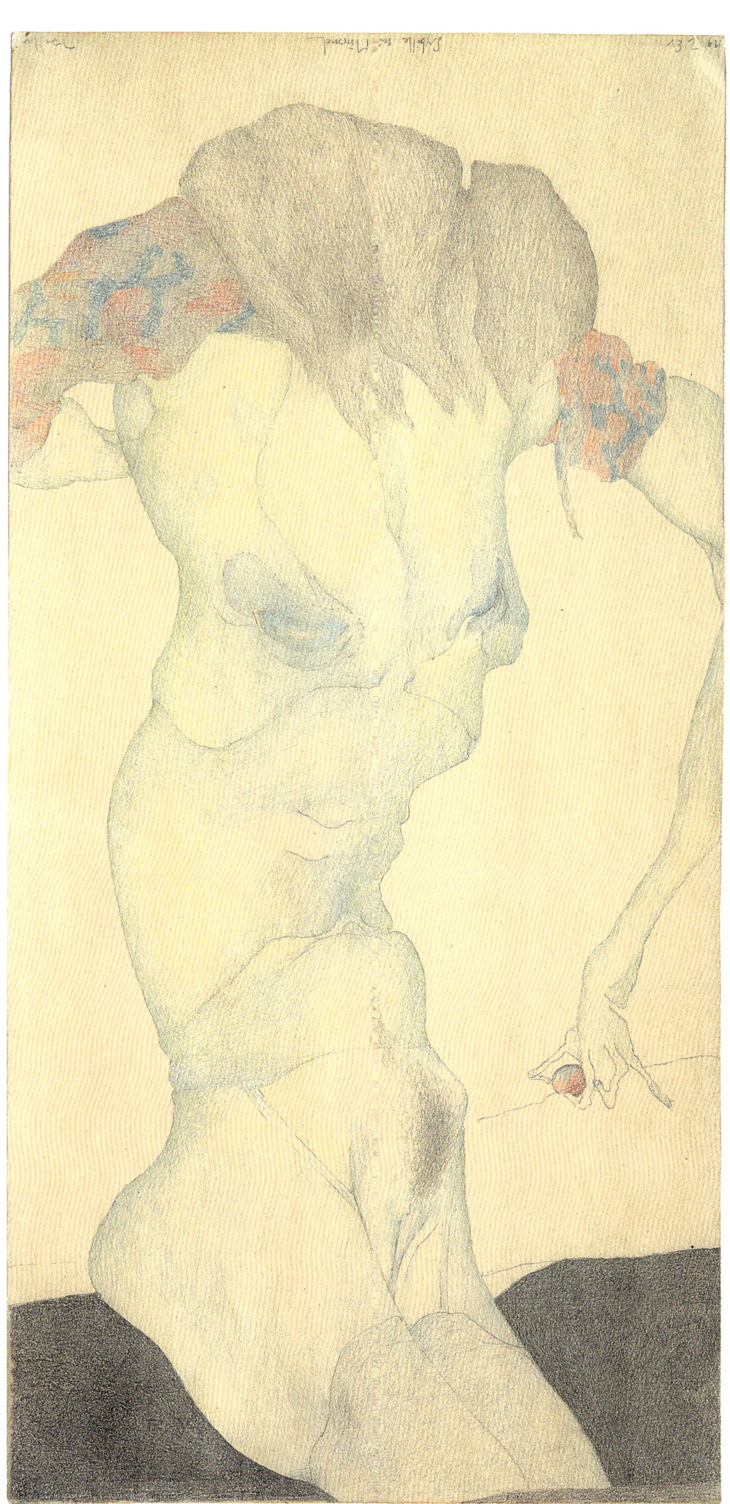

Sybille mit Murmel
1964
Blei- und Farbstift
38,8 x 18,2 cm
Horst-Janssen-Museum, Oldenburg,
ehemals Sammlung Blessin

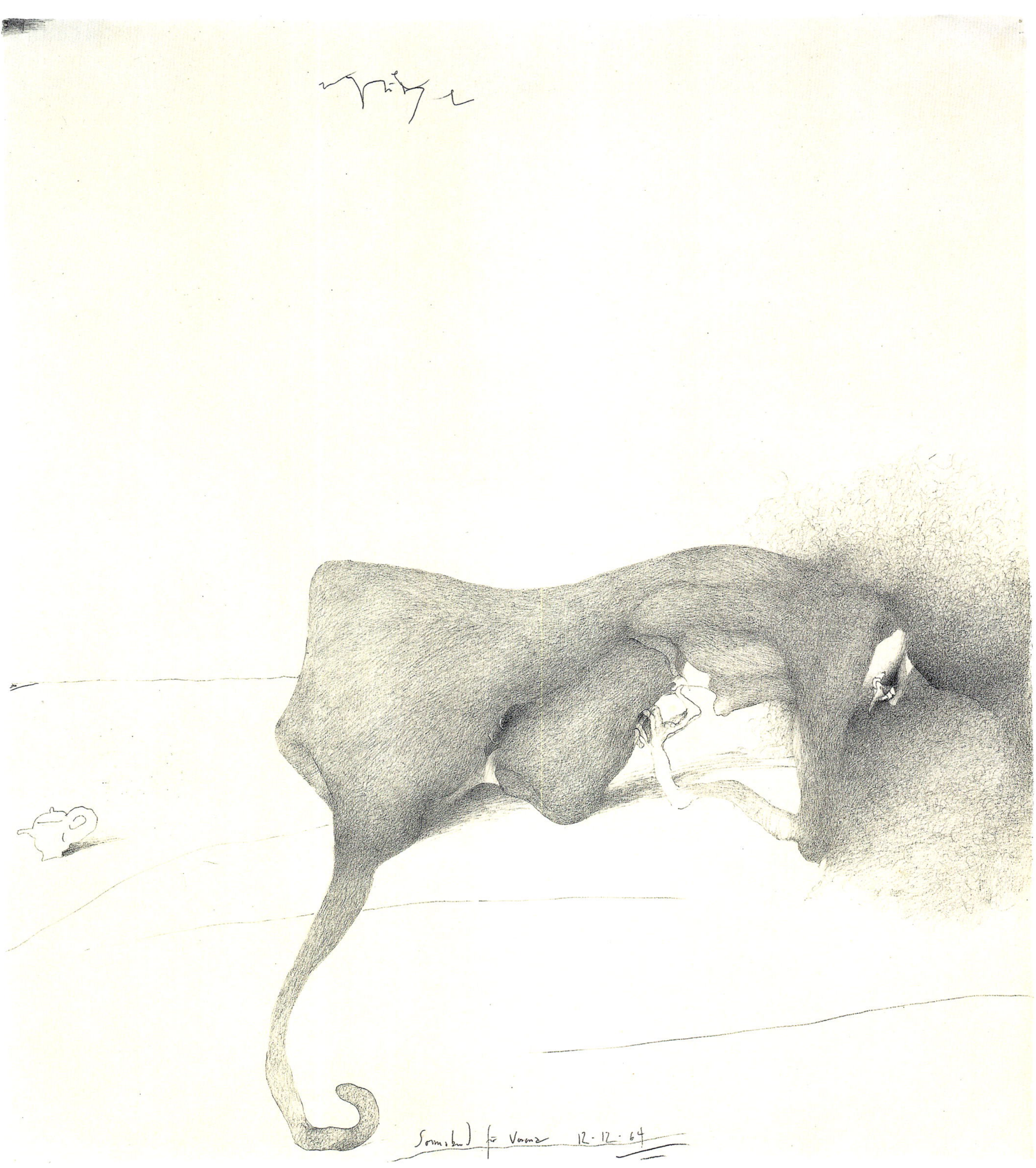

Sonnabend für Verena
1964
Bleistift
44 x 38 cm
Galerie Brockstedt, Berlin

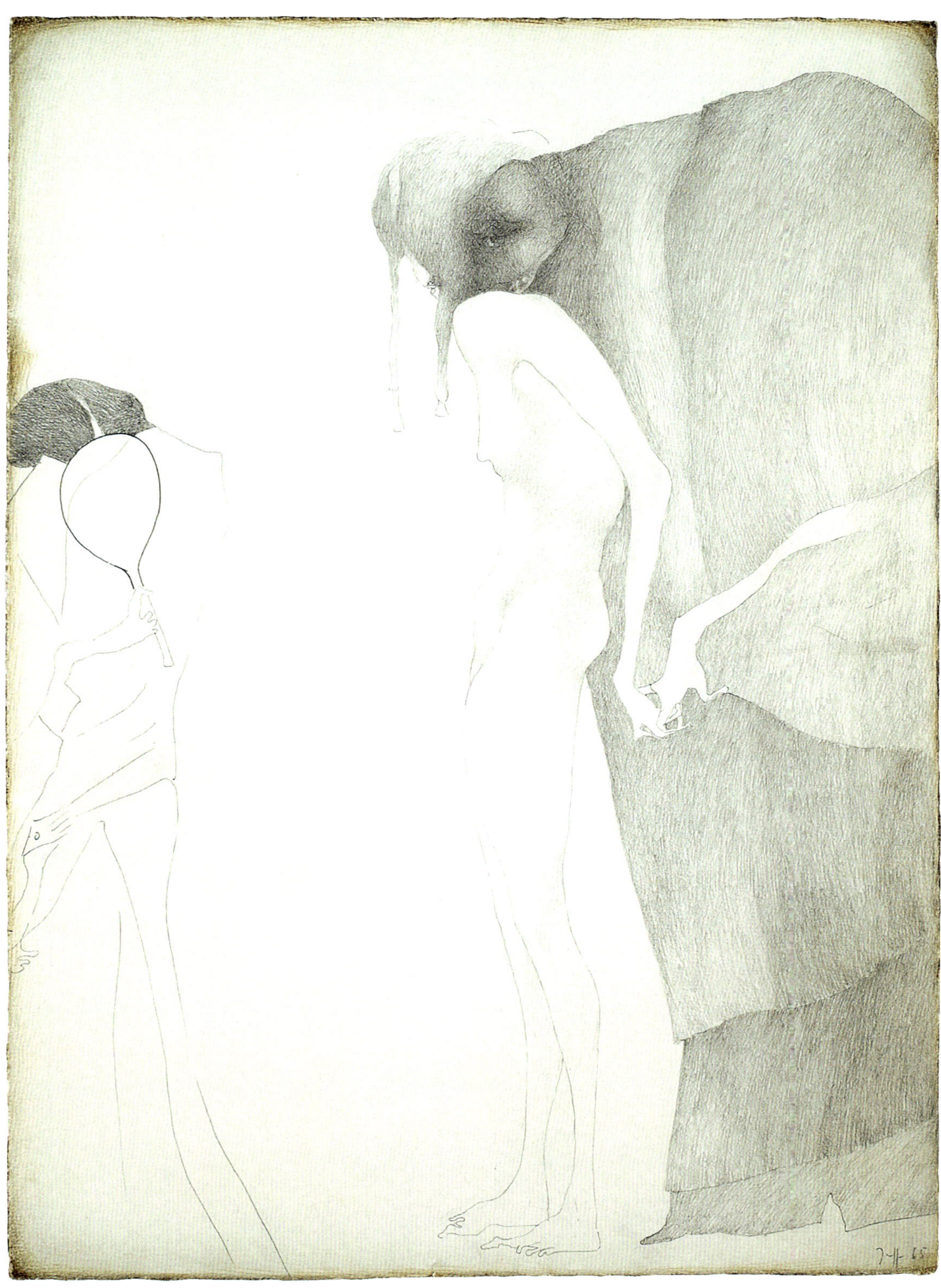

Die Kupplerin
1965
Bleistift
50 x 35,8 cm
Galerie Brockstedt, Berlin

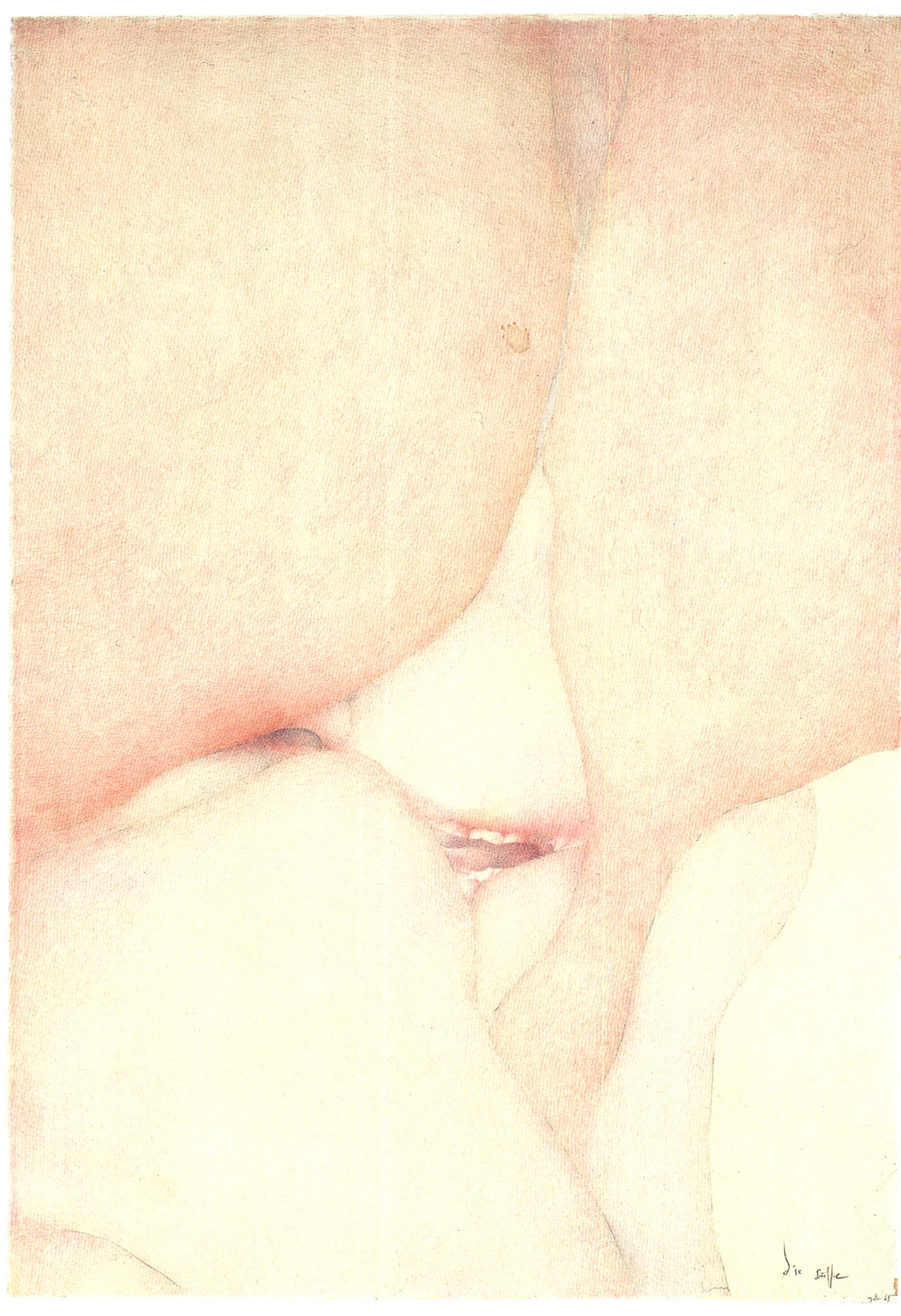

Die Süsse (groß)
1965
Blei- und Farbstift
48,2 x 52,4 cm
Galerie Brockstedt, Berlin

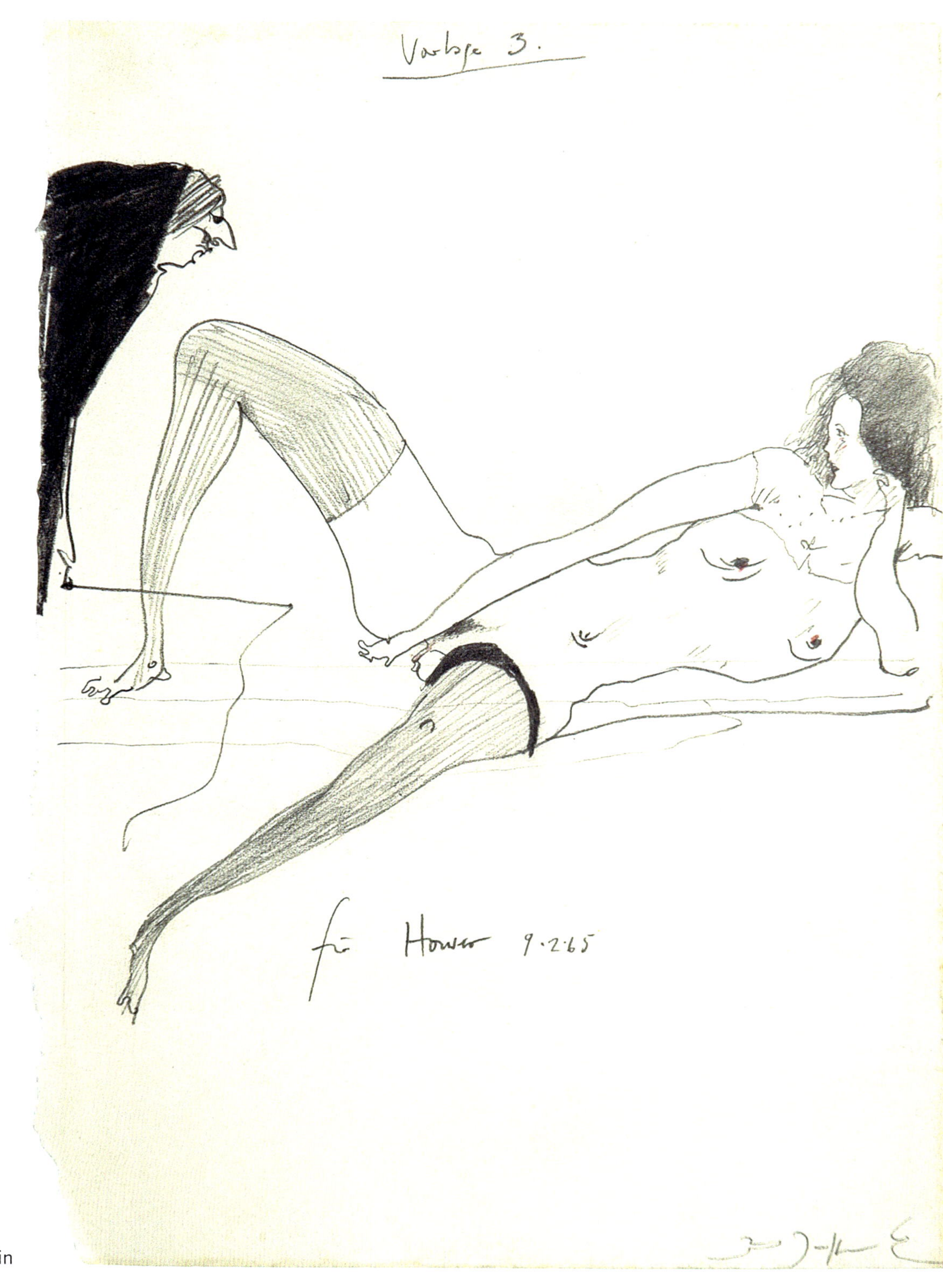

Vorlage 3. für Hower
(Frauenakt liegend)
1965
Blei- und Farbstift
20,2 x 14,8 cm
Galerie Brockstedt, Berlin

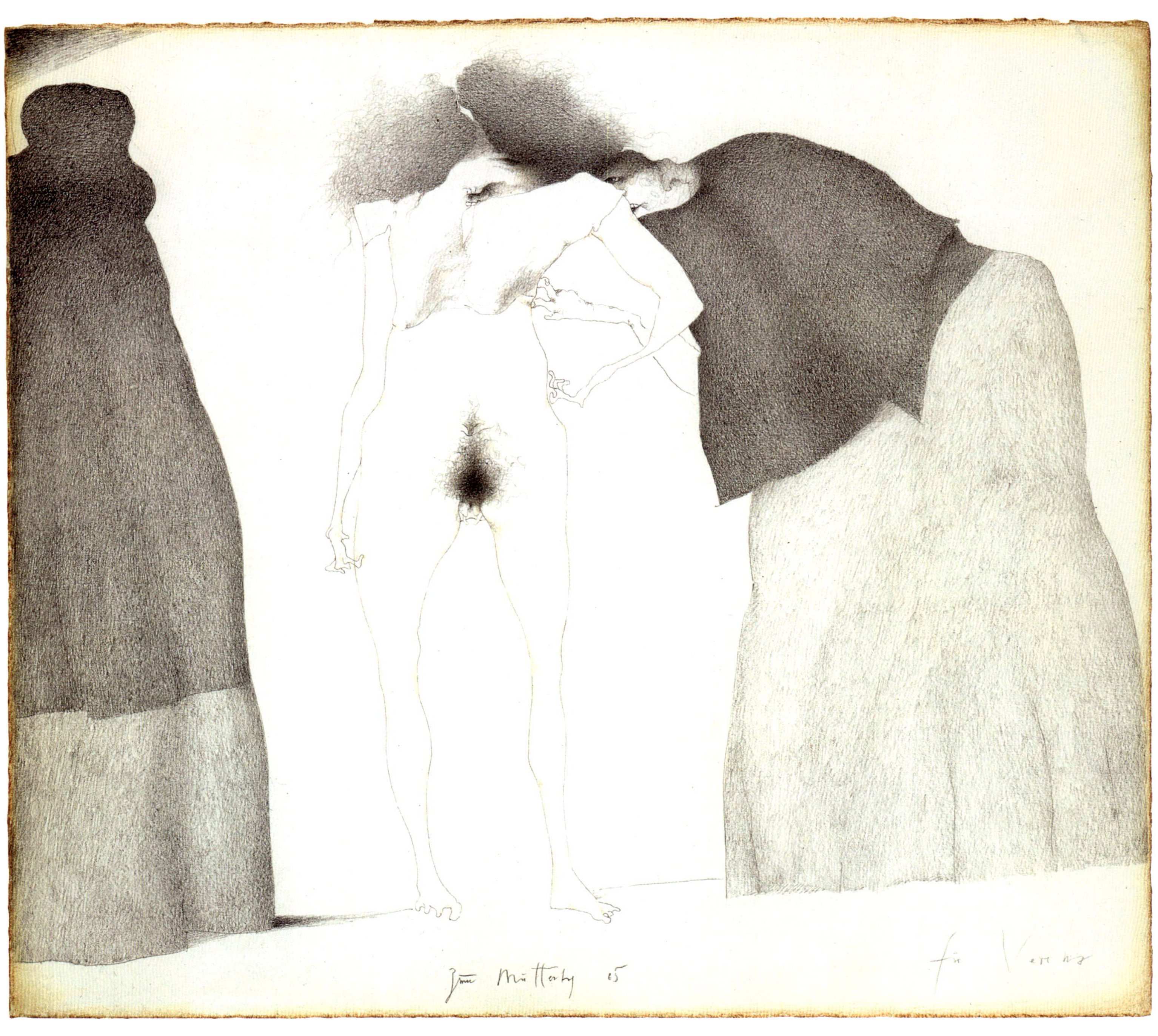

Zum Muttertag 65
1965
Blei- und Farbstift
31 x 34,7 cm
Galerie Brockstedt, Berlin

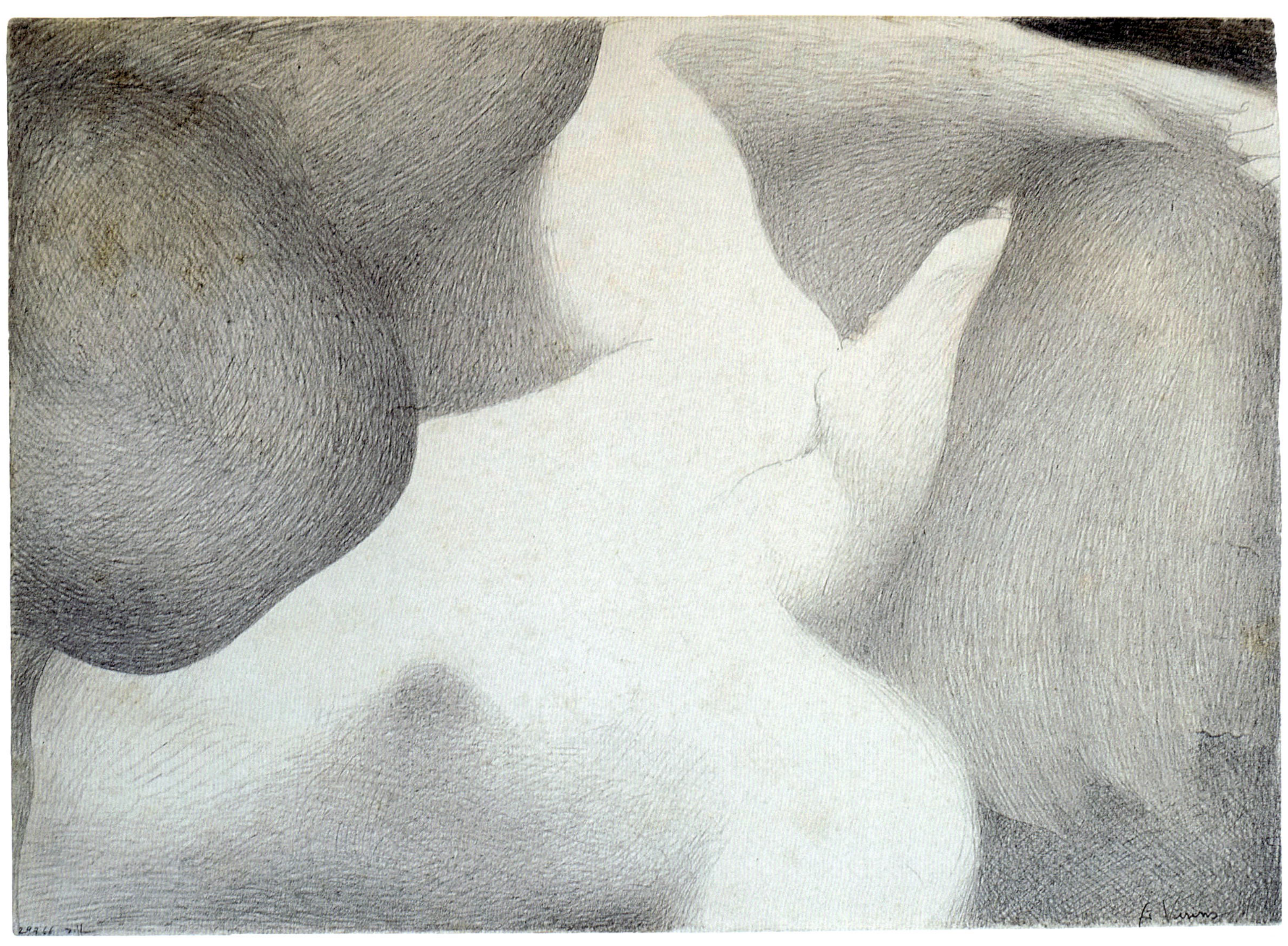

Für Verena (Verena – Love)
1966
Bleistift
16,8 x 22,5 cm
Galerie Brockstedt, Berlin

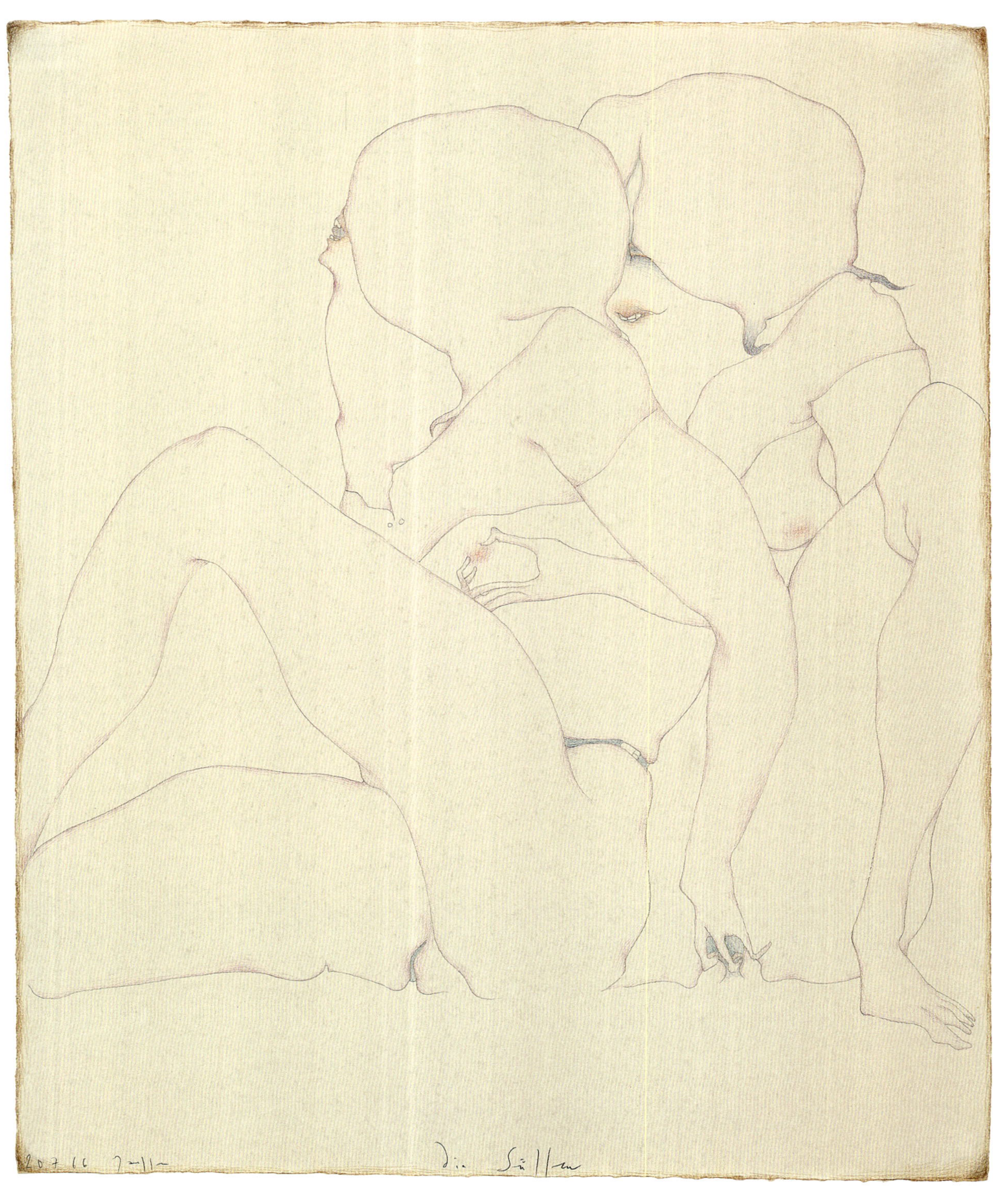

Die Süssen
1966
Blei- und Farbstift
47 x 38 cm
Galerie und Verlag
St. Gertrude, Hamburg

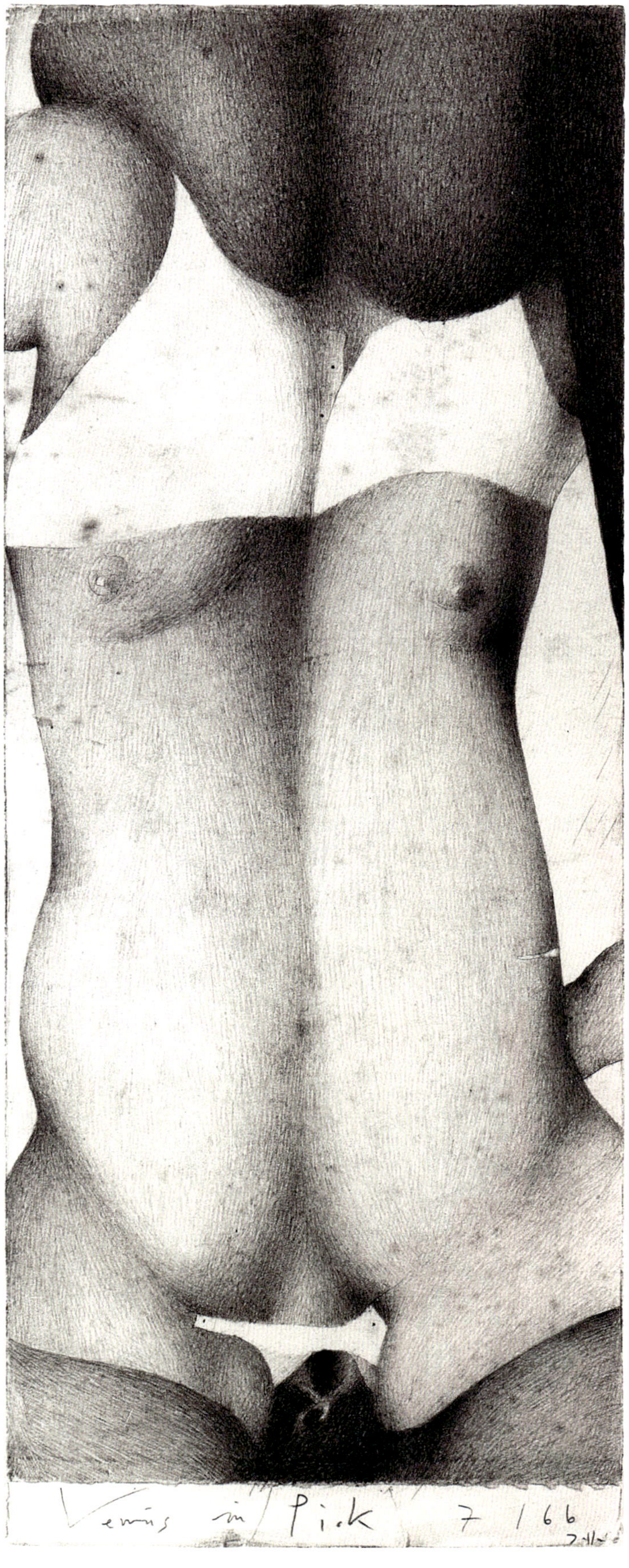

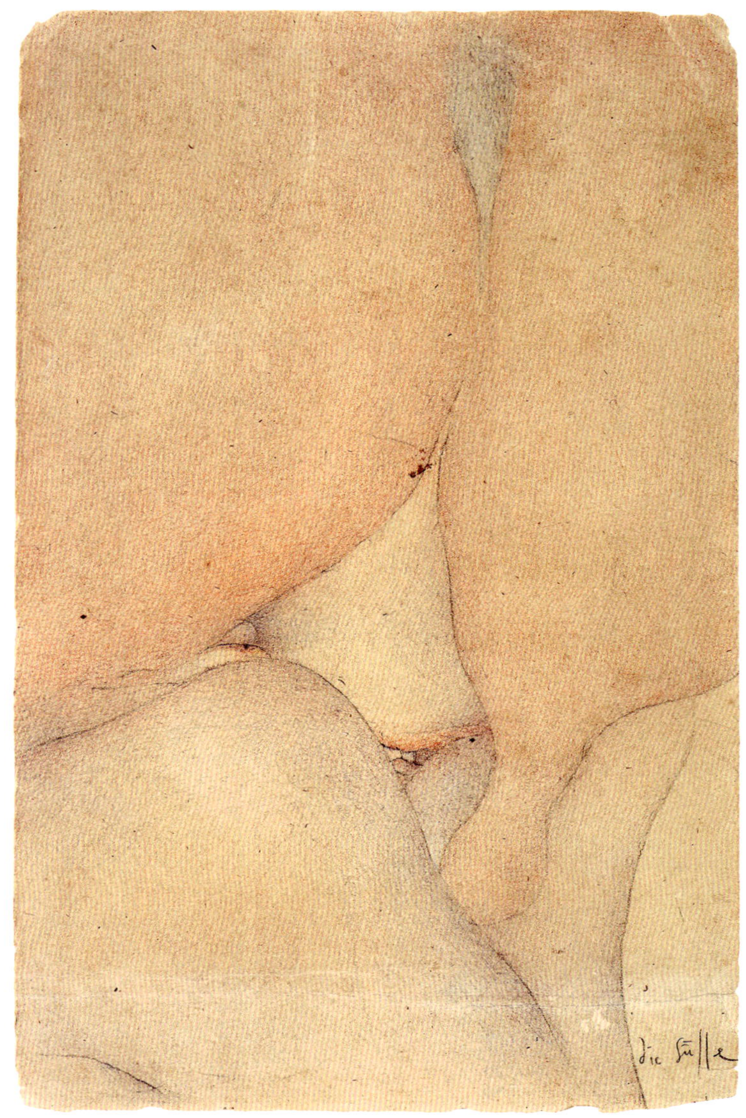

Venus in Pick
1966
Bleistift
32,5 x 12,5 cm
Galerie Brockstedt, Berlin

Die Süsse (klein)
1967
Blei- und Farbstift
20,3 x 12,8 cm
Galerie Brockstedt, Berlin

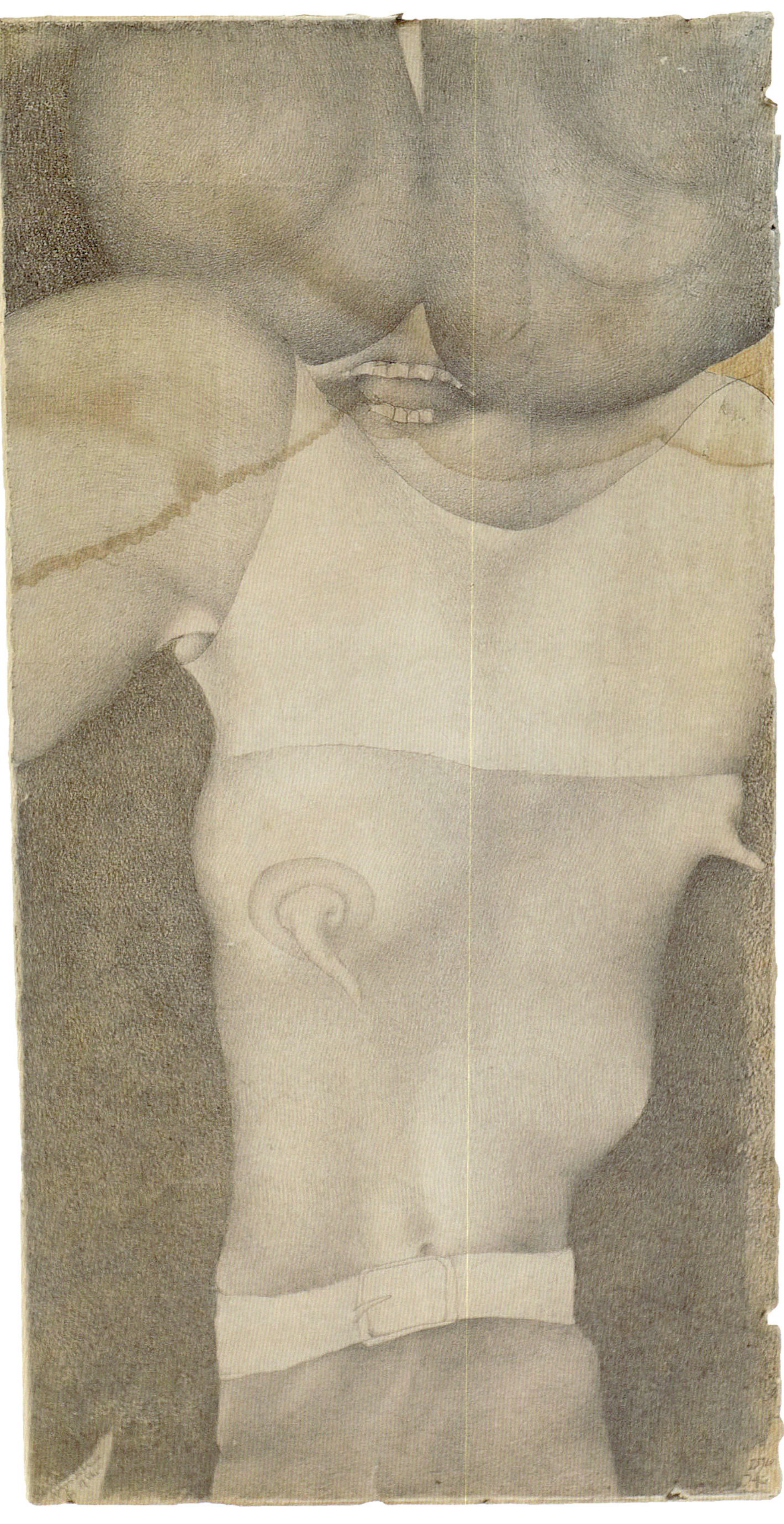

Aphrodite für 11.00 Uhr
1968
Blei- und Farbstift
62 x 31 cm
Galerie Brockstedt, Berlin

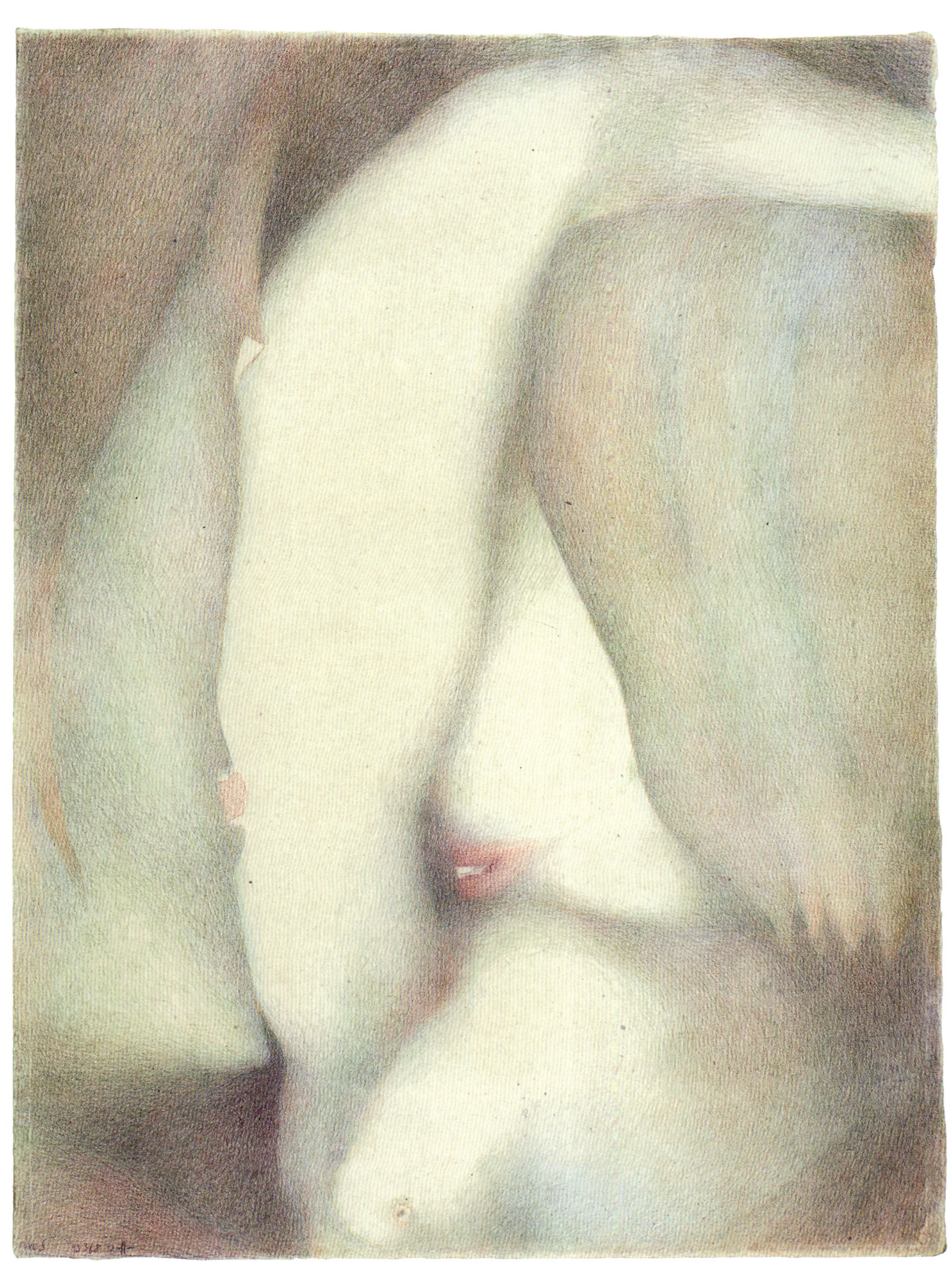

MS
1968
Farbstift
36 x 26,5 cm
Galerie Brockstedt, Berlin

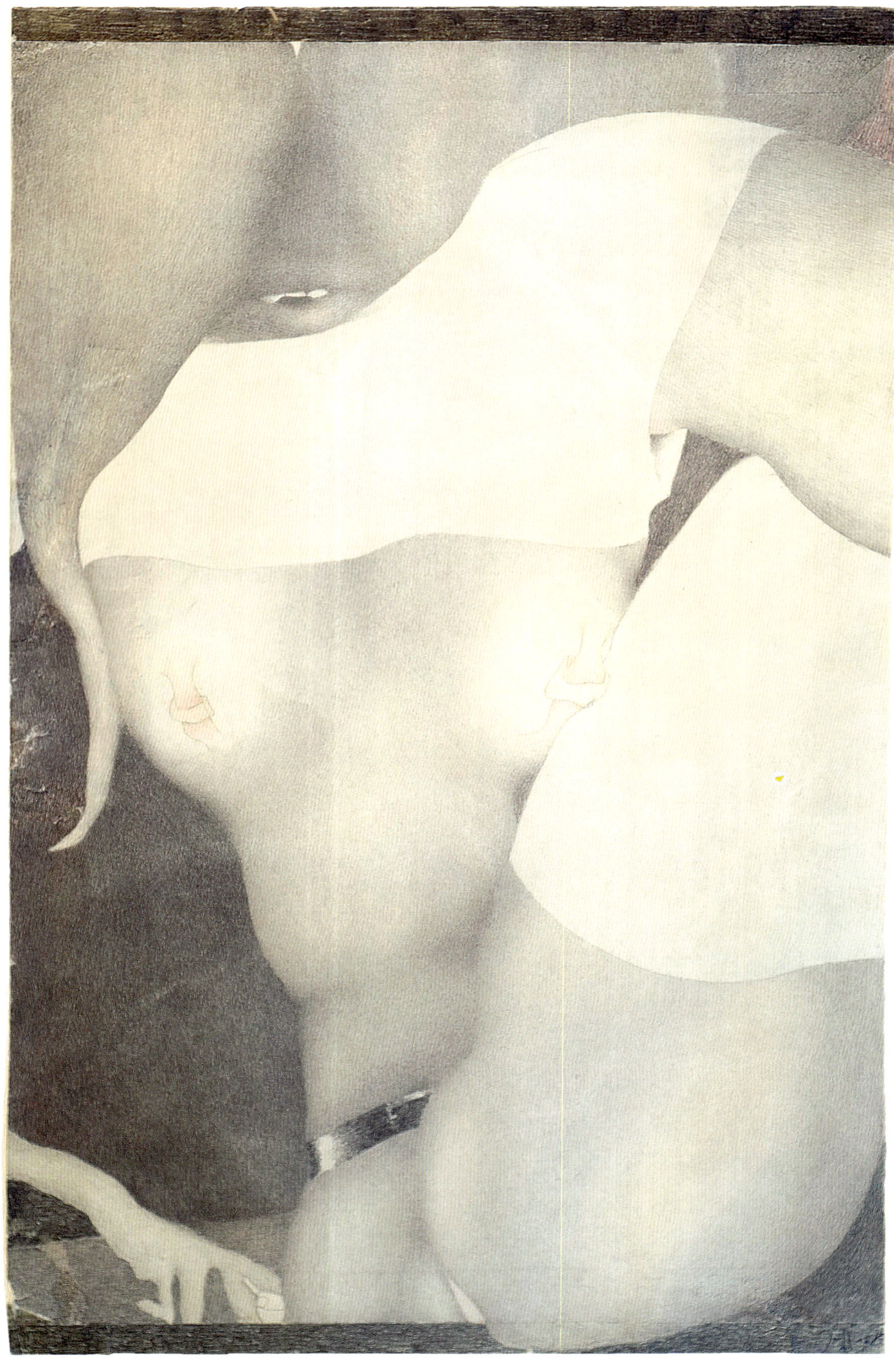

Schnalle
1968
Blei- und Farbstift
64 x 40,8 cm
Galerie Brockstedt, Berlin

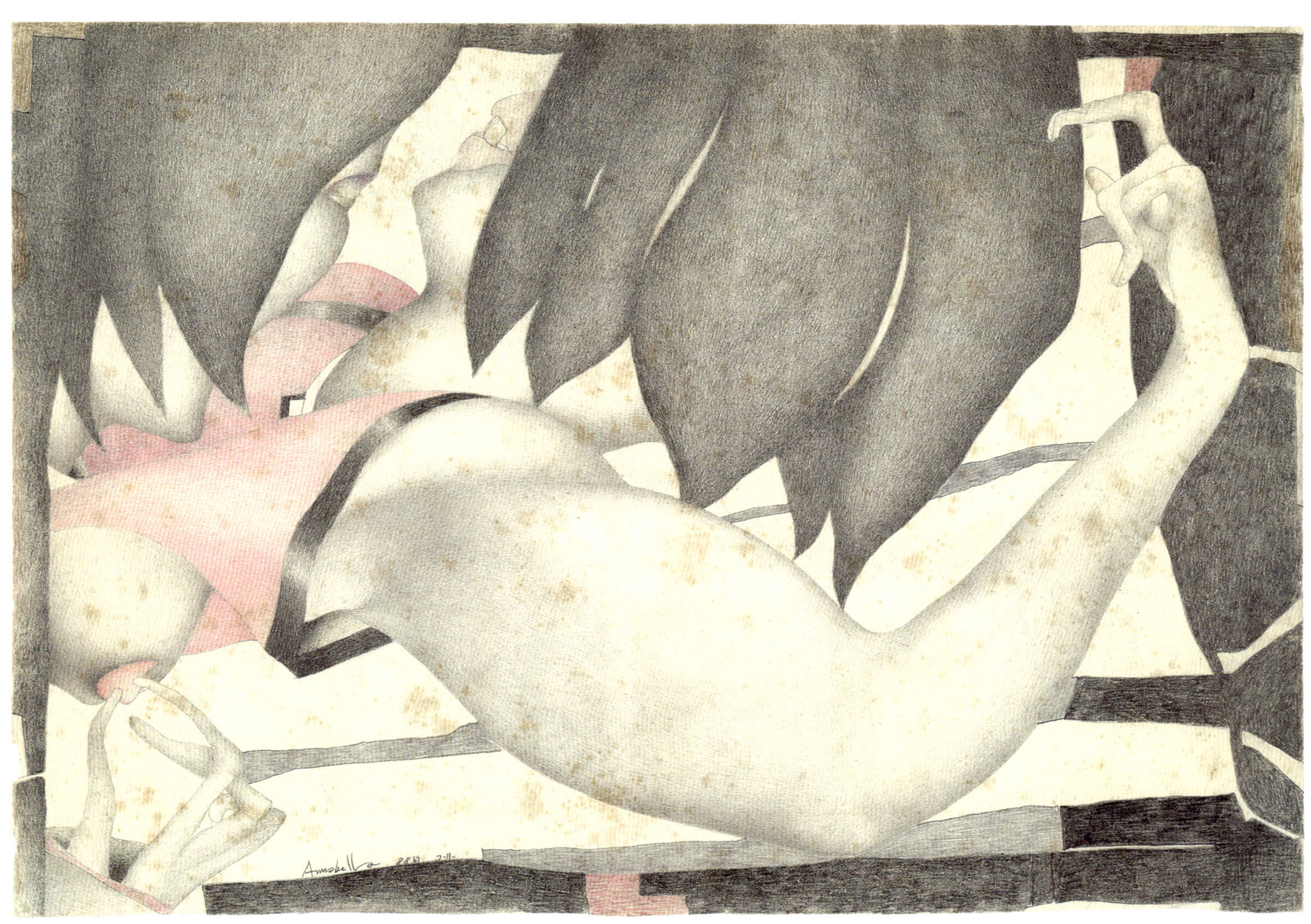

Annabella
1969
Blei- und Buntstift
45,5 x 63,5 cm
Hamburger Kunsthalle,
Kupferstichkabinett

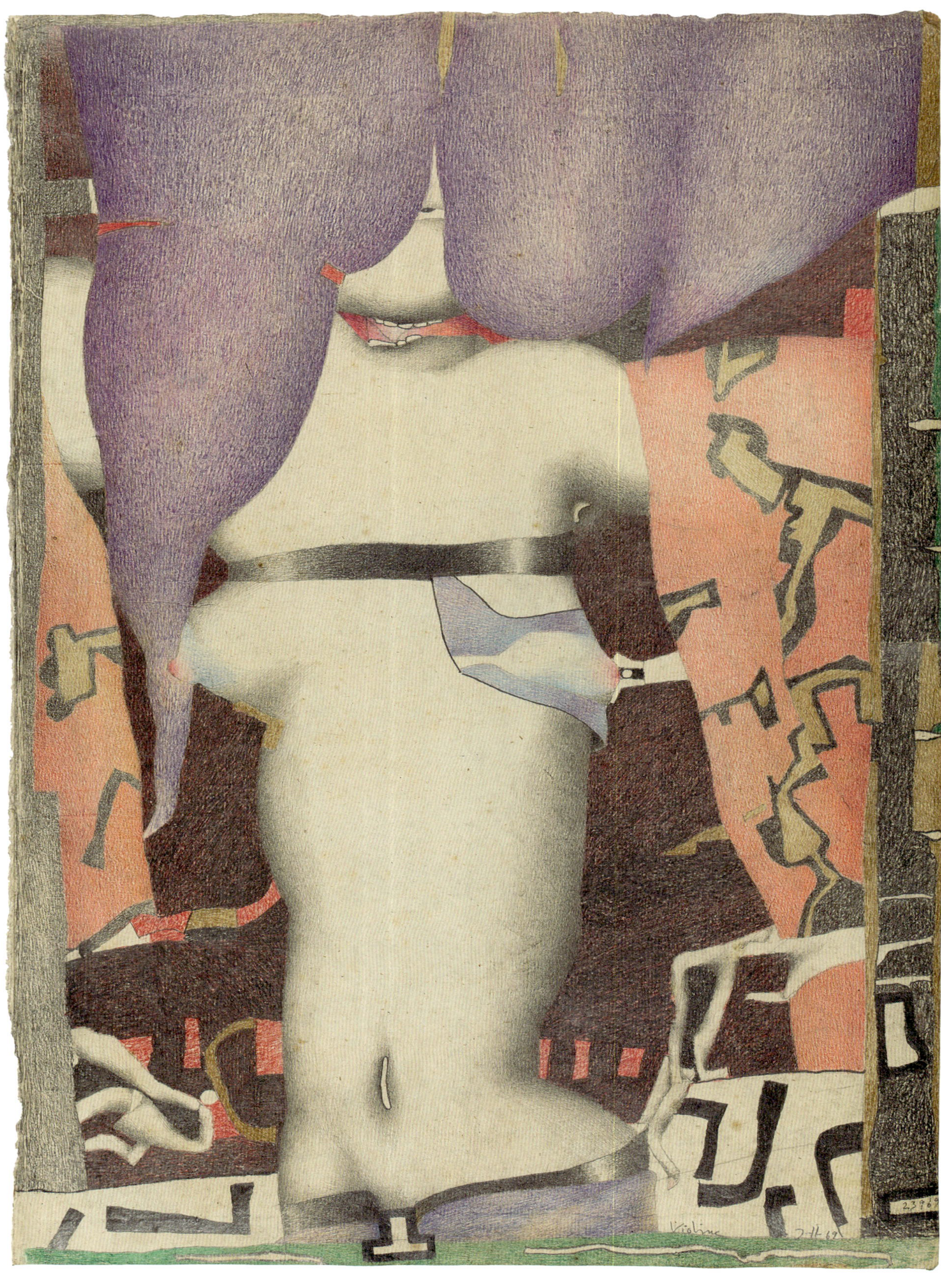

Violine
1969
Blei- und Farbstift
64 x 45,5 cm
Galerie und Verlag
St. Gertrude, Hamburg

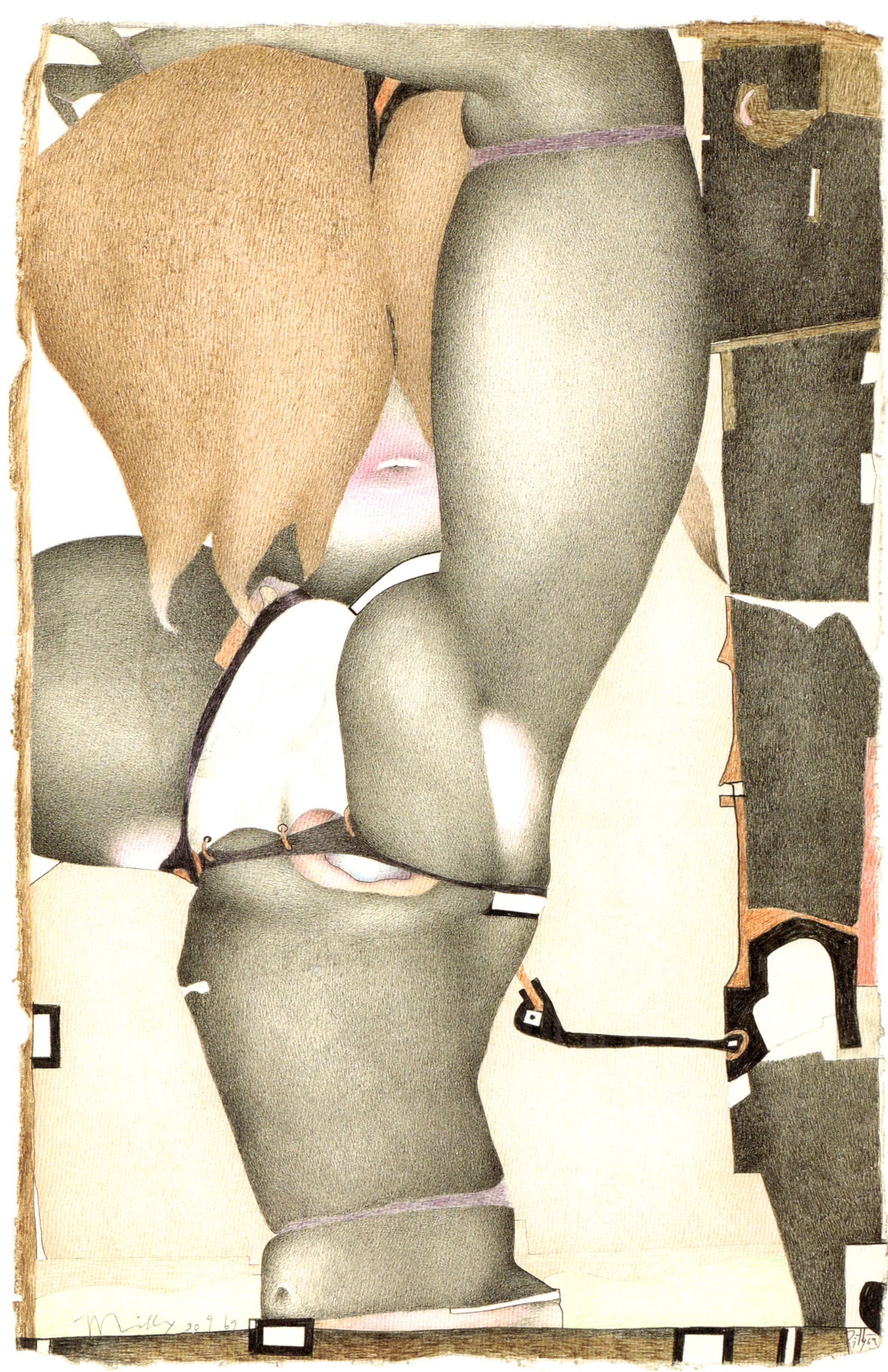

Milly
1969
Blei- und Farbstifte
75,8 x 48 cm
Galerie Brockstedt, Berlin

Phantasien

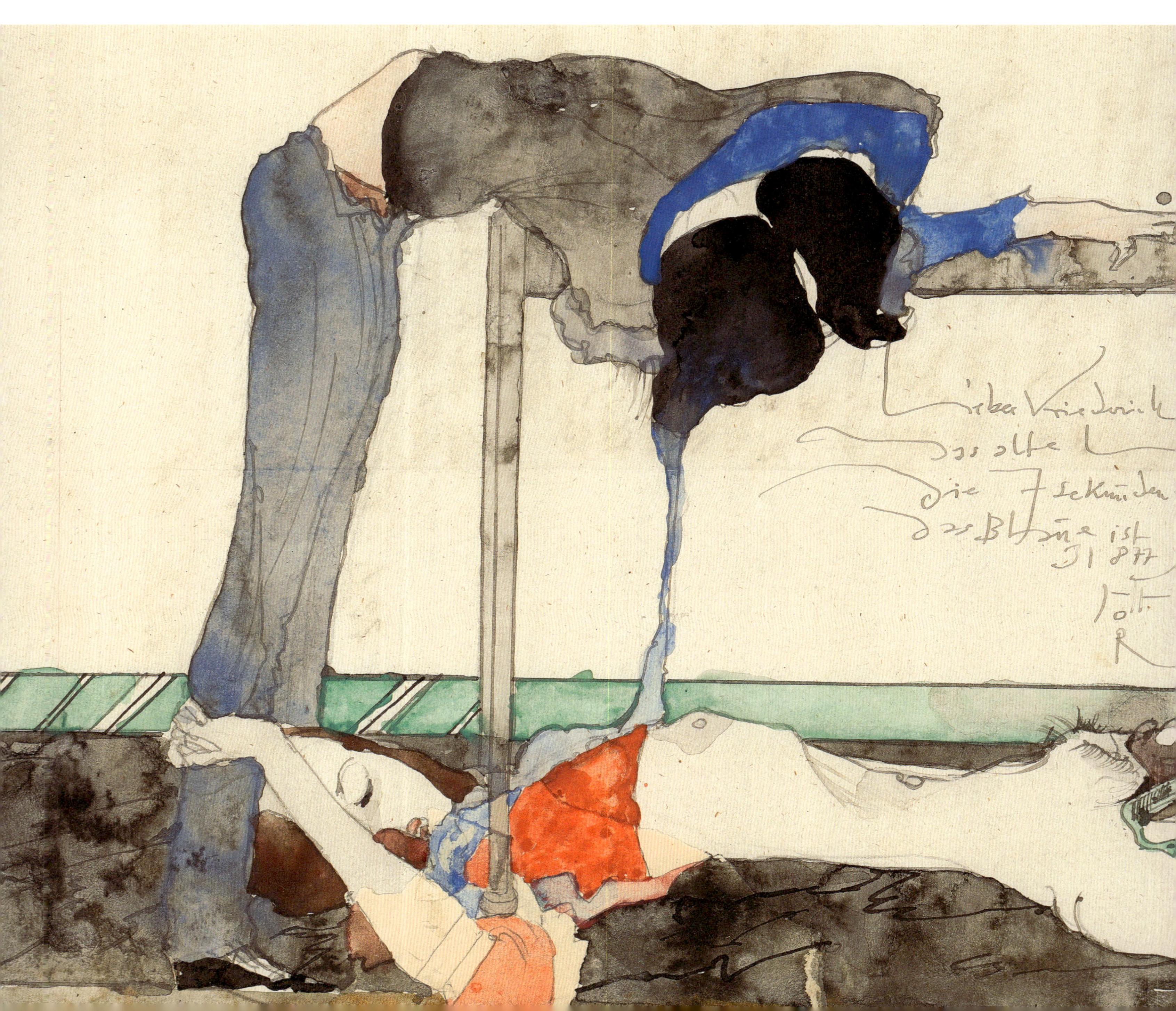

Das Ausstellungskapitel „Phantasien" versammelt ganz unterschiedliche Motive, die Janssens erotische Projektionen widerspiegeln. Es beginnt in den 1950er Jahren mit dem Holzschnitt *Spielchen*, einer Arbeit, die noch ganz dem künstlerischen Einfluss von Edvard Munch verpflichtet ist. Der Holzschnitt zeigt ein Tier in Gestalt eines Bären, der auf einer nackten Frau liegt. Auch Munch faszinierte die erotische Begegnung zwischen Mensch und Tier. So schildert er beispielsweise in seinem Mappenwerk *Alpha und Omega* (1908/09), eine „Liebesgeschichte" zwischen einer Frau und verschiedenen Tieren auf einer Insel.[1]

Die zwischen 1958 und 1959 entstandene Radierfolge *Harald* zeigt in vier Blättern die Begegnung zwischen einer Figur, die einem Wolf oder einem Fuchs ähnelt, und einer Frau. Im Gegensatz zum flächigen Holzschnitt dominiert in den Radierungen ein Gewimmel an Linien, mit dem die Handlungen unter den Titeln *Harald im Park*, *Harald mit Bäuerin* und *Haralds Spezielles* dargestellt werden. Das Mappenwerk *Nana* (1959) führt das Spiel mit der Linie weiter fort und abstrahiert die Formen noch stärker. In zwölf Blättern werden die Begegnungen zwischen einem zwergenhaften männlichen Wesen und einer weiblichen Person geschildert. Auch in der 1962 entstandenen Radierfolge *L'heure de Mylène* setzt sich die sehr auf die Linie konzentrierte Umsetzung künstlerisch fort. Die 1966 entstandenen Radierungen mit Titeln wie *Vroeke Olzen* oder *Lottchen B.* orientieren sich an frühen Arbeiten von Paul Klee, die insektenartige Gestalten zeigen. In den 1970er Jahren entstanden meisterhafte Aquarell-Serien, wie etwa *Phyllis* oder *Vriederich*, in denen Janssen mädchenhafte Frauen zeigt. Diese zarten Wesen stehen in einem krassen Gegensatz zu den drastisch geschilderten erotischen Erlebnissen. In der Serie *Vriederich*, die durch Janssens Freundin Viola Rackow inspiriert wurde, steht in zahlreichen Aquarellen das Motiv des Arms unter einem Tisch- oder Stuhlbein im Zentrum des Geschehens. Die Zeichnungen und Radierungen der Serie *Brief an Mirjam* zeigen wiederum die erotischen Erlebnisse einer jungen Frau, die oft sehr passiv und gelangweilt wirkt. 1986 rückte Janssen seine Tochter Lamme in den Fokus seiner künstlerischen Arbeit. Er schuf Farblithographien, die ein Mädchen mit einem Stier eng umschlungen zeigen. Diese Kompositionen, die entfernt auch an den *Raub der Europa* erinnern mögen, tragen Titel wie *Lamme-time* oder *Lamme-toy*. Weitere Arbeiten mit geheimnisvollen Titeln, wie *Die Novizin*, *Affenmädchen* oder *Einem Journalisten wird das Maul gestopft* geben einen Einblick in die facettenreichen erotischen Phantasien von Horst Janssen.

LB

1 Vgl. Nommsen 2021.

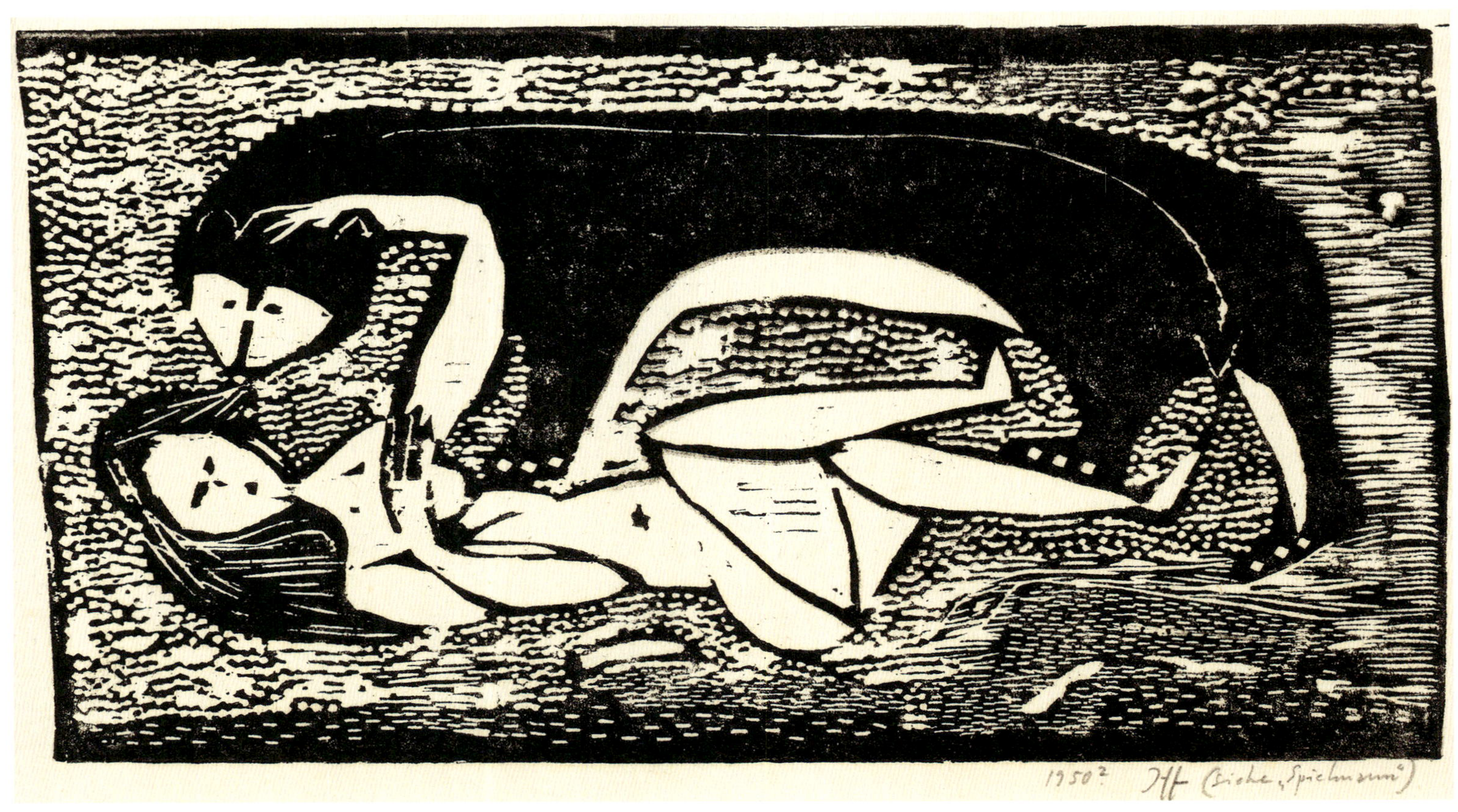

Spielchen/Satyrspiel
1950/51
Holzschnitt
16,4 x 26,6 cm
Galerie und Verlag
St. Gertrude, Hamburg

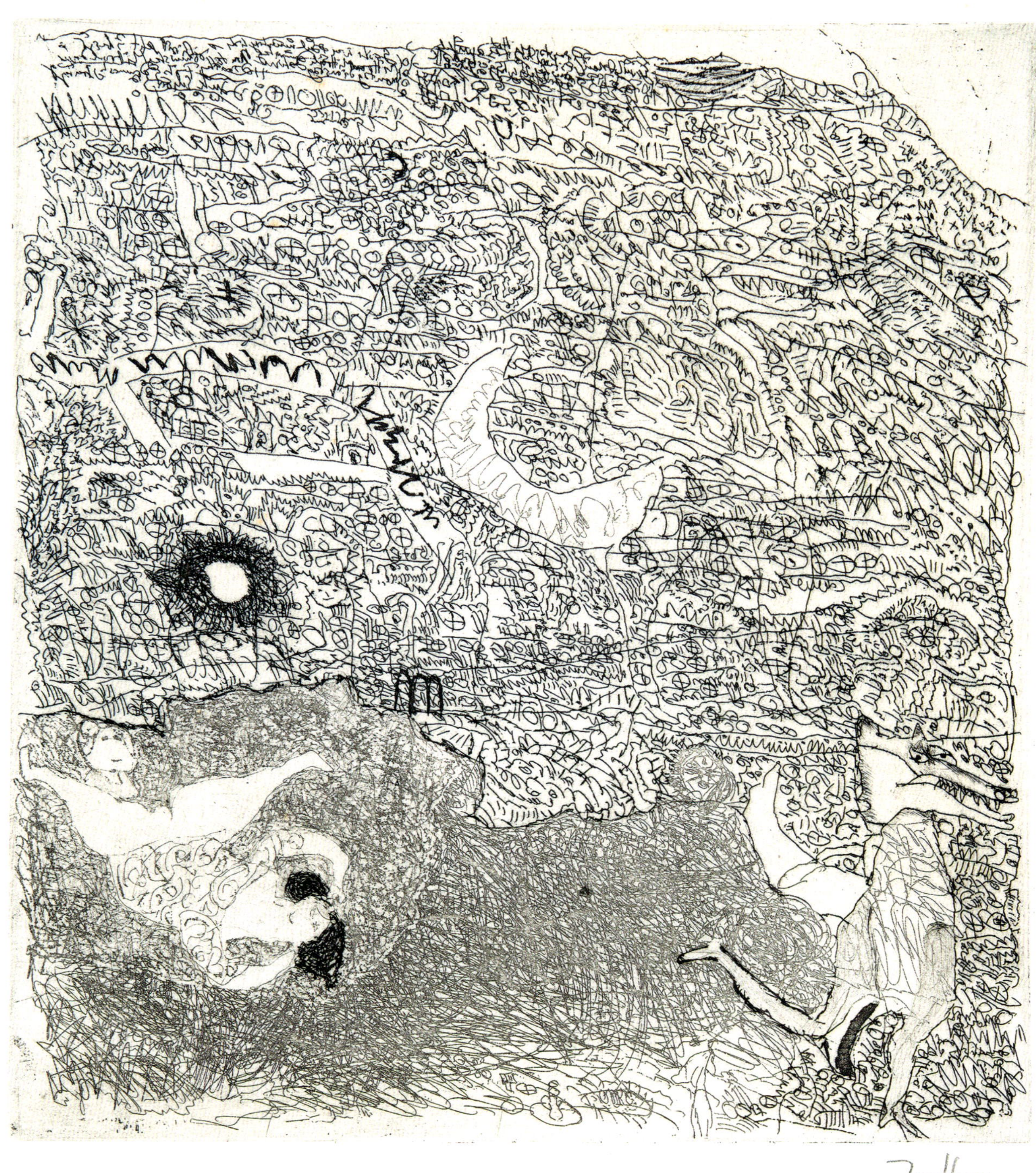

Radierfolge *Harald*
1959
Blatt 2 (Harald mit Bäuerin)
39 x 39,2 cm
Horst-Janssen-Museum, Oldenburg,
Dauerleihgabe der Förderstiftung
des Horst-Janssen-Museums

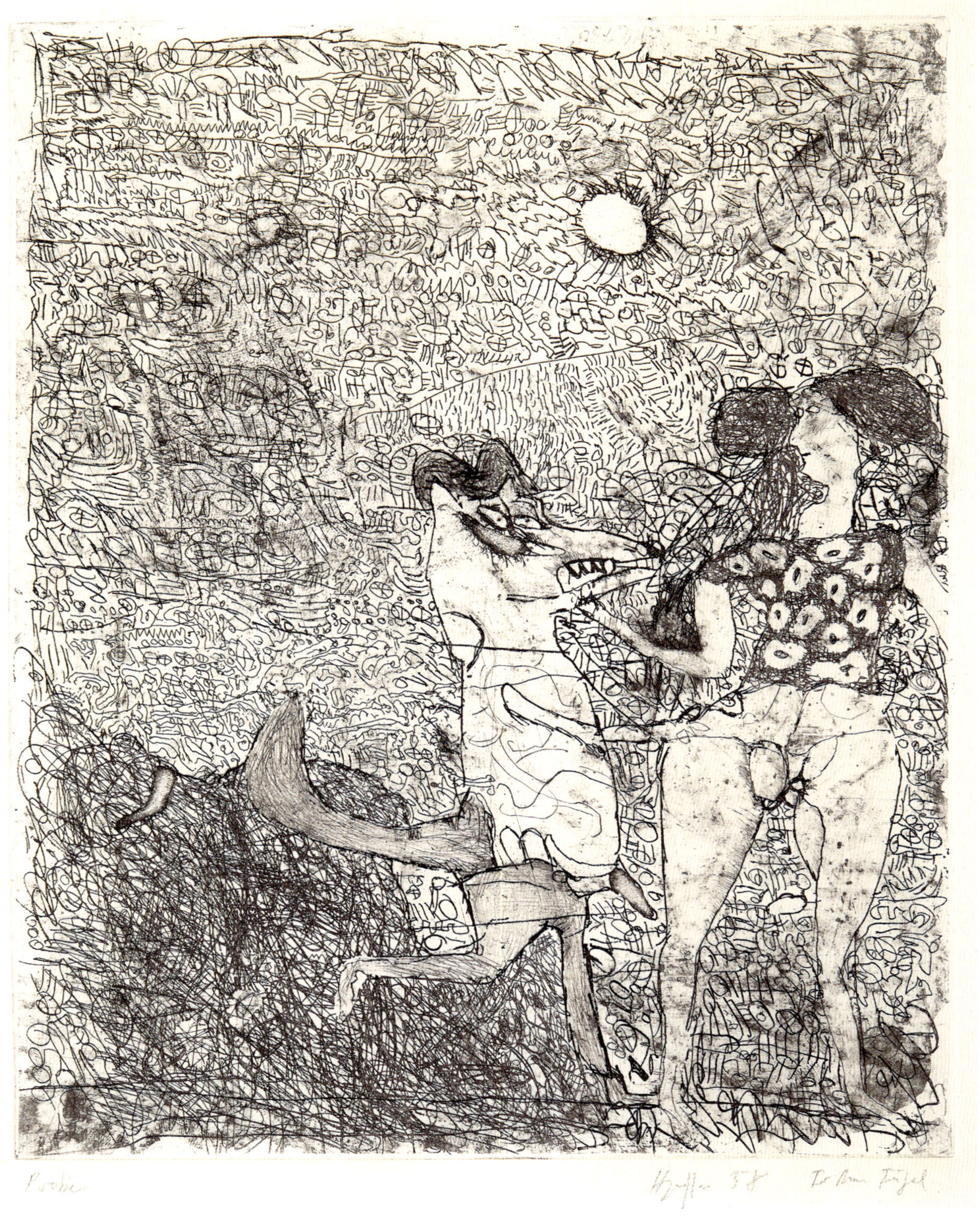

Radierfolge *Harald*
1958
Blatt 4 (Haralds Spezielles)
52,1 x 39,3 cm
Horst-Janssen-Museum, Oldenburg,
Dauerleihgabe der Förderstiftung
des Horst-Janssen-Museums

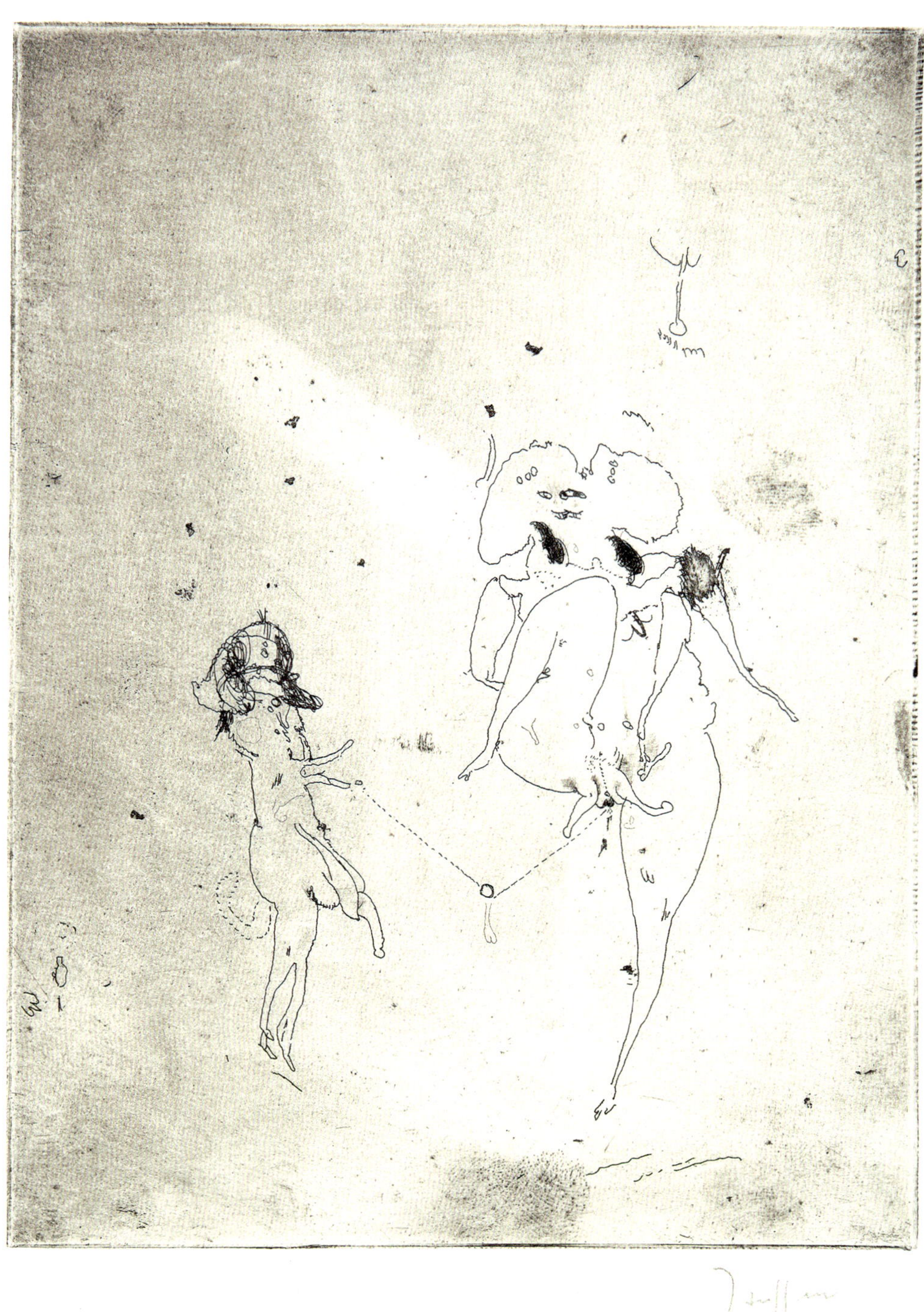

Radierfolge *Nana-Mappe*
1959
Blatt 2
53,1 x 39,5 cm
Horst-Janssen-Museum, Oldenburg,
Dauerleihgabe der Claus Hüppe-Stiftung

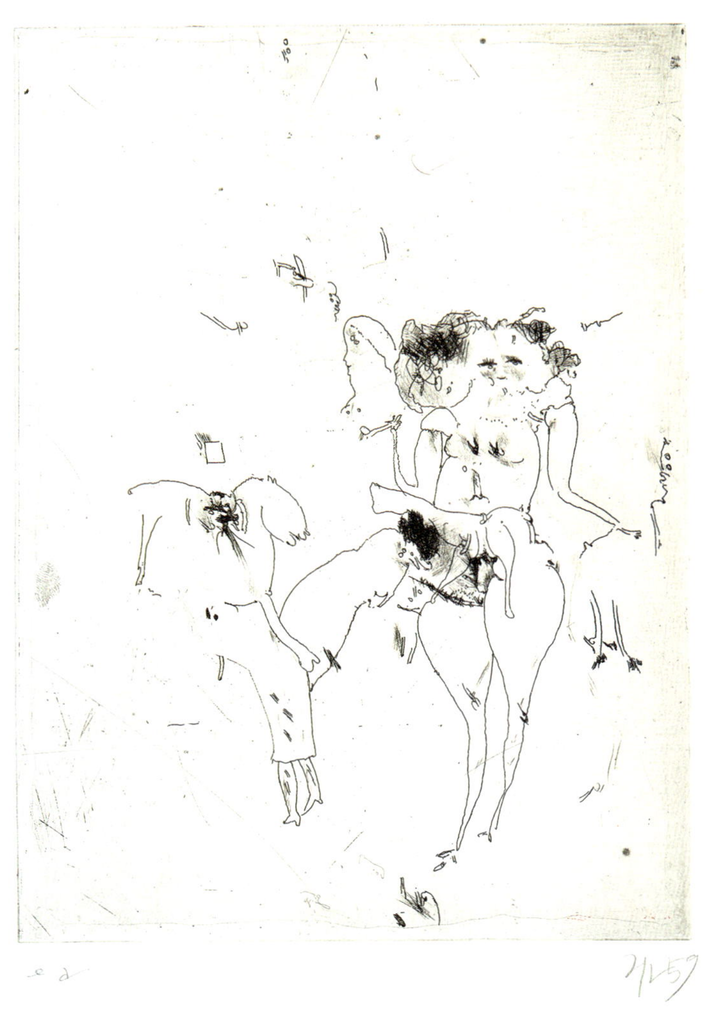

Radierfolge *Nana-Mappe*
1959
Blatt 9
53,2 x 39,8 cm
Horst-Janssen-Museum,
Oldenburg, Dauerleihgabe
der Claus Hüppe-Stiftung

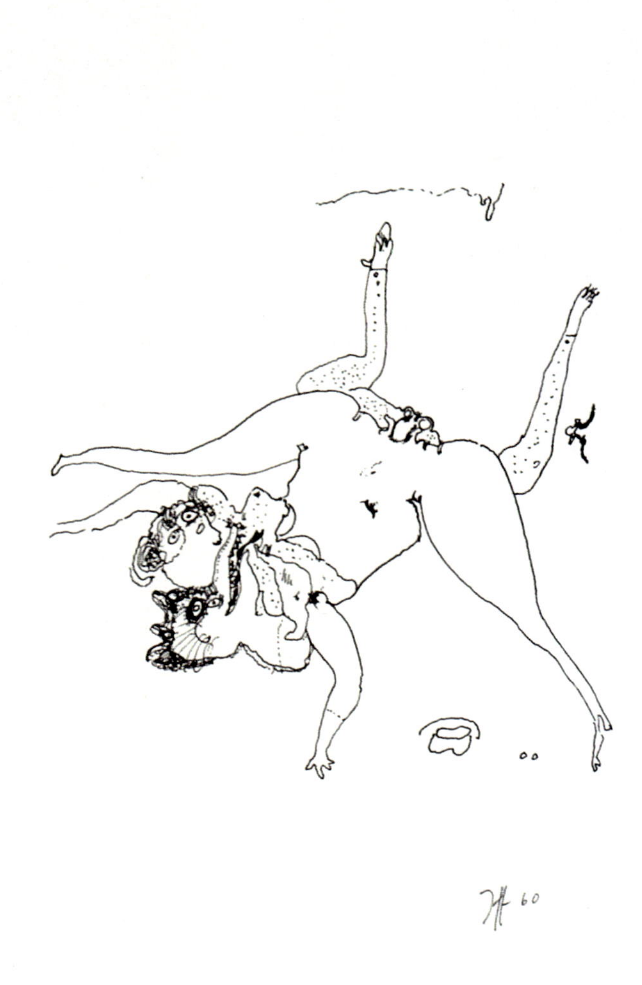

Ohne Titel
(zu *Mädchenzimmer*)
Blatt 5/8
1960
Feder
38,4 x 29,6 cm
Galerie Brockstedt, Berlin

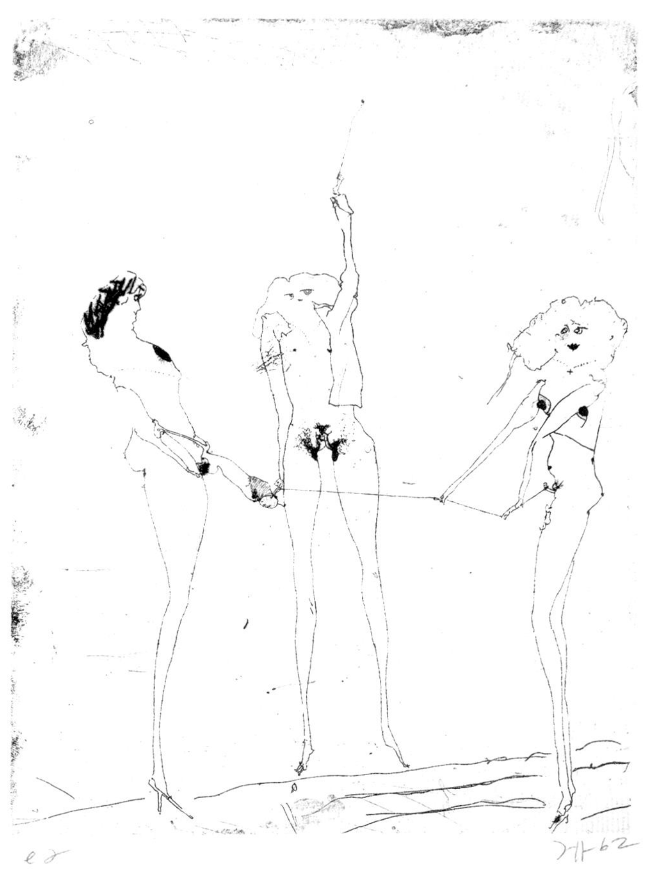

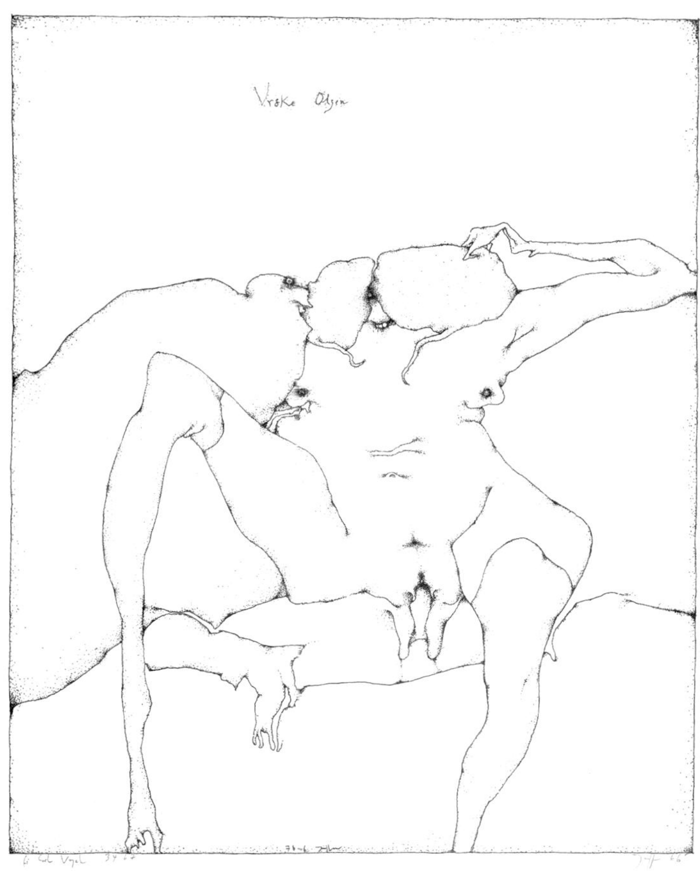

Radierfolge *L'heure de Mylène*
1962
Blatt 11
27,2 x 19,6 cm
Horst-Janssen-Museum, Oldenburg, Dauerleihgabe der Claus Hüppe-Stiftung

Vroeke Olzen / Ficken
1966
Lithographie
76,3 x 64,3 cm
Horst-Janssen-Museum, Oldenburg, Dauerleihgabe der Claus Hüppe-Stiftung

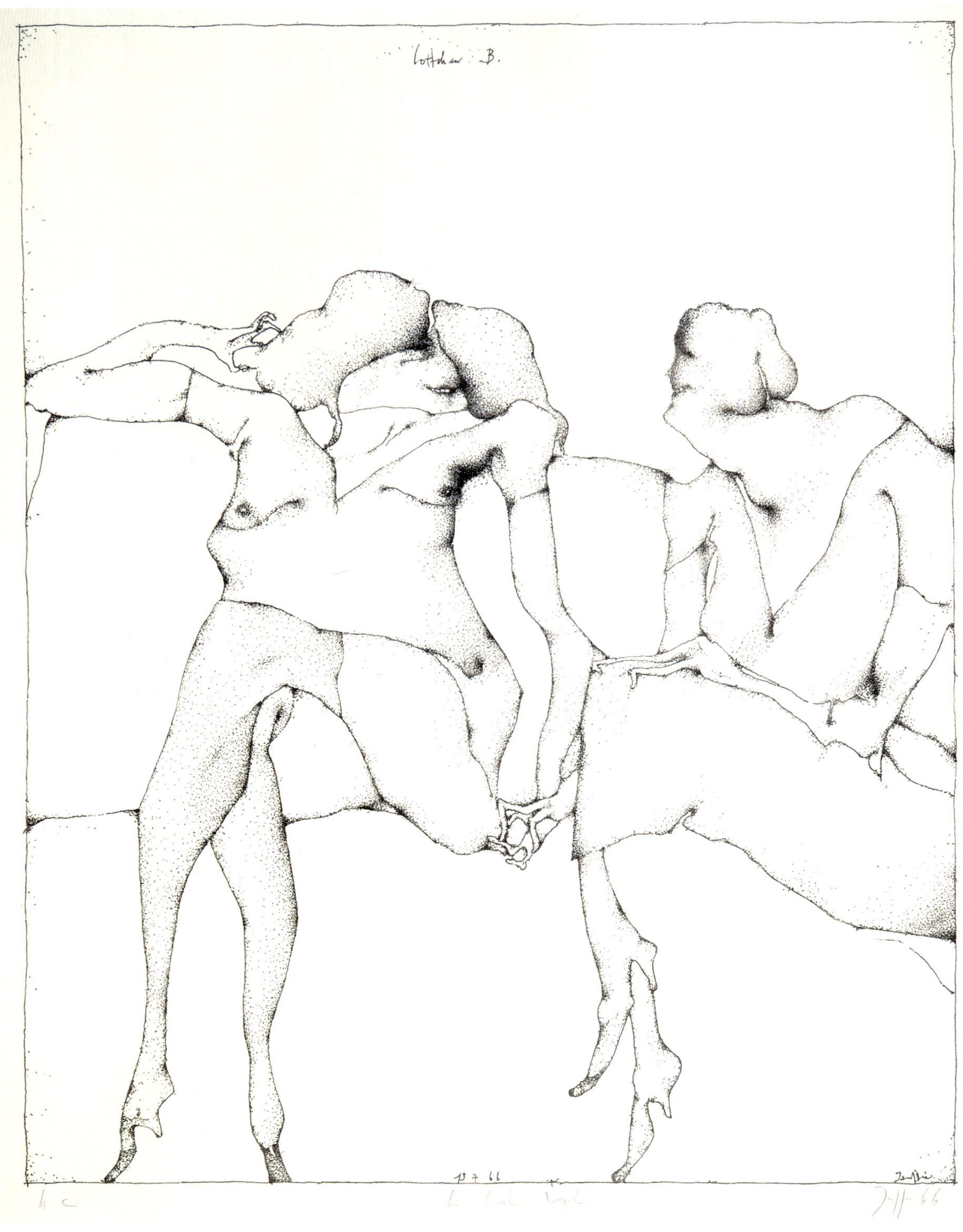

Lottchen B.
1966
Lithographie
64,3 x 49,5 cm
Horst-Janssen-Museum, Oldenburg, Dauerleihgabe der Claus Hüppe-Stiftung

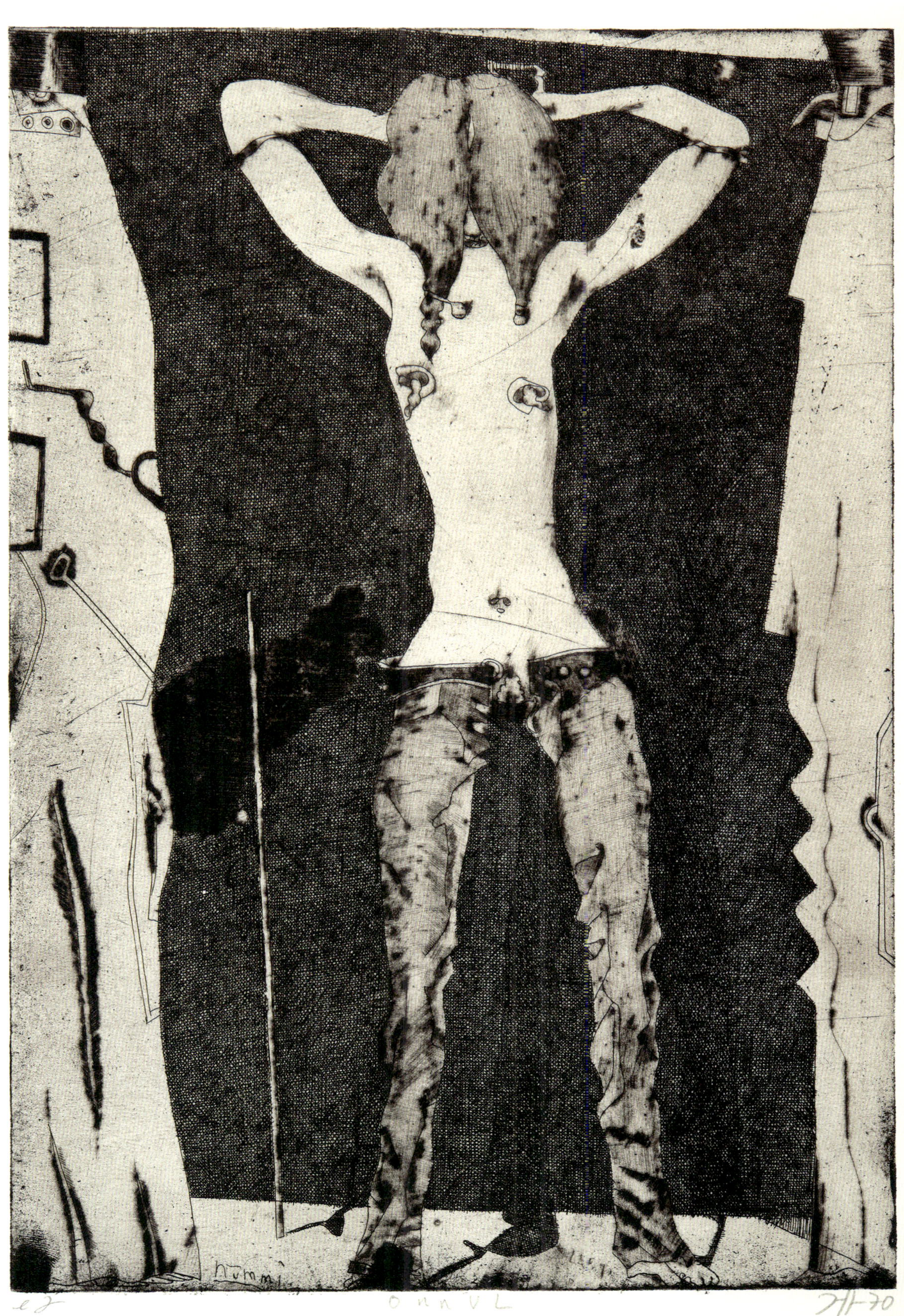

Nummi
1970
Radierung
41,5 x 28,6 cm
Horst-Janssen-Museum,
Oldenburg

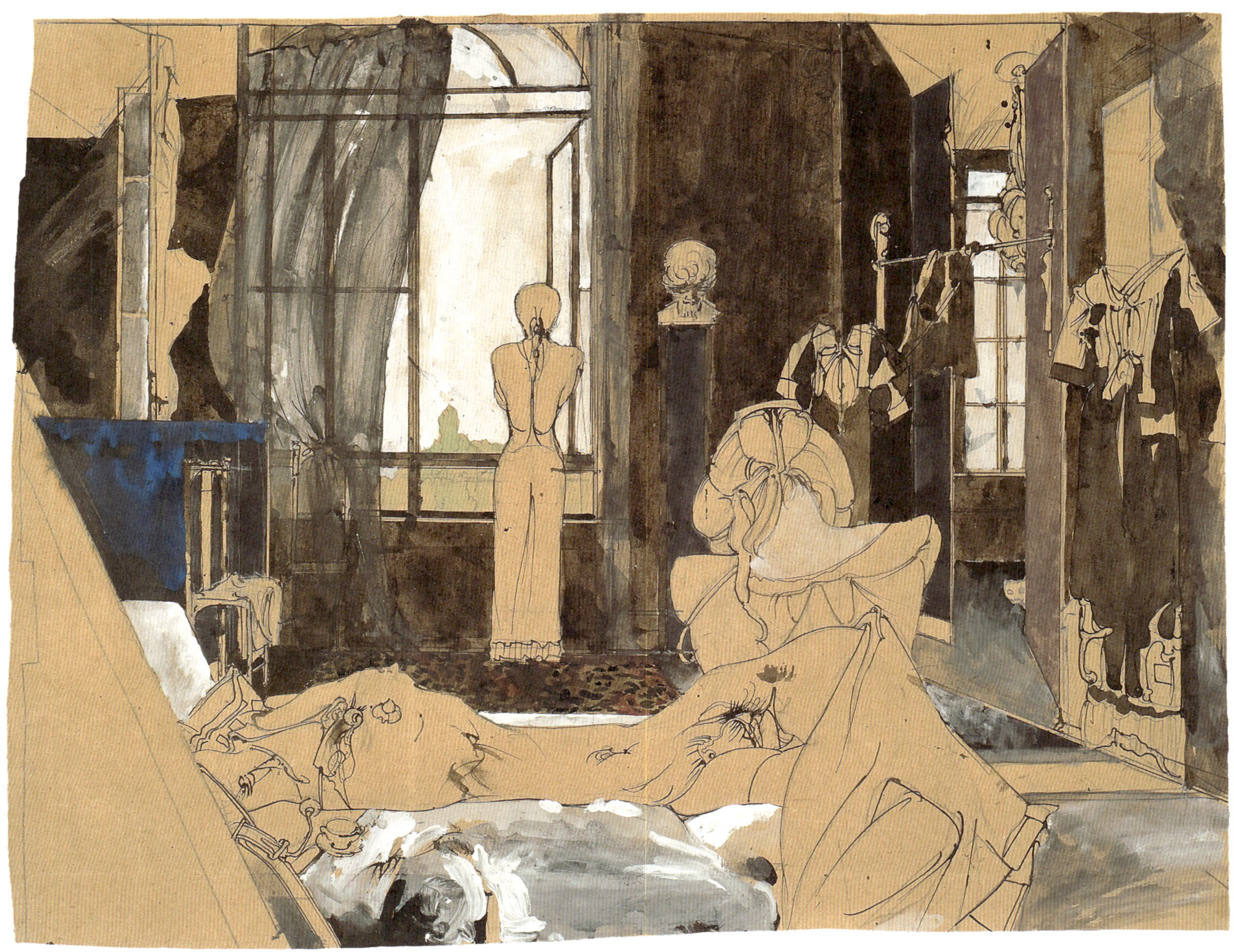

Phyllis: In Erwartung – Orakel
1977
Feder und Aquarell
43 x 54 cm
Galerie Brockstedt, Berlin

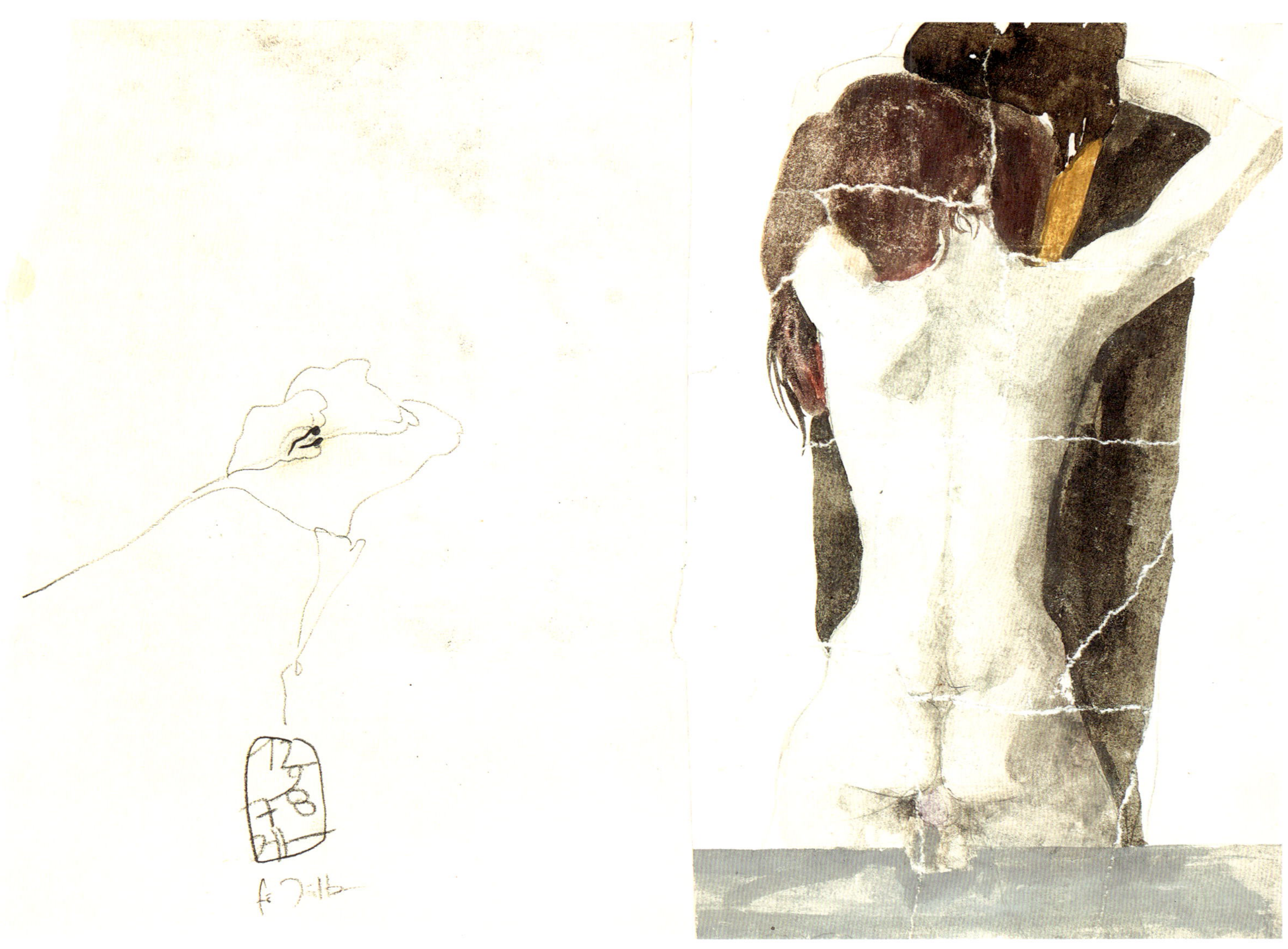

Für Jutta
(auch betitelt *heimlich*)
1978
collagiert, Blei- und Farbstift,
Aquarell
33,5 x 45,5 cm
Galerie Brockstedt, Berlin

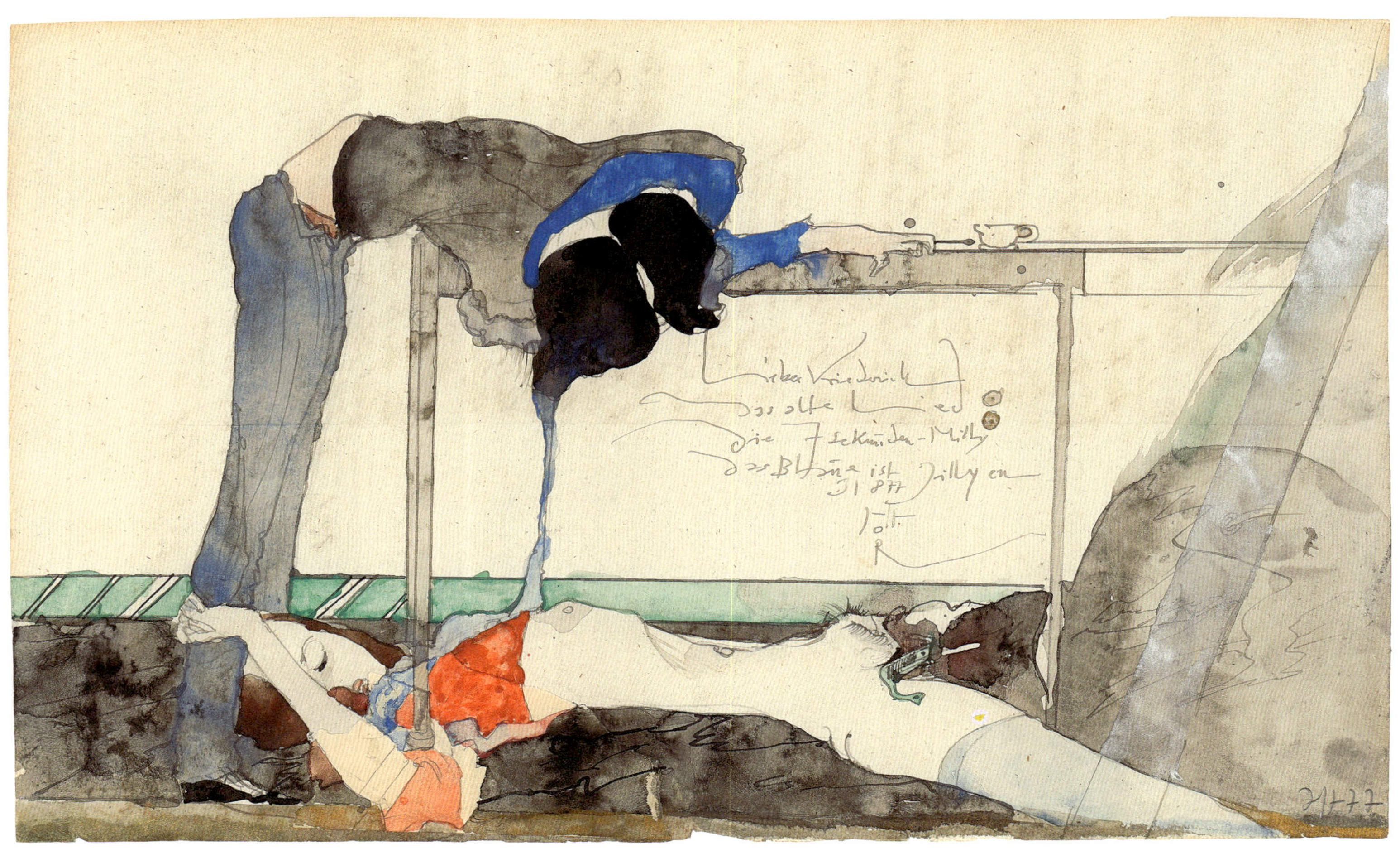

Vriederich
1977
Feder und Aquarell
über Bleistift
21 x 34 cm
Galerie und Verlag
St. Gertrude, Hamburg

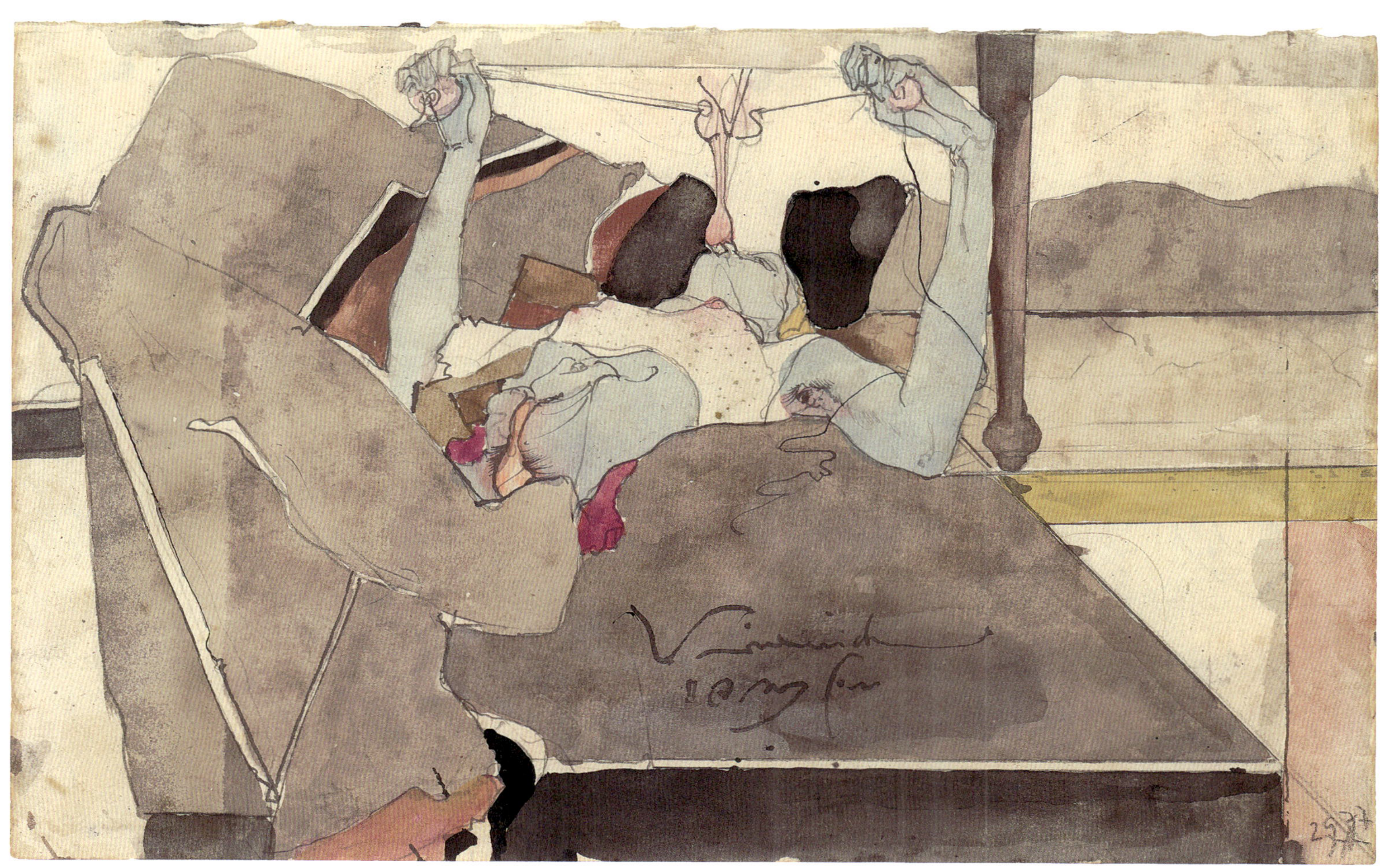

Vriederich
1977
Feder und Aquarell
über Bleistift
47,6 x 61,6 cm
Hamburger Kunsthalle,
Kupferstichkabinett

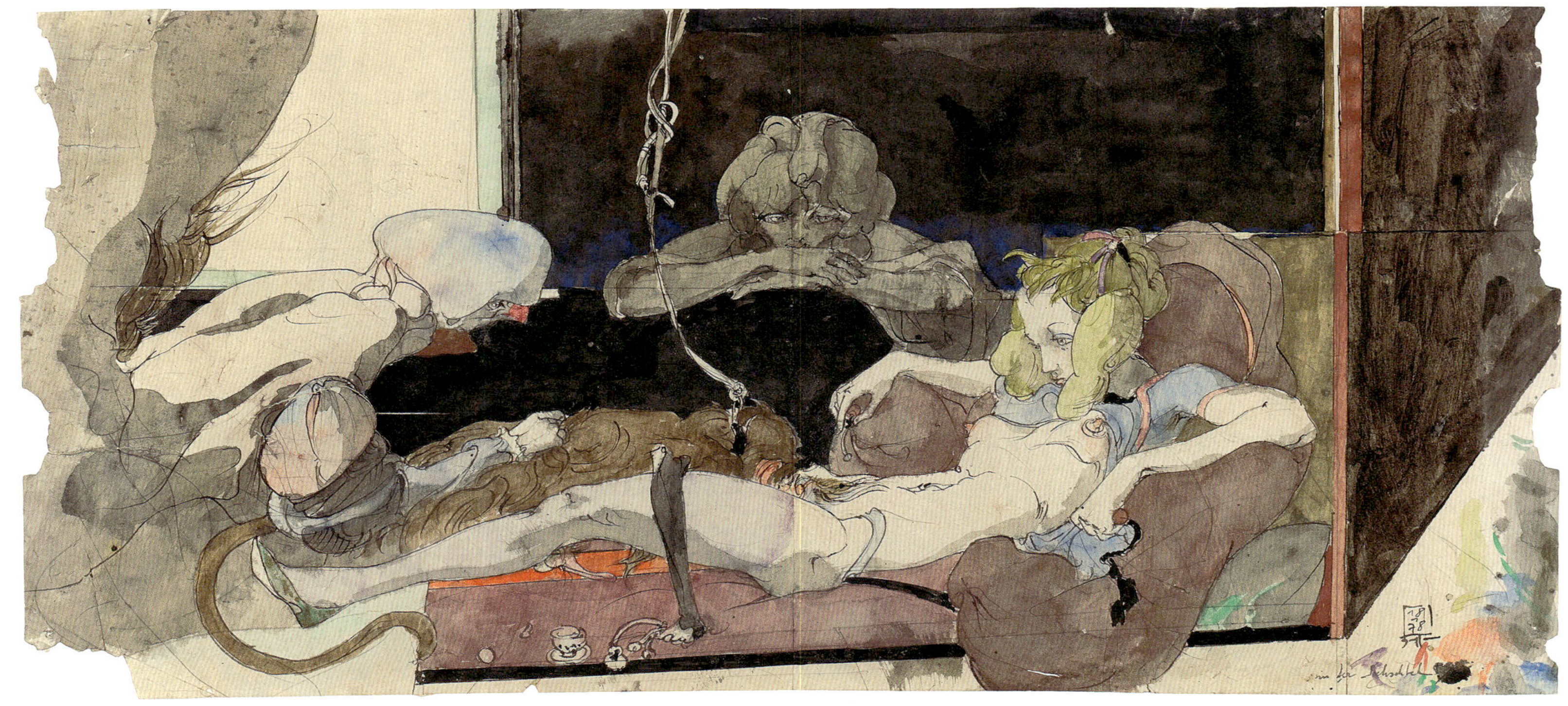

High Society (In der Schachtel)
1978
Feder und Aquarell,
über Bleistift
29 x 60,5 cm
Galerie und Verlag
St. Gertrude, Hamburg

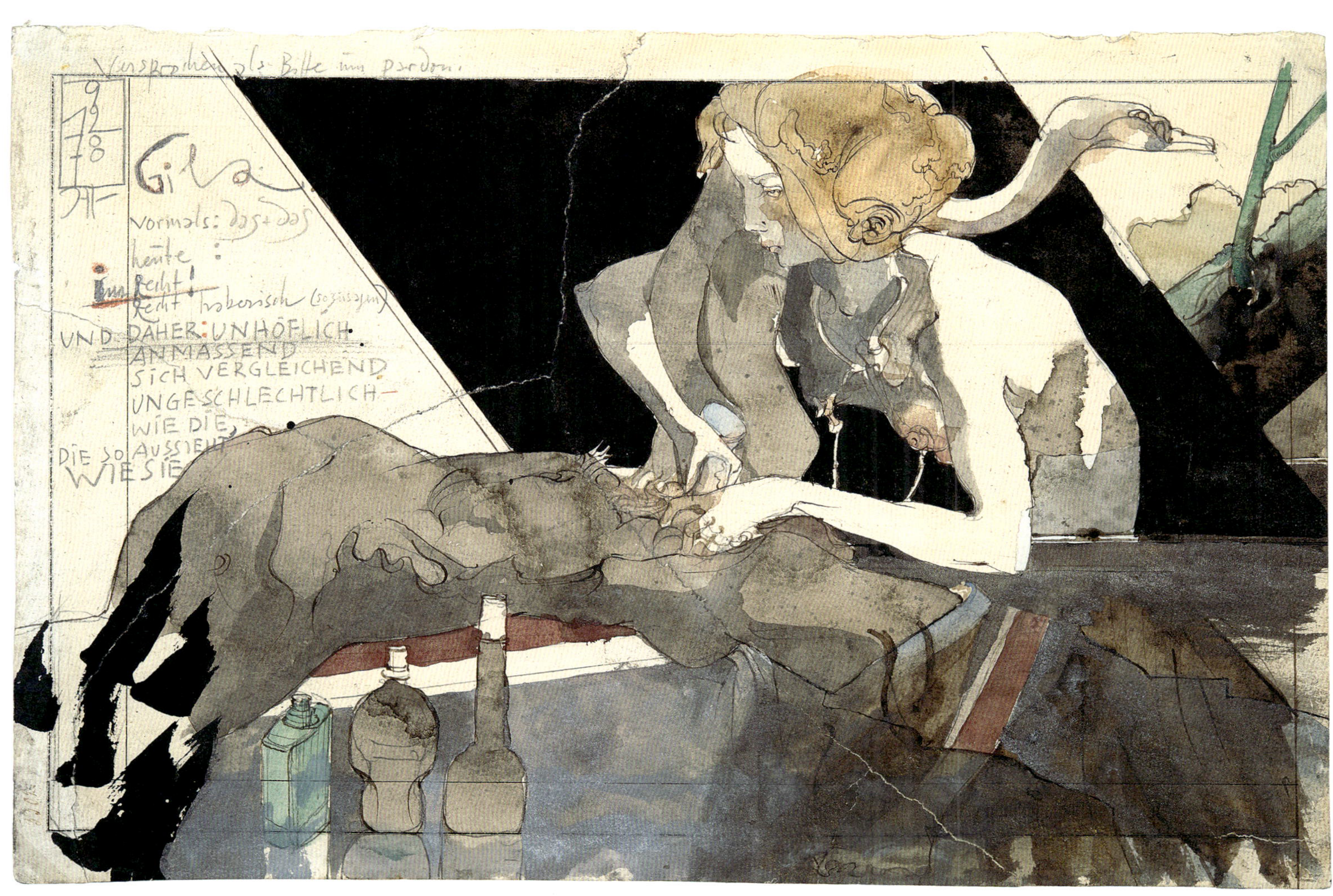

Gila / Die Kastrierung des Zeus
1978
Bleistift, Farbstift, Aquarell
32,3 x 48,8 cm
Horst-Janssen-Museum,
Oldenburg, Dauerleihgabe
Kerstin Schlüter

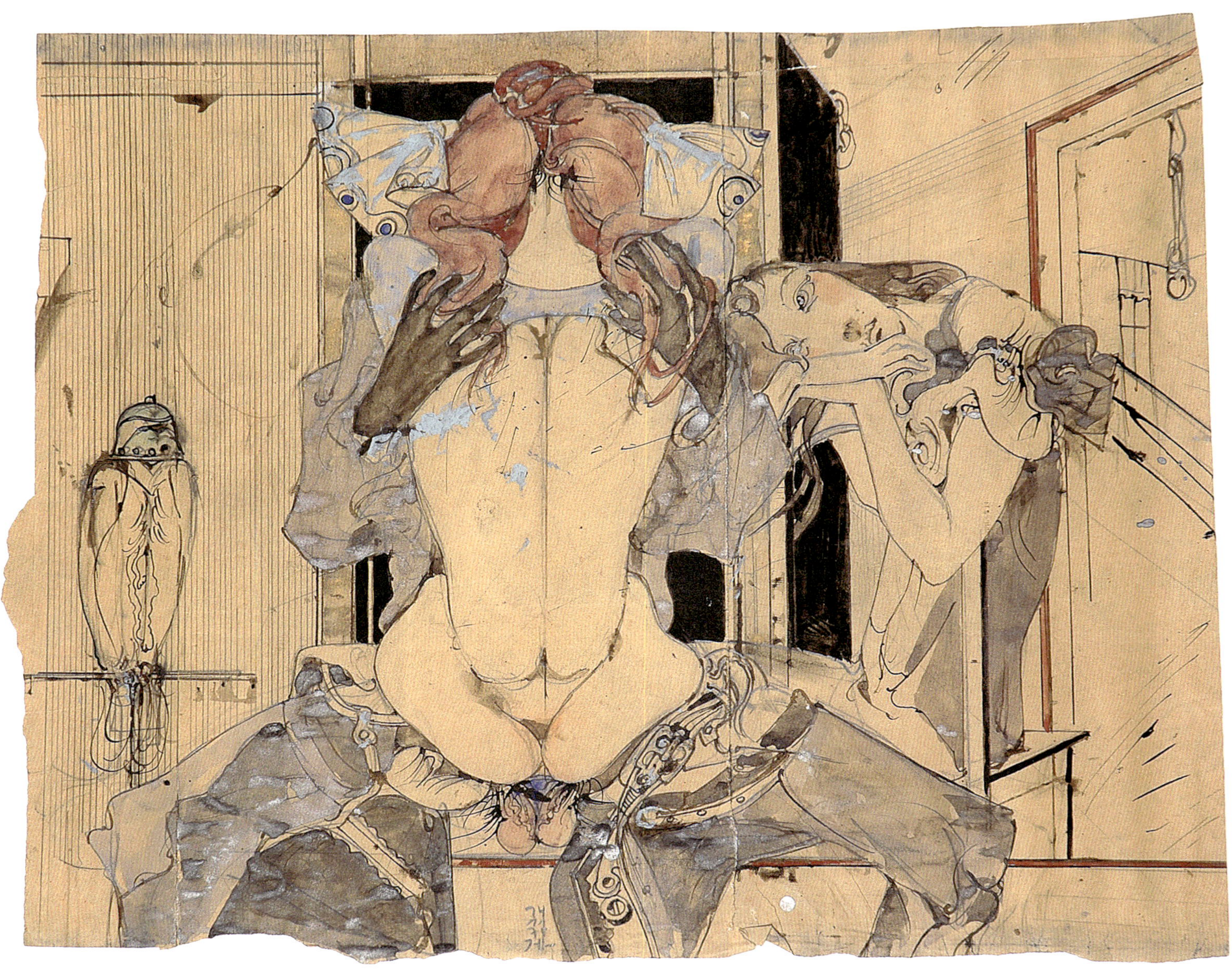

Phyllis: Mädchenzimmer
14.11.1978
Bleistift, Feder, Aquarell, Gouache
42 x 52,5 cm
Galerie Brockstedt, Berlin

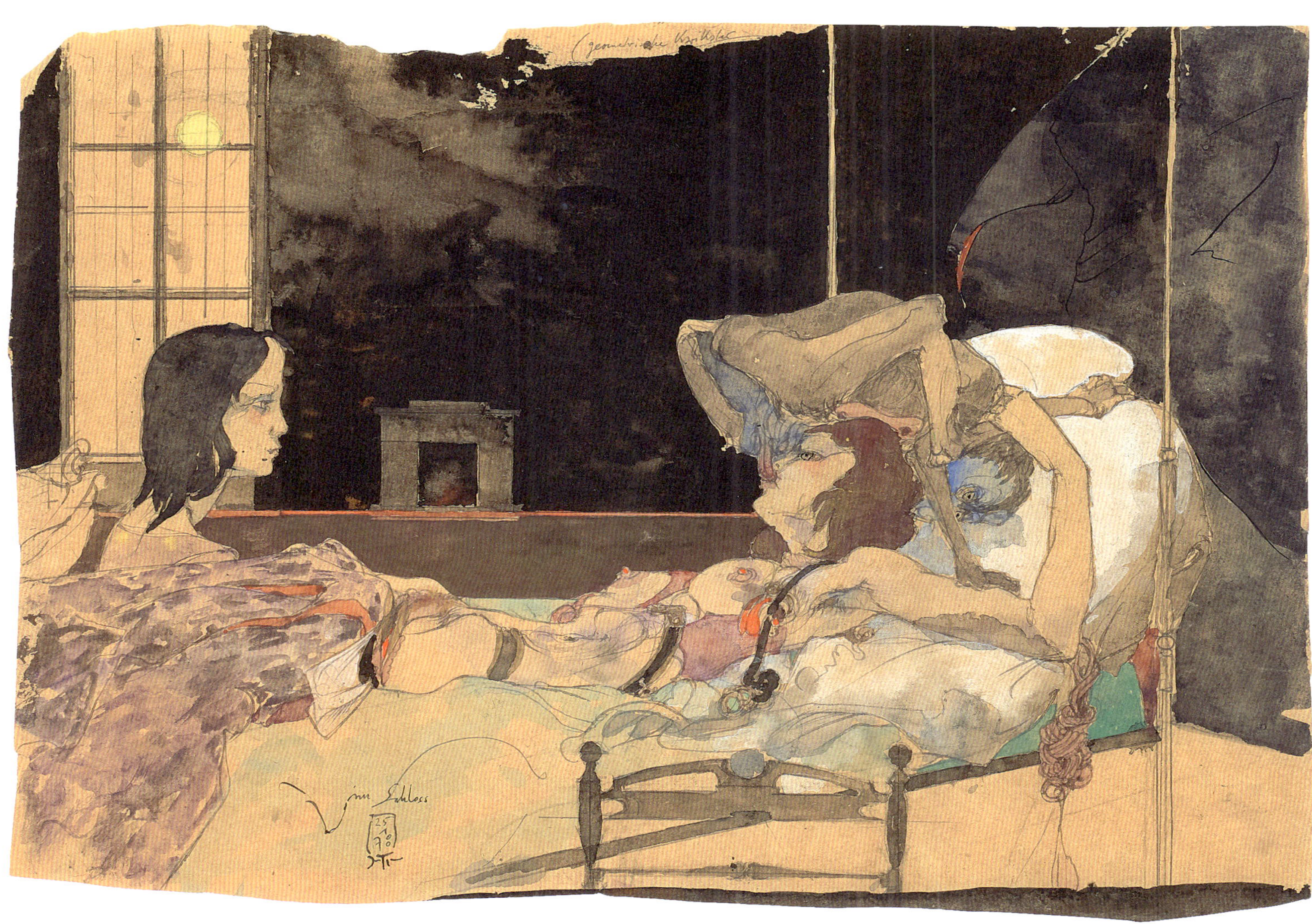

Phyllis: Im Schloss
1978
Feder und Aquarell,
über Bleistift
34,5 x 48,5 cm
Galerie Brockstedt, Berlin

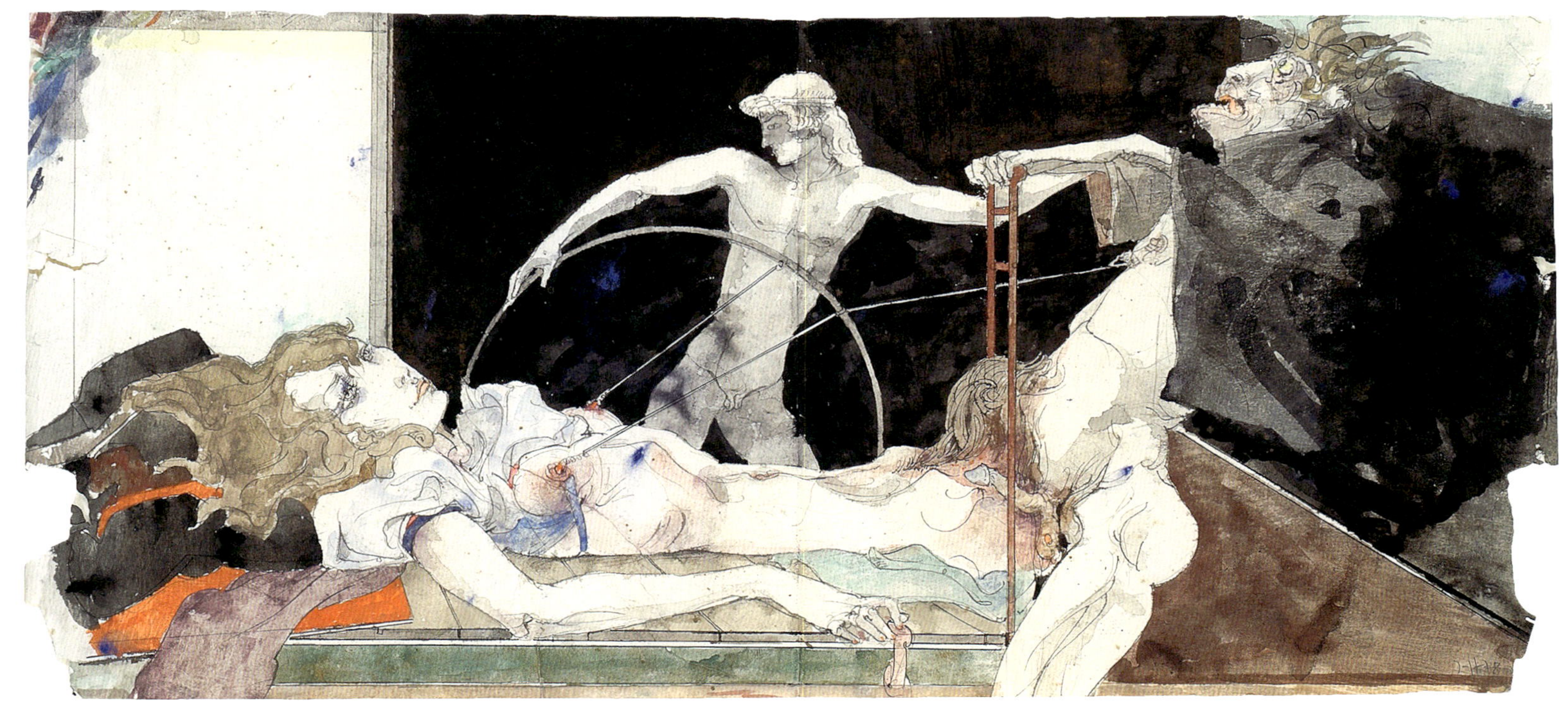

Phyllis: Mit griechischem Jüngling
1978
Feder und Aquarell,
über Bleistift
28 x 60,5 cm
Galerie Brockstedt, Berlin

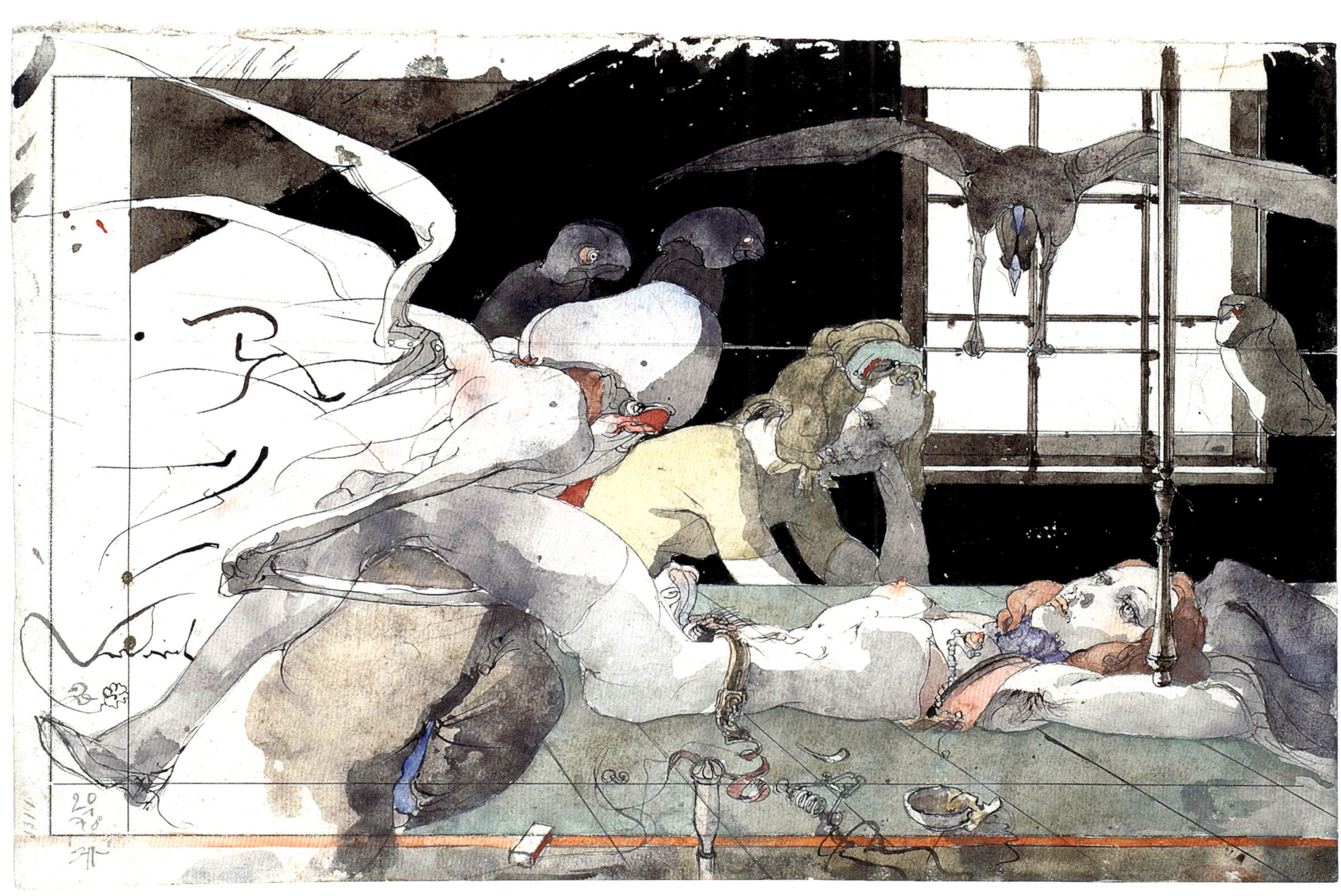

Phyllis: Vriederich
1978
Feder und Aquarell,
über Bleistift
32,5 x 48,5 cm
Galerie Brockstedt, Berlin

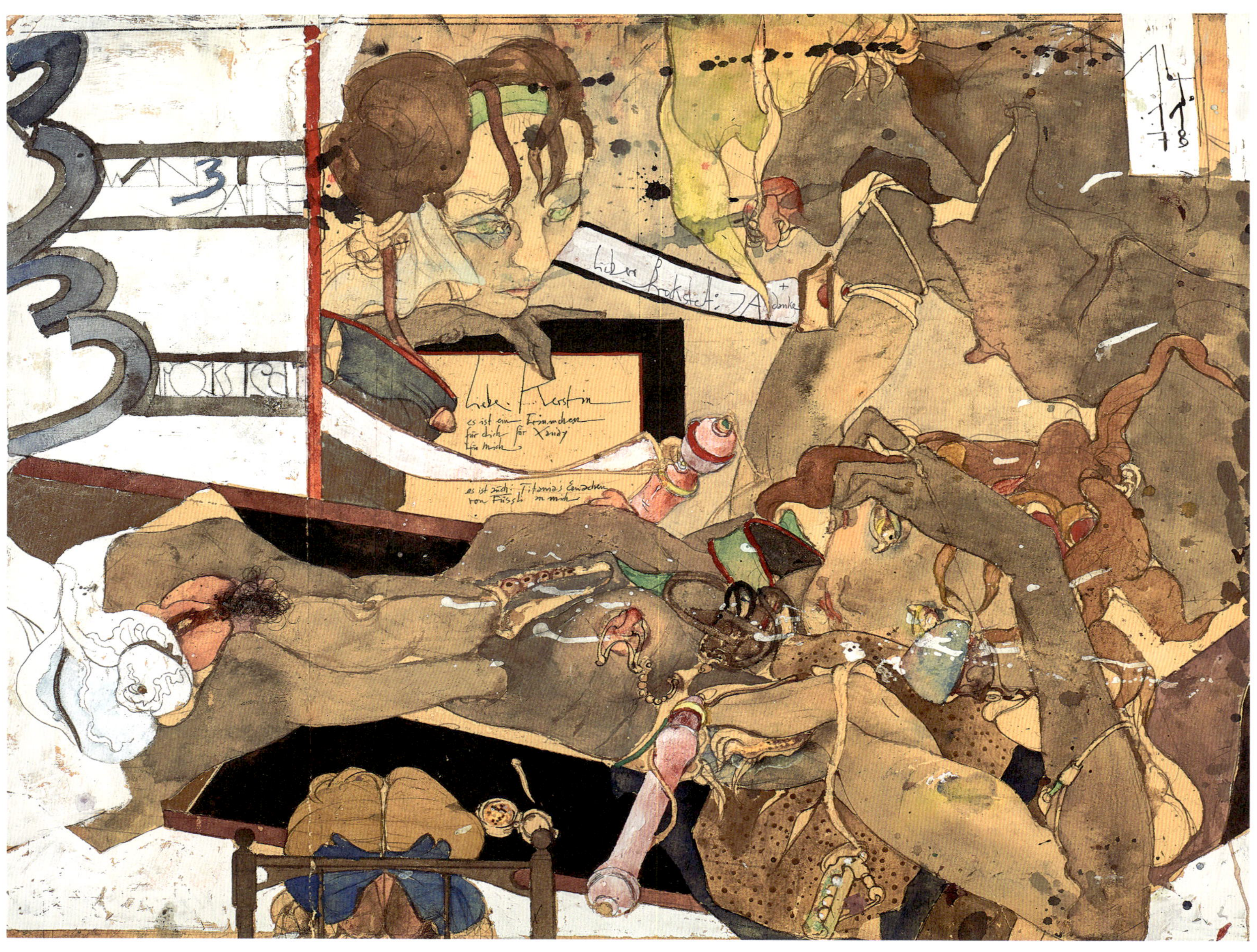

Brockstedt 33/Aquarelle
20 Jahre Brockstedt-Plakatentwurf
1978
Collage, Gouache, Bronze, Feder, Bleistift, Echthaar, auf Karton
70 x 90 cm
Galerie Brockstedt, Berlin

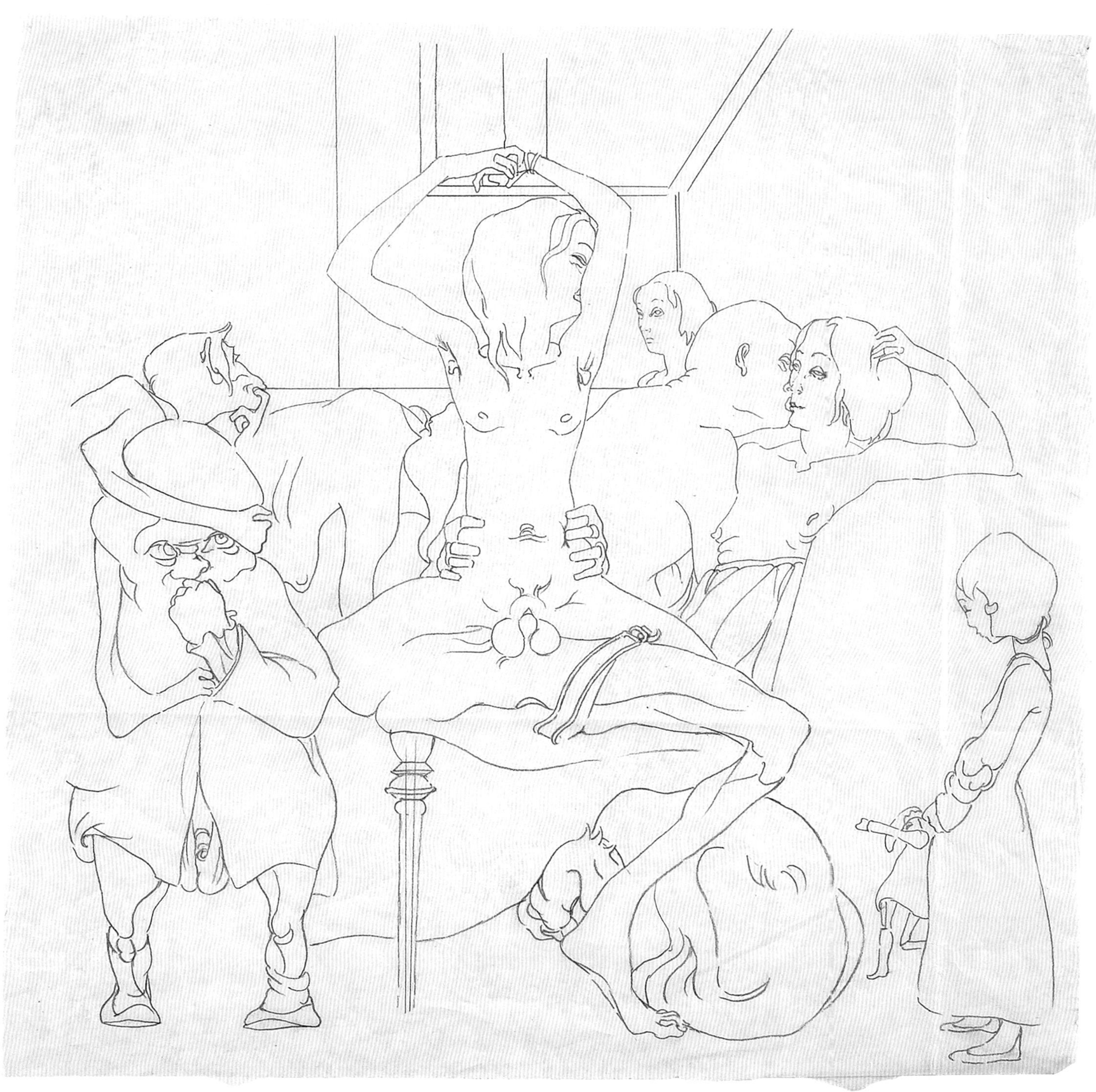

Ohne Titel (zu *Phyllis*, Vorzeichnung)
undatiert (1975–86)
Bleistift auf bräunlichem Pergamentpapier
58,5 x 58,5 cm
Galerie Brockstedt, Berlin

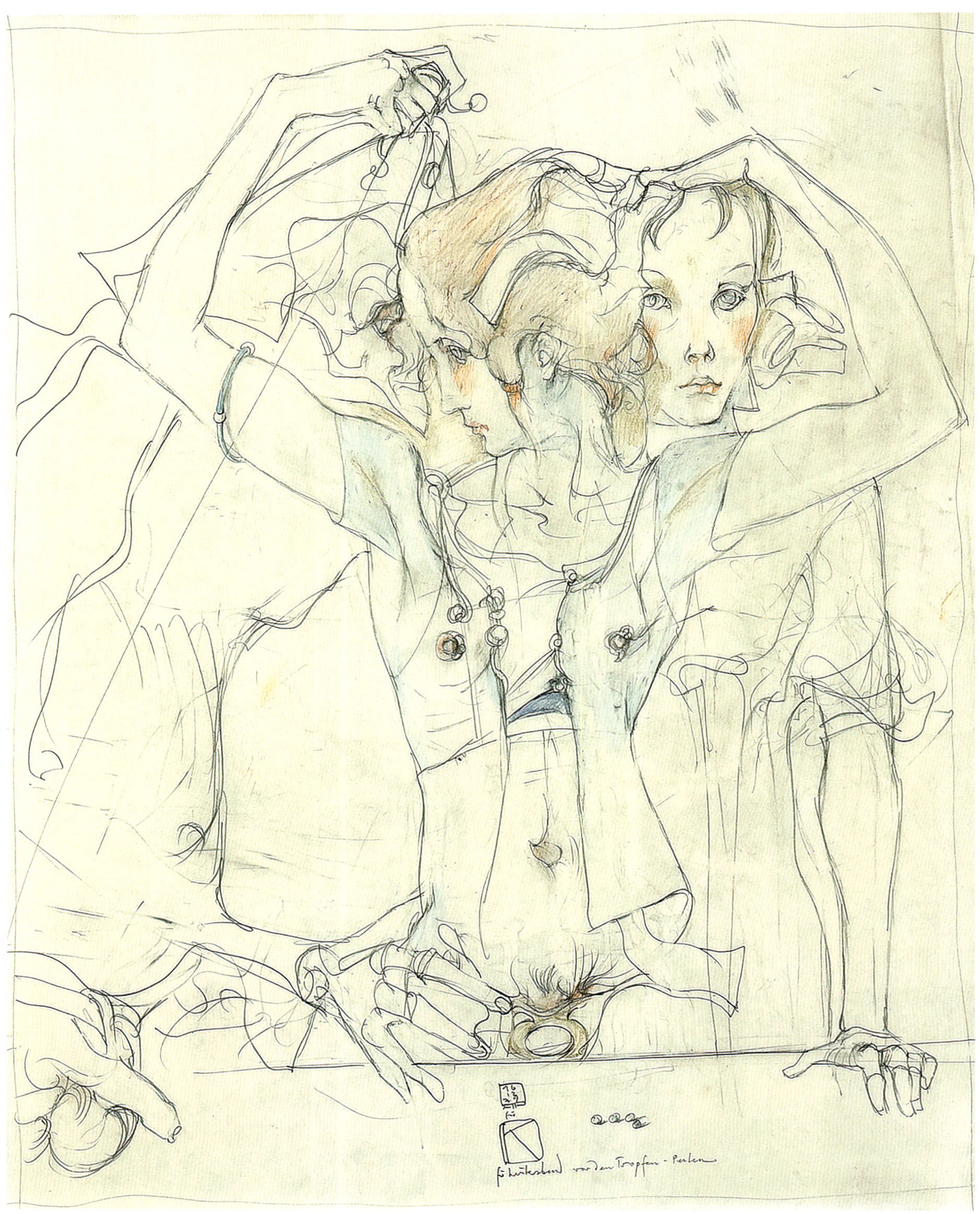

für heuteabend vor den Tropfen-Perlen (erotische Szene)
1979
Blei- und Farbstift
68,5 x 54 cm
Galerie Brockstedt, Berlin

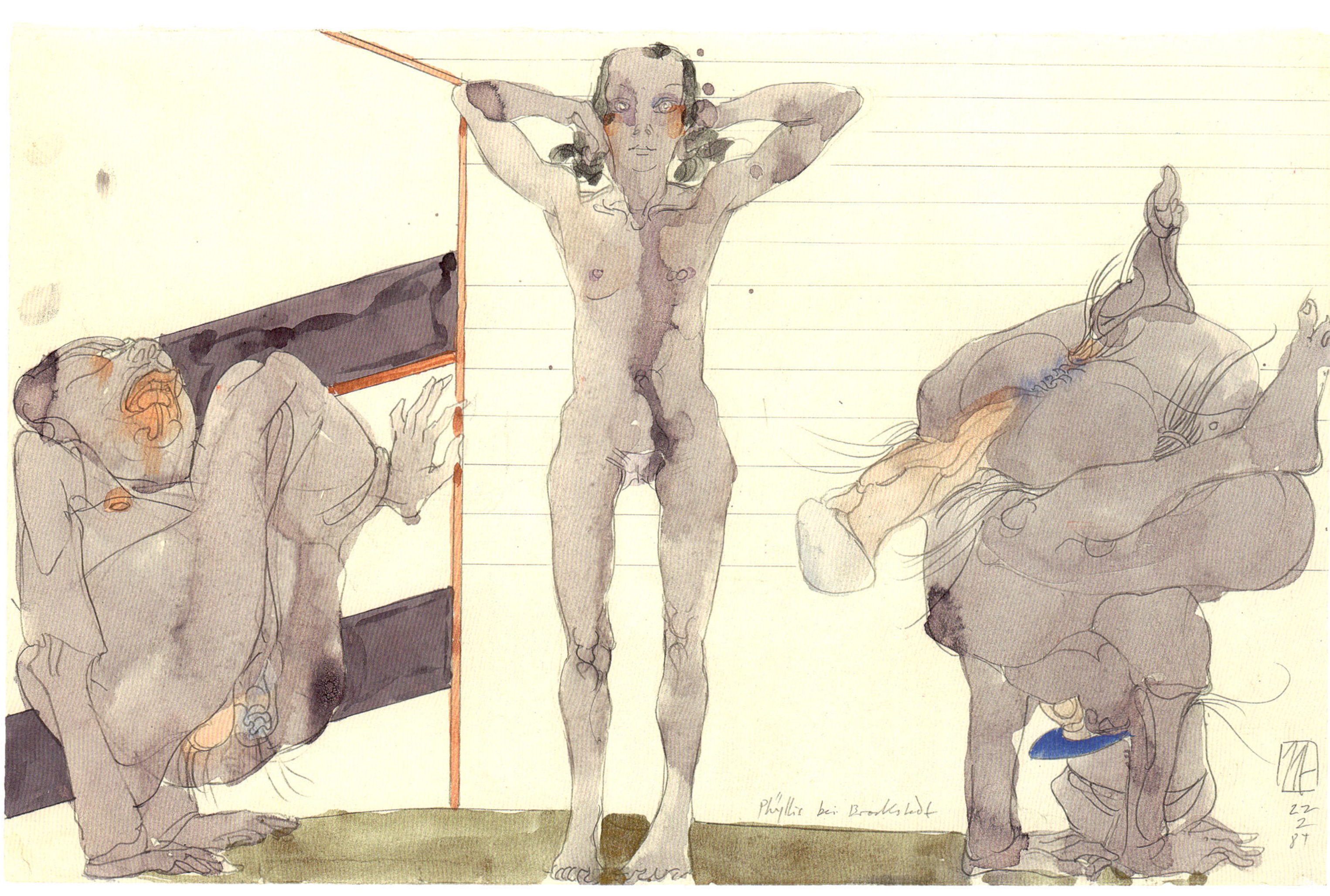

Phyllis bei Brockstedt
1984
Aquarell über Bleistift
22,7 x 41,5 cm
Hamburger Kunsthalle,
Kupferstichkabinett

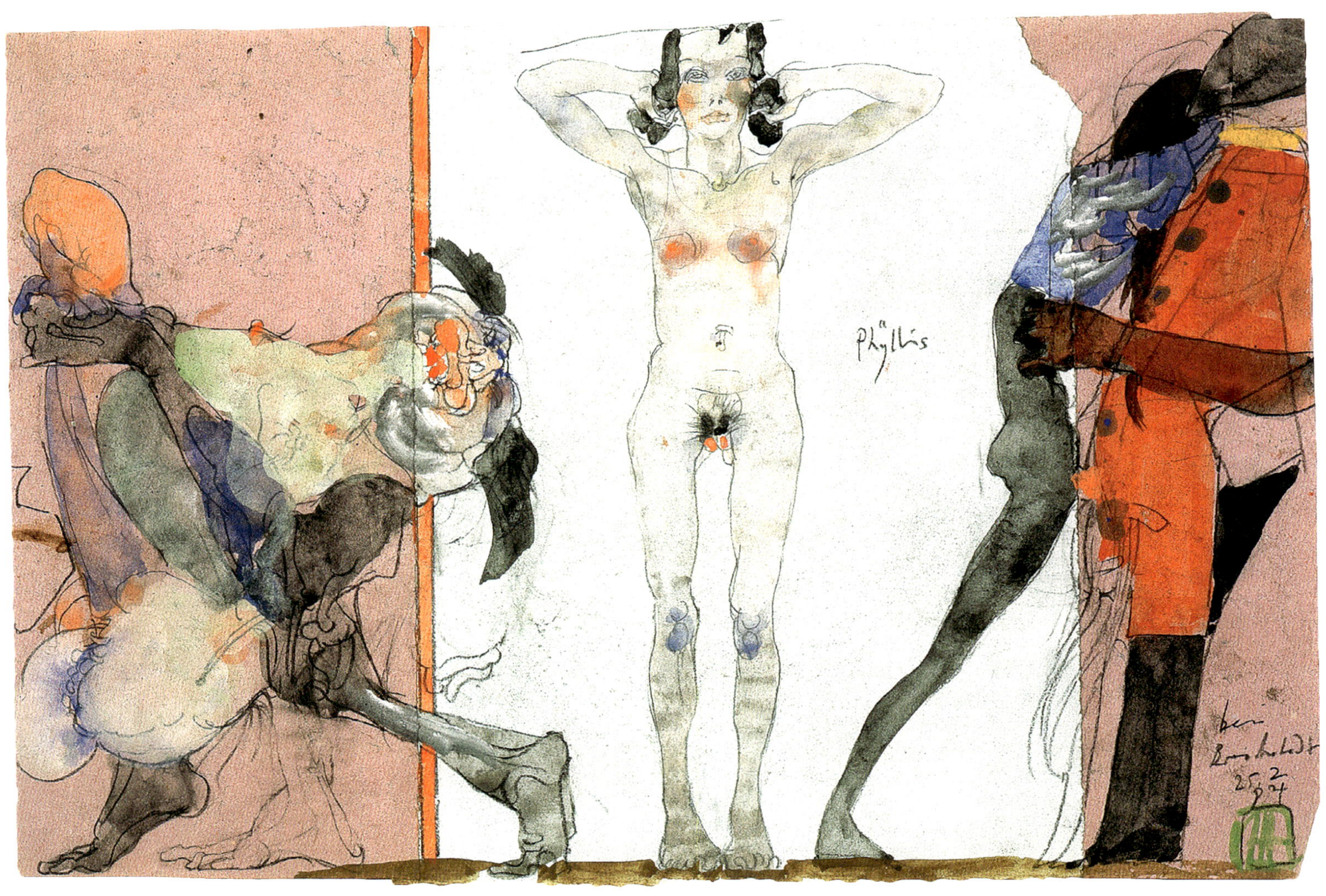

Phyllis bei Brockstedt
1984
Aquarell und Gouache,
über Bleistift
28 x 40,6 cm
Galerie Brockstedt, Berlin

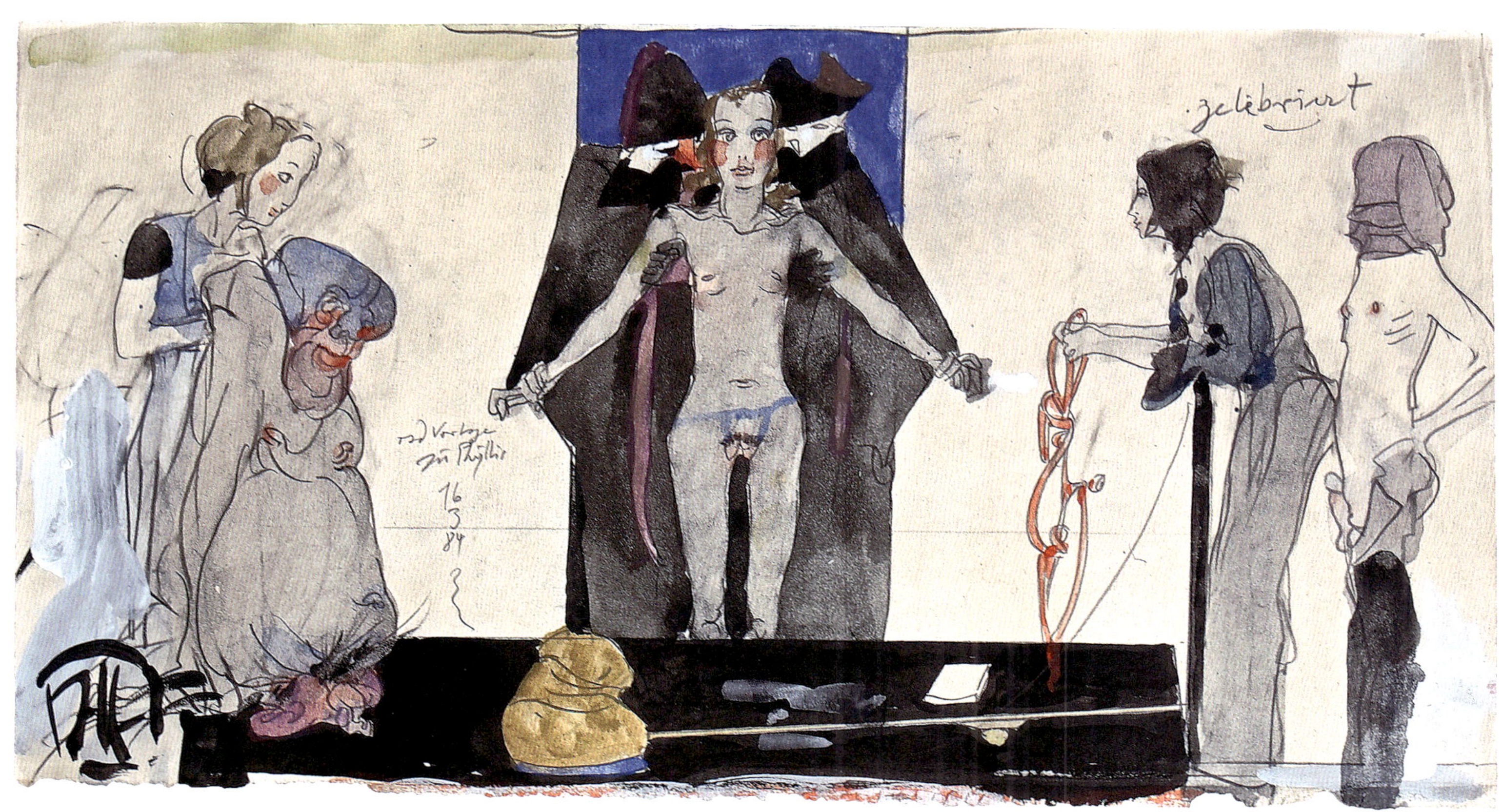

Zelebriert (Radiervorlage zu *Phyllis*)
1984
Aquarell und Deckfarbe,
über Bleistift
22,5 x 41 cm
Galerie und Verlag
St. Gertrude, Hamburg

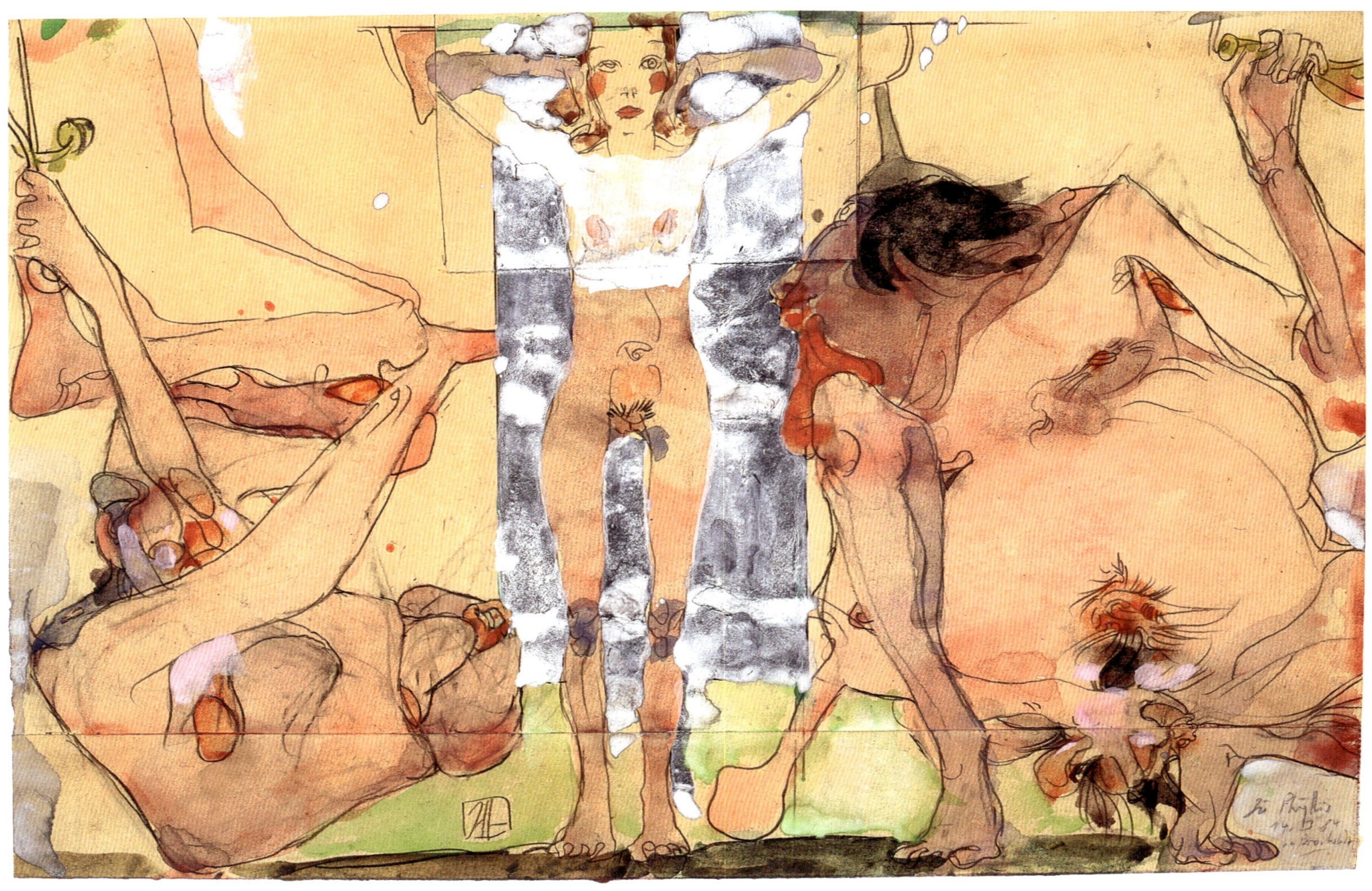

Phyllis bei Brockstedt
1984
Aquarell und Gouache,
über Bleistift
26,9 x 40,0 cm
Galerie Brockstedt, Berlin

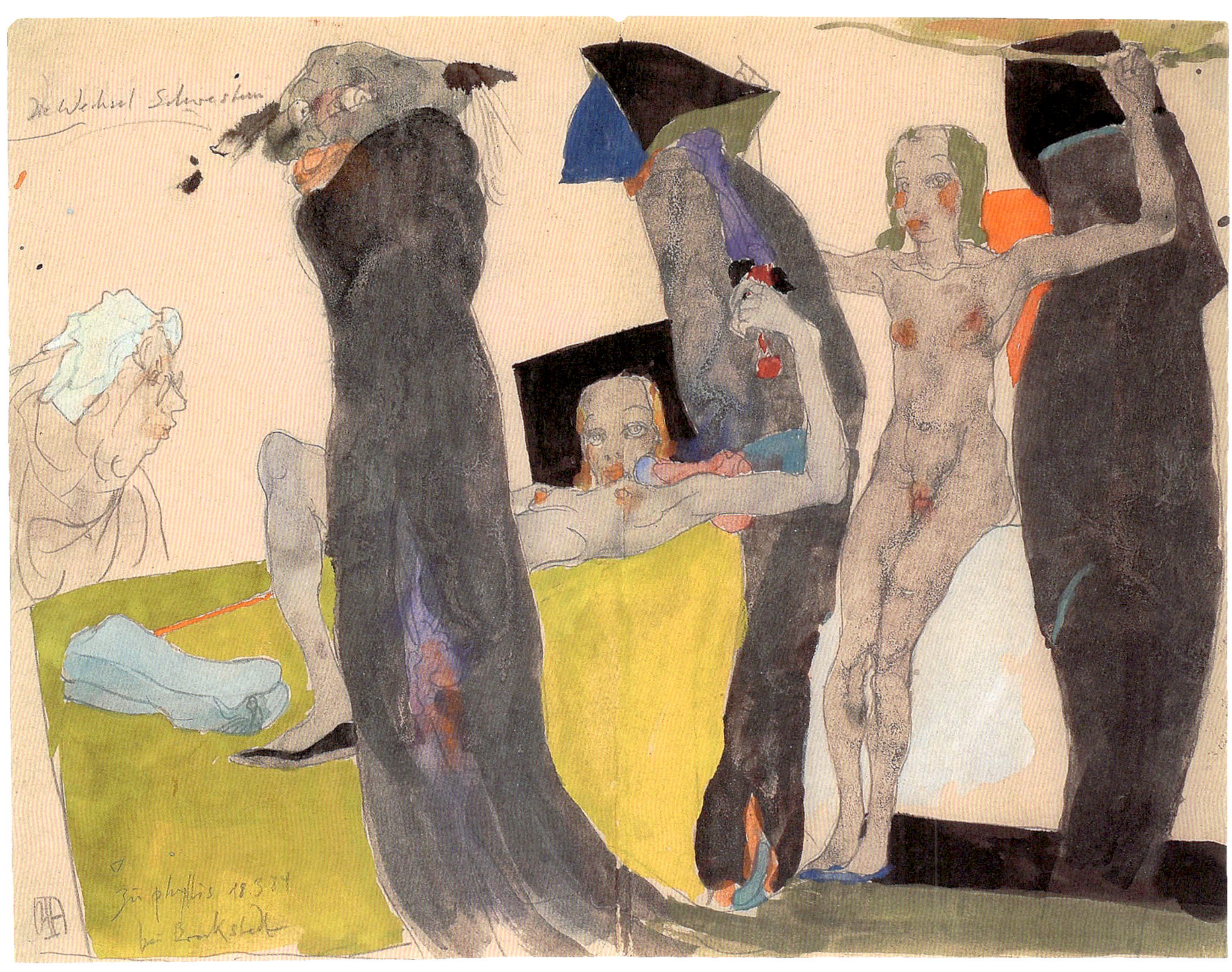

Phyllis bei Brockstedt
(Die Wechsel Schwestern)
1984
Aquarell, über Bleistift
31,8 x 39,8 cm
Galerie Brockstedt, Berlin

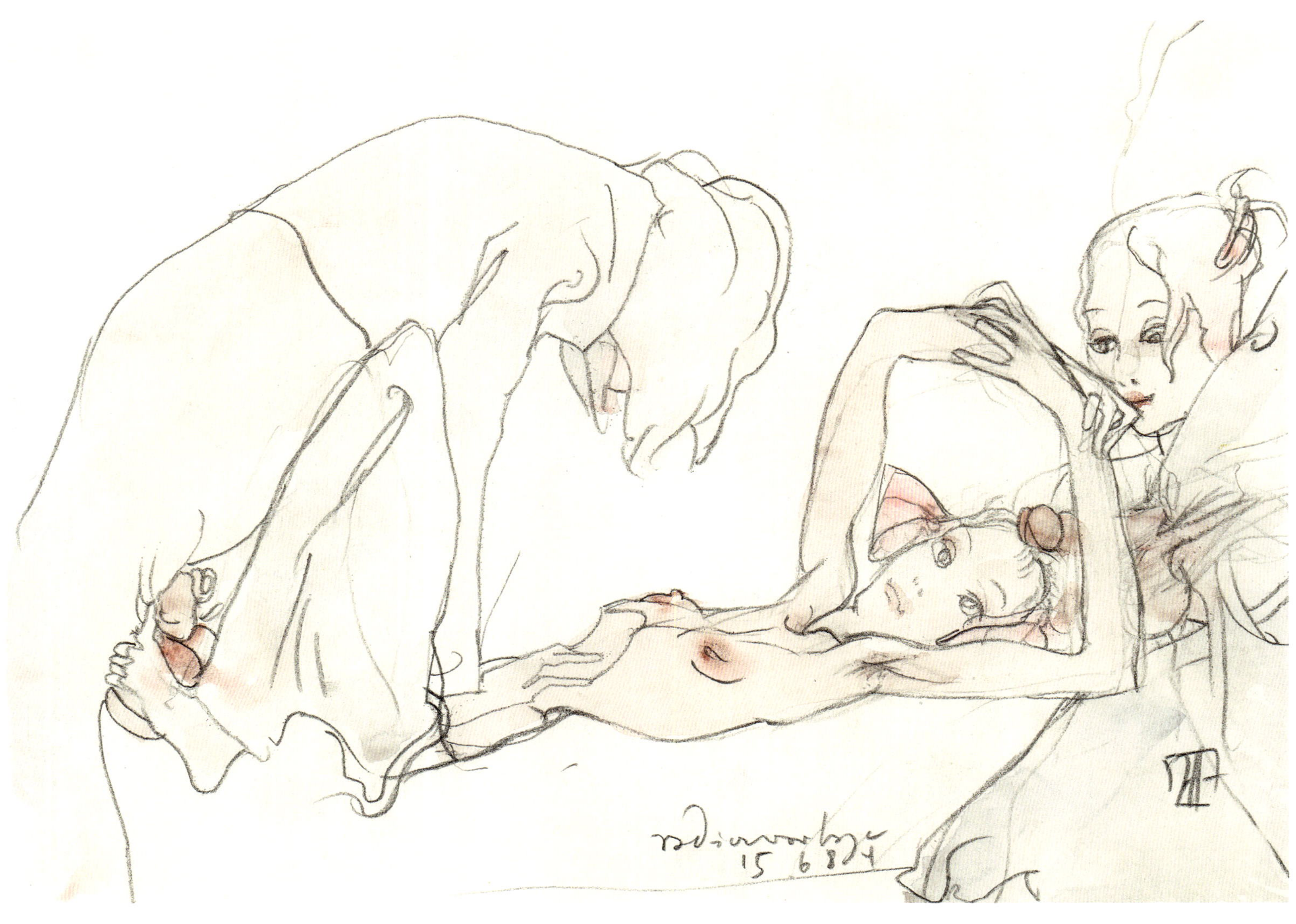

Vorzeichnung zu Blatt 12 der Radierfolge *Brief an Mirjam*
1984
Bleistift und Aquarell
21 x 29,5 cm
Galerie und Verlag
St. Gertrude, Hamburg

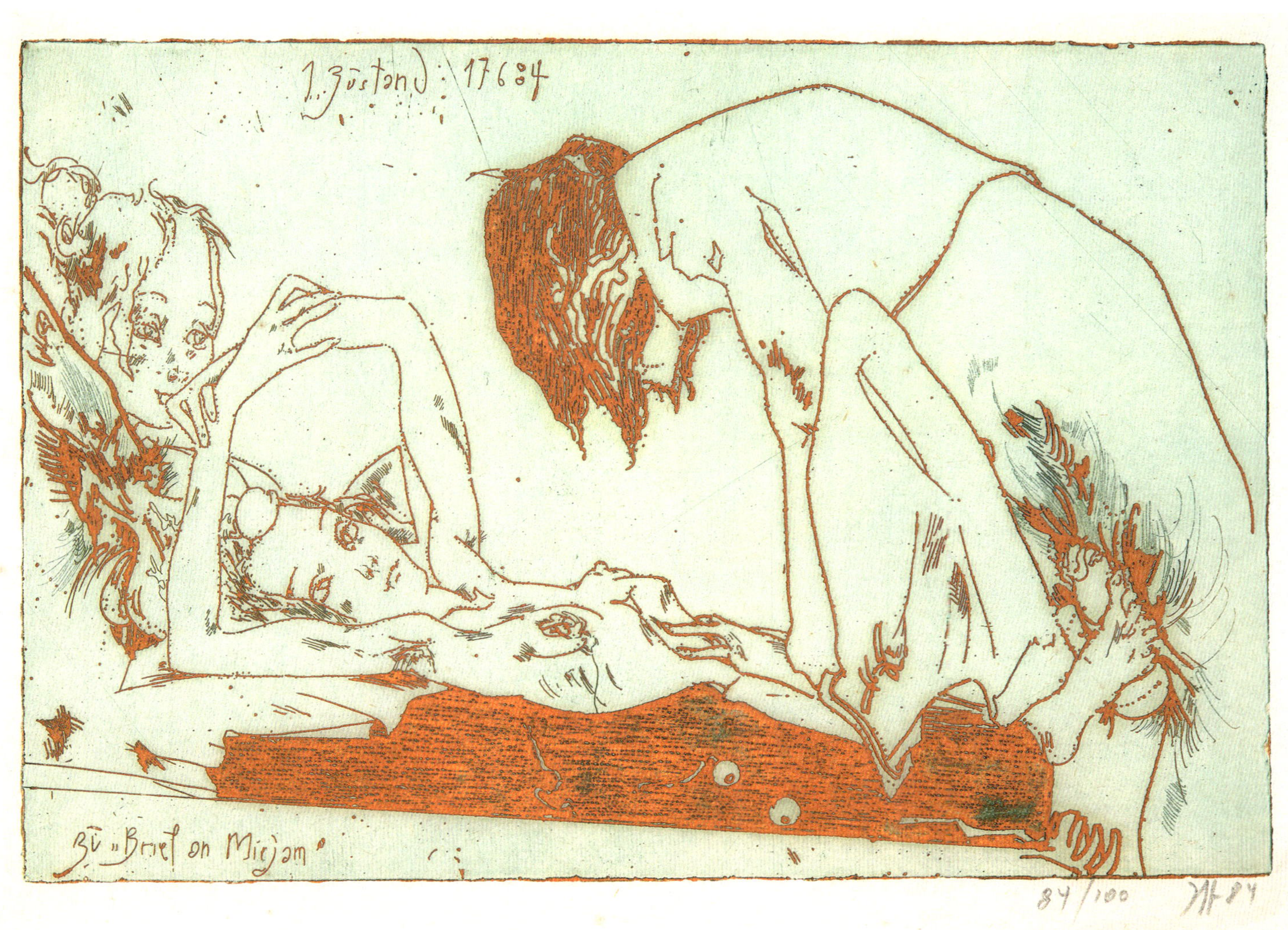

Radierfolge *Brief an Mirjam*
1984
Blatt 12
24,3 x 31,9 cm
Horst-Janssen-Museum,
Oldenburg

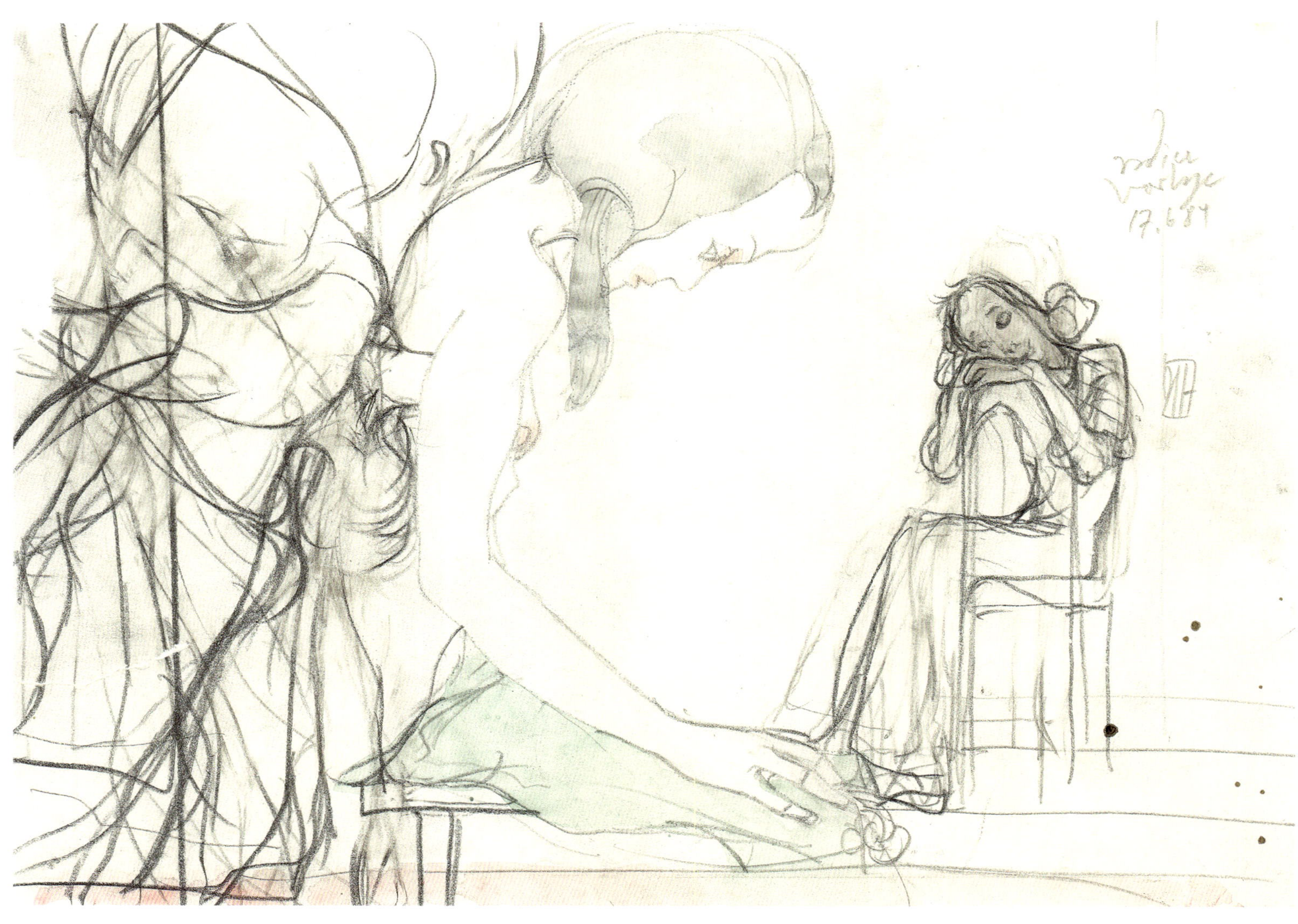

Vorzeichnung zu Blatt 13 der Radierfolge *Brief an Mirjam*
1984
Bleistift und Aquarell
21 x 29,5 cm
Galerie und Verlag
St. Gertrude, Hamburg

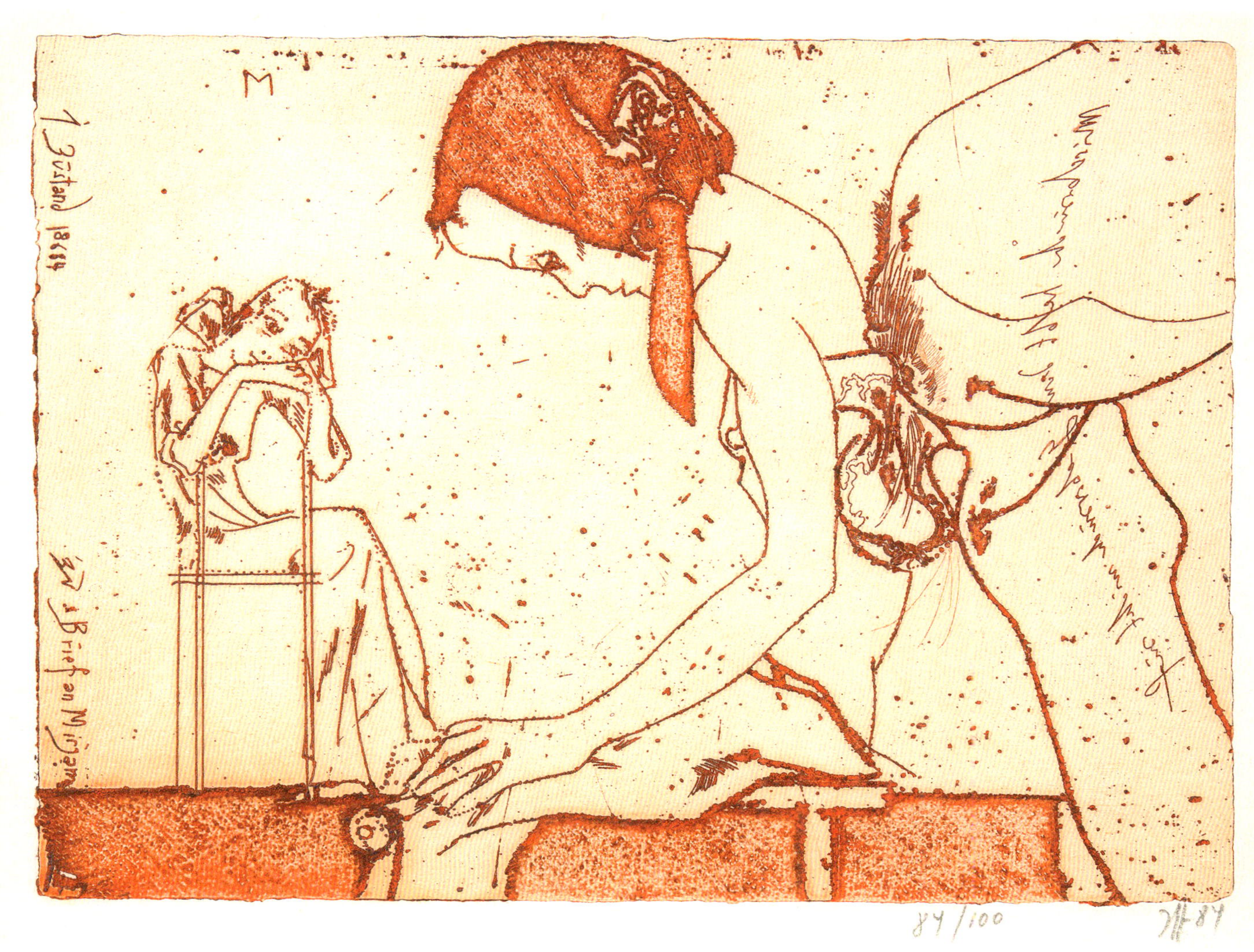

Radierfolge *Brief an Mirjam*
1984
Blatt 13
24,1 x 32,8 cm
Horst-Janssen-Museum,
Oldenburg

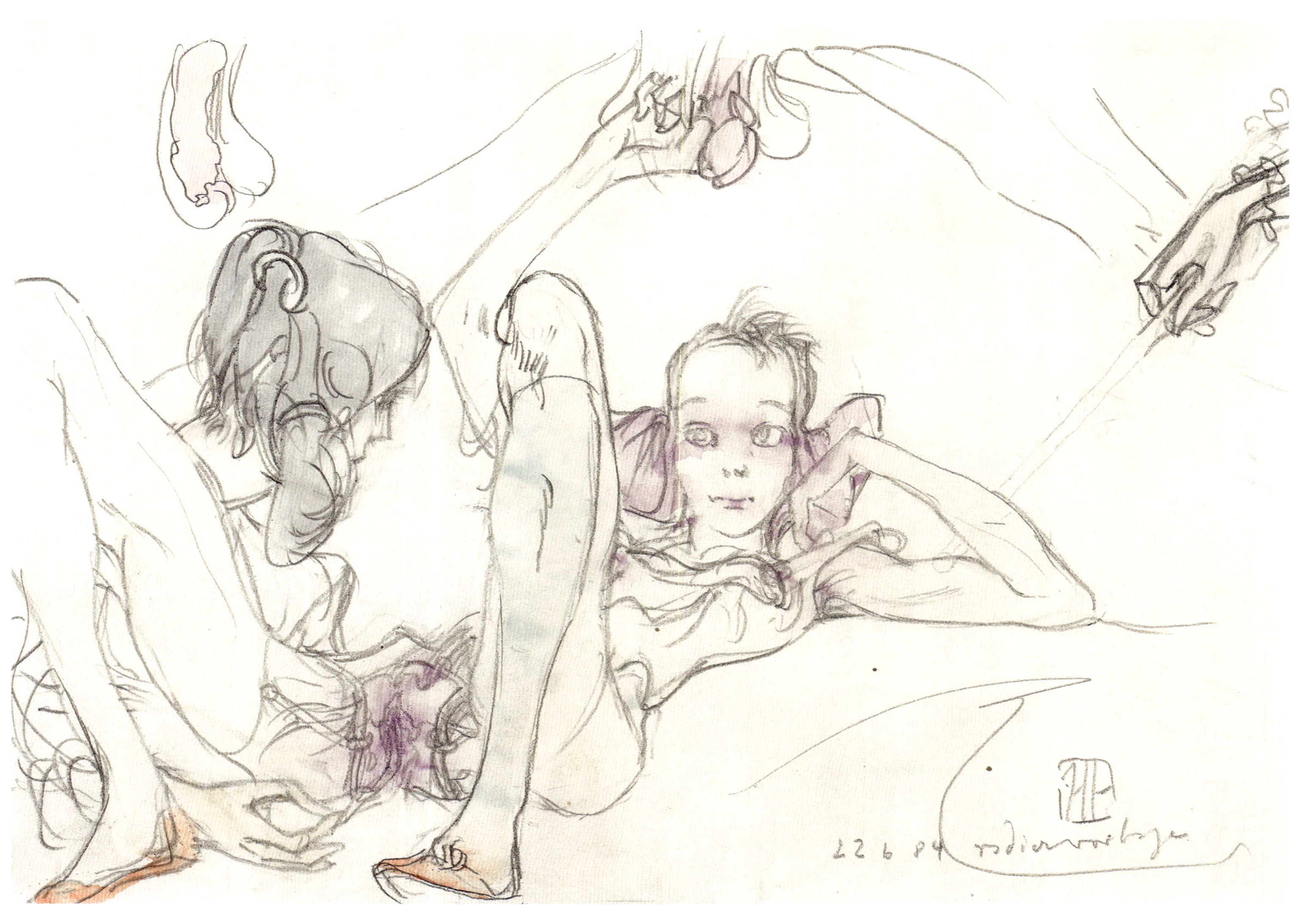

Vorzeichnung zu Blatt 15 der Radierfolge *Brief an Mirjam*
1984
Bleistift und Aquarell
21 x 29,5 cm
Galerie und Verlag
St. Gertrude, Hamburg

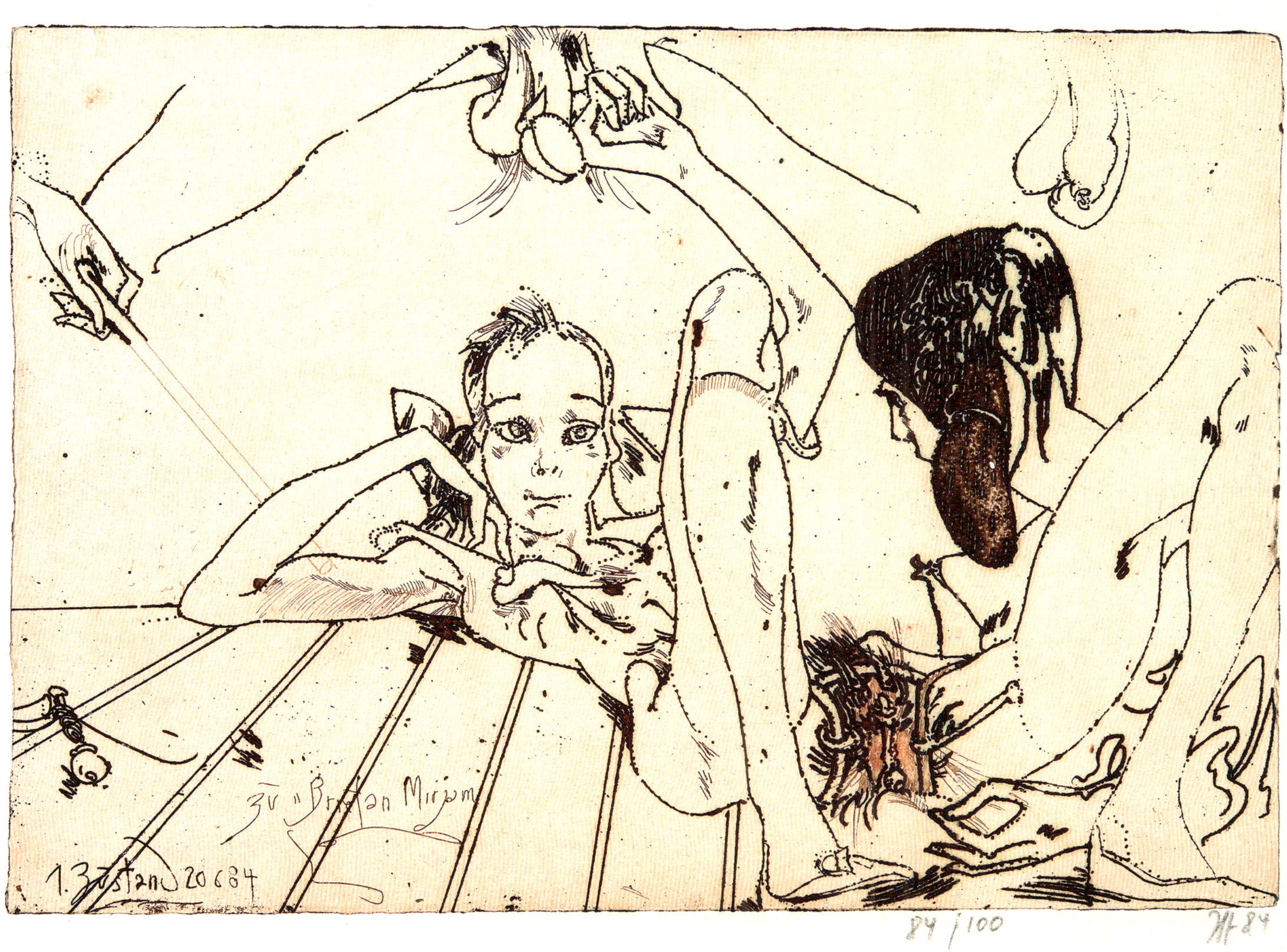

Radierfolge *Brief an Mirjam*
1984
Blatt 15
23,5 x 32,3 cm
Horst-Janssen-Museum,
Oldenburg

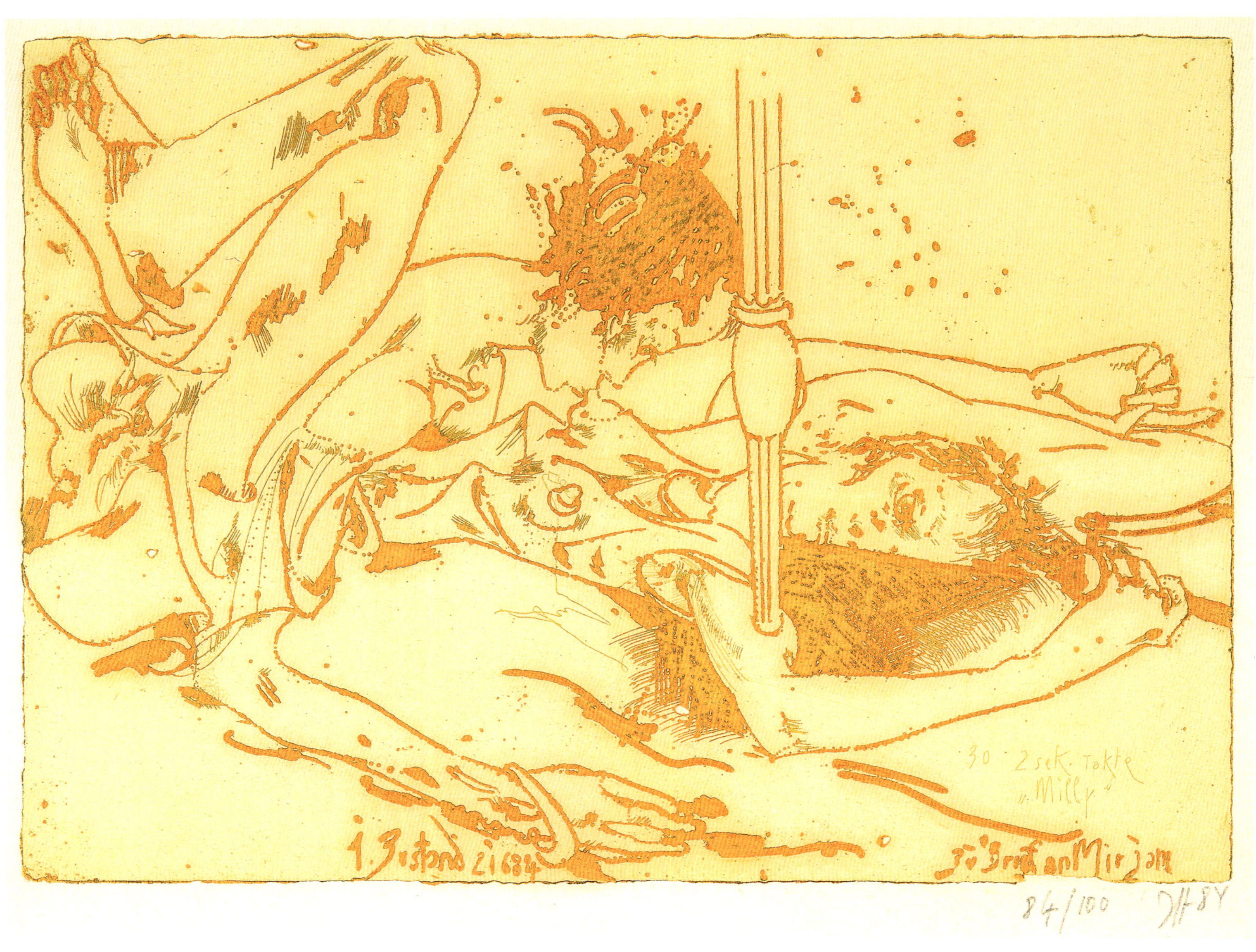

Radierfolge *Brief an Mirjam*
1984
Blatt 17
24,5 x 32,1 cm
Horst-Janssen-Museum,
Oldenburg

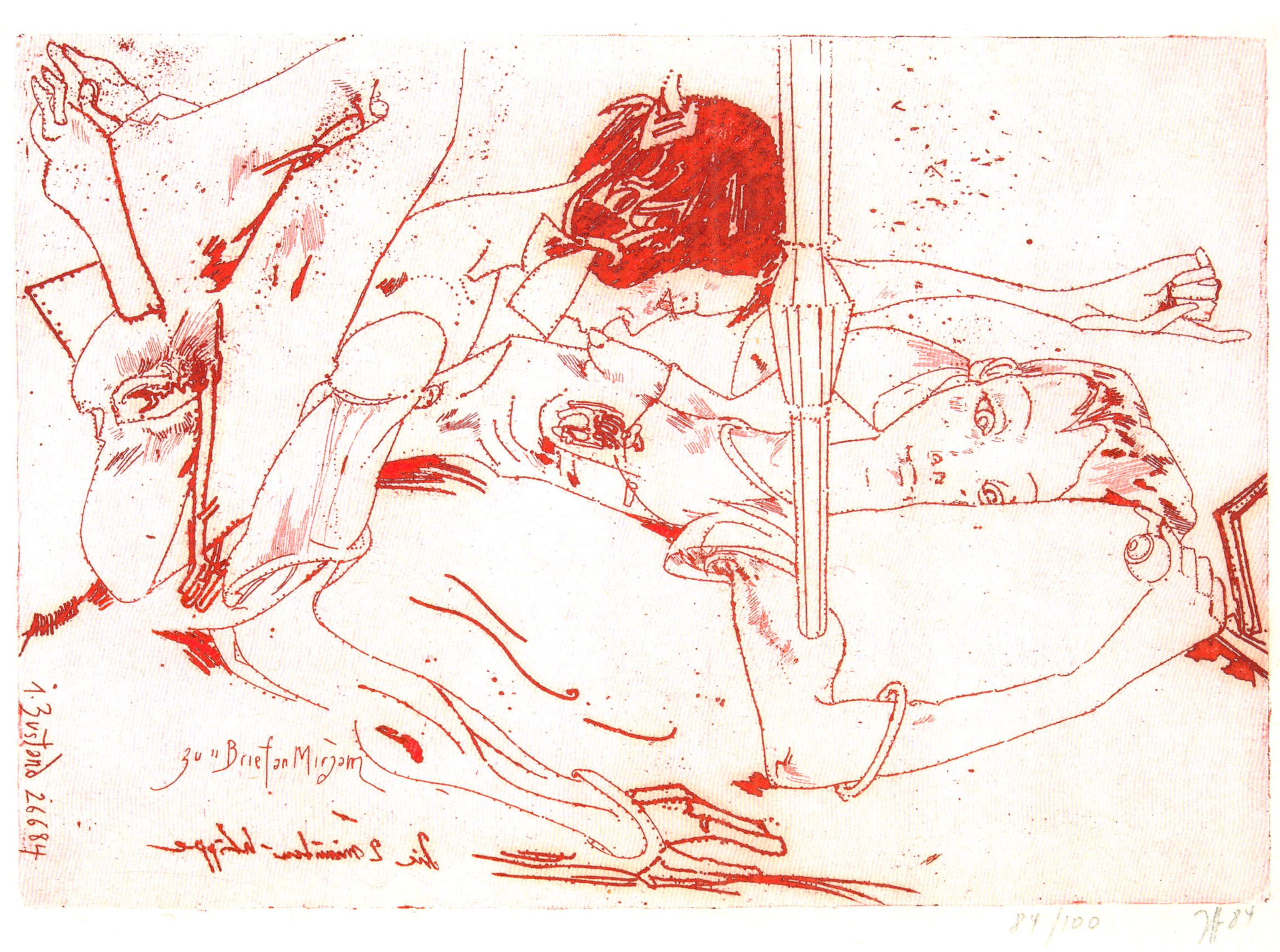

Radierfolge *Brief an Mirjam*
1984
Blatt 19
23,4 x 32,3 cm
Horst-Janssen-Museum,
Oldenburg

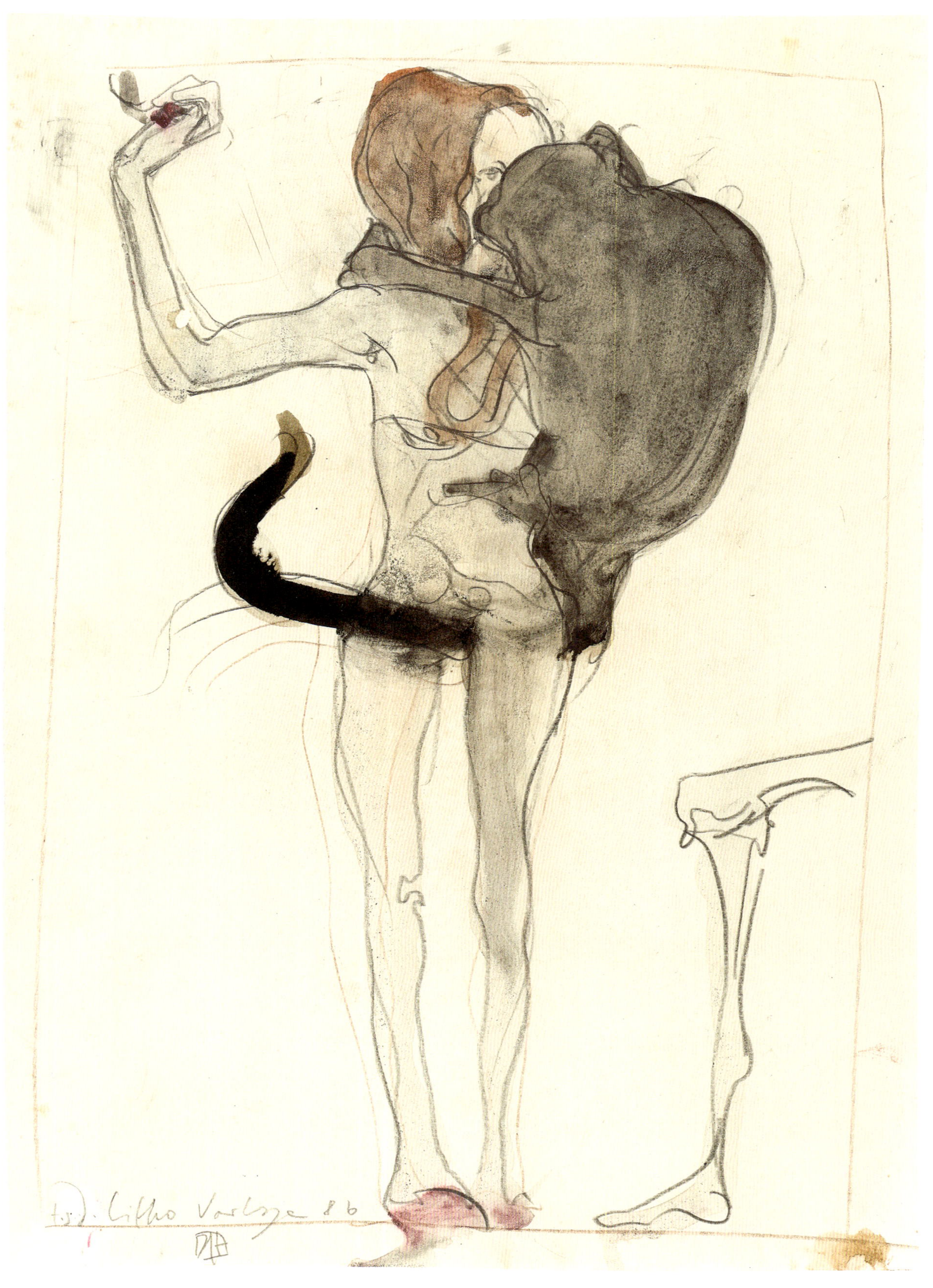

Nachzeichnung zur Lithographie *Kasperei*
1986
Aquarell, über Blei- und Farbstift
36,4 x 25,5 cm
Galerie und Verlag St. Gertrude, Hamburg

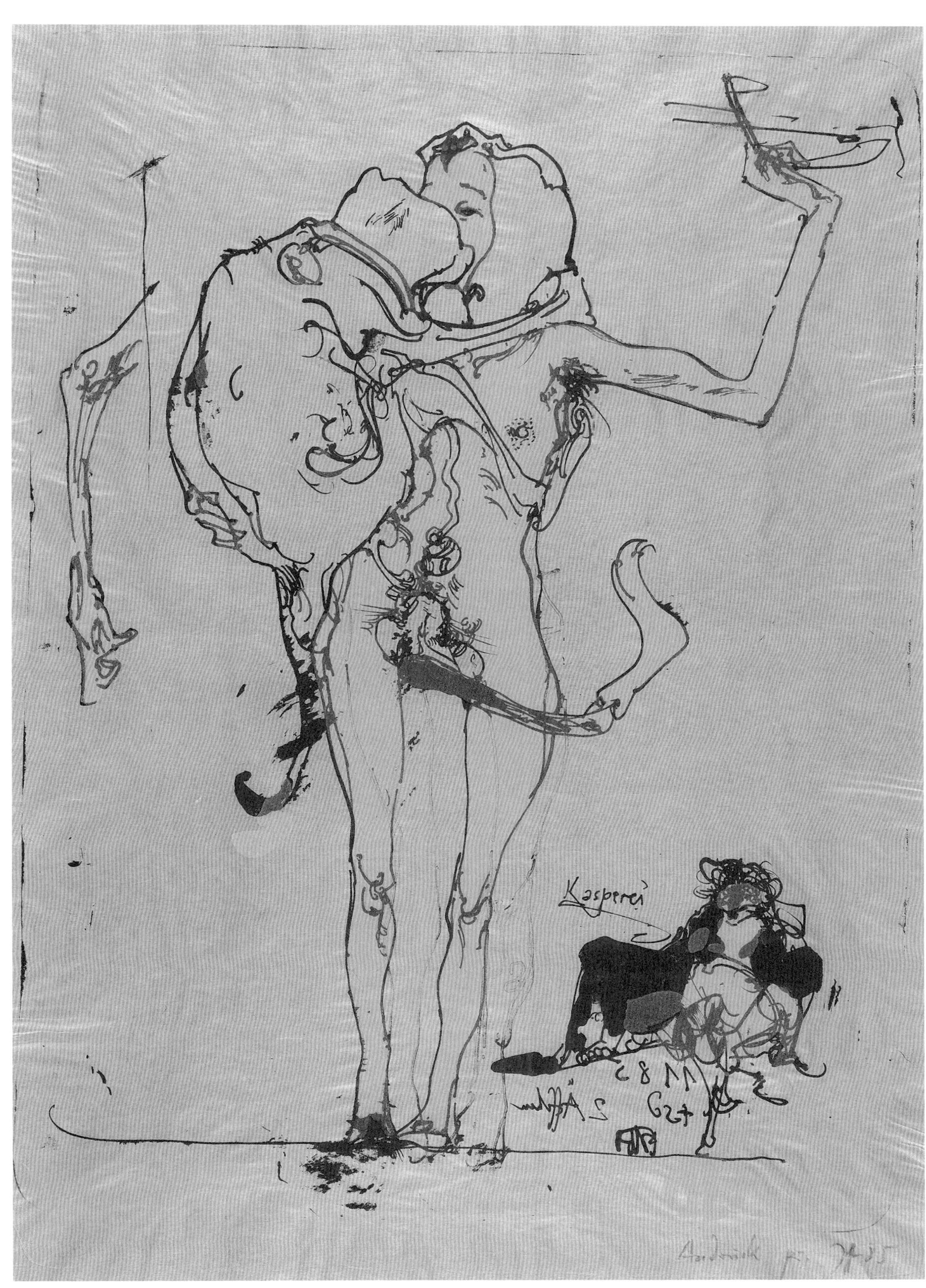

Kasperei
1985
Lithographie (Andruck)
54,8 x 44,5 cm
Galerie und Verlag
St. Gertrude, Hamburg

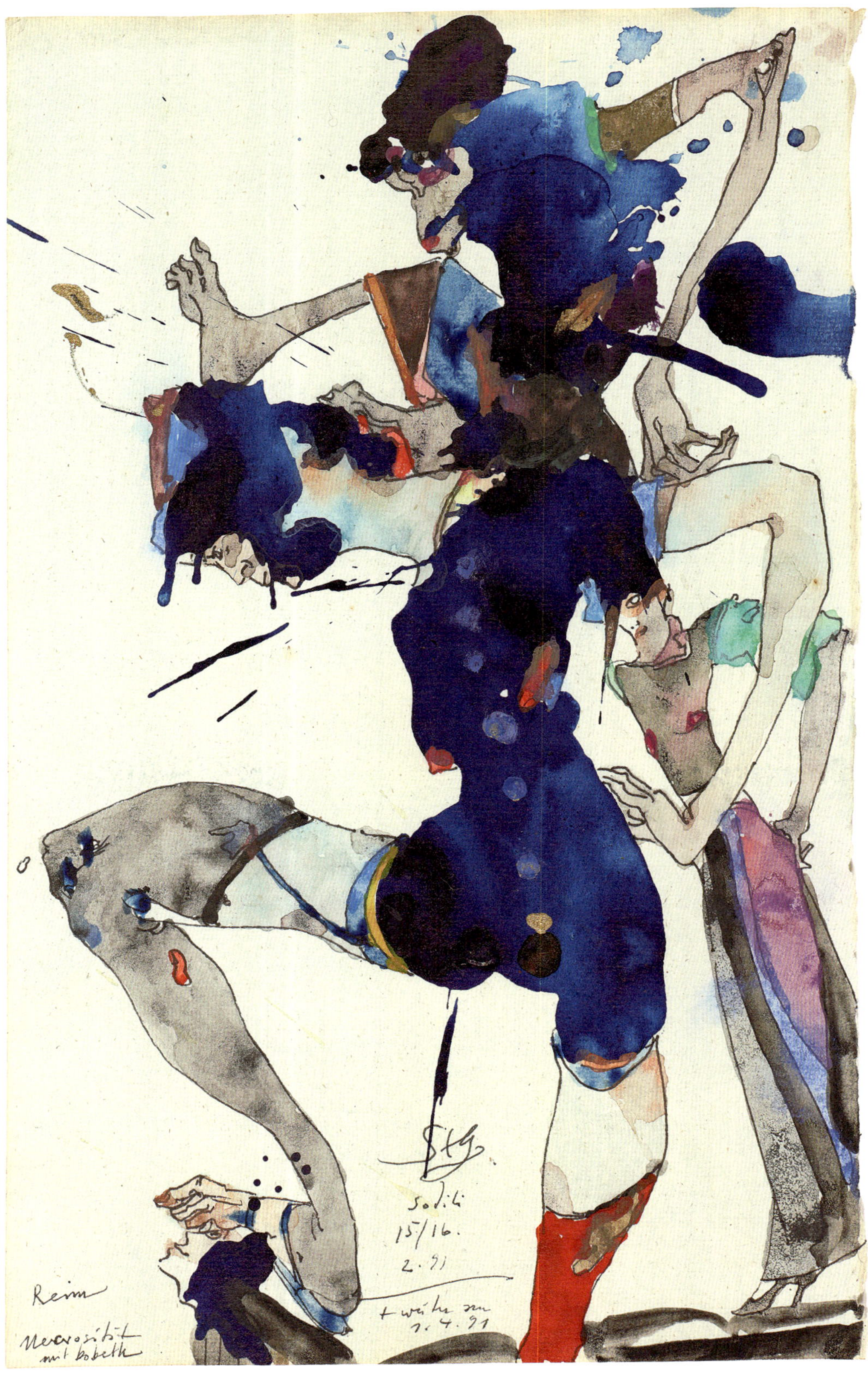

Nervosität mit Bobeth
1991
Aquarell und Tusche
34,4 x 21 cm
Galerie und Verlag
St. Gertrude, Hamburg

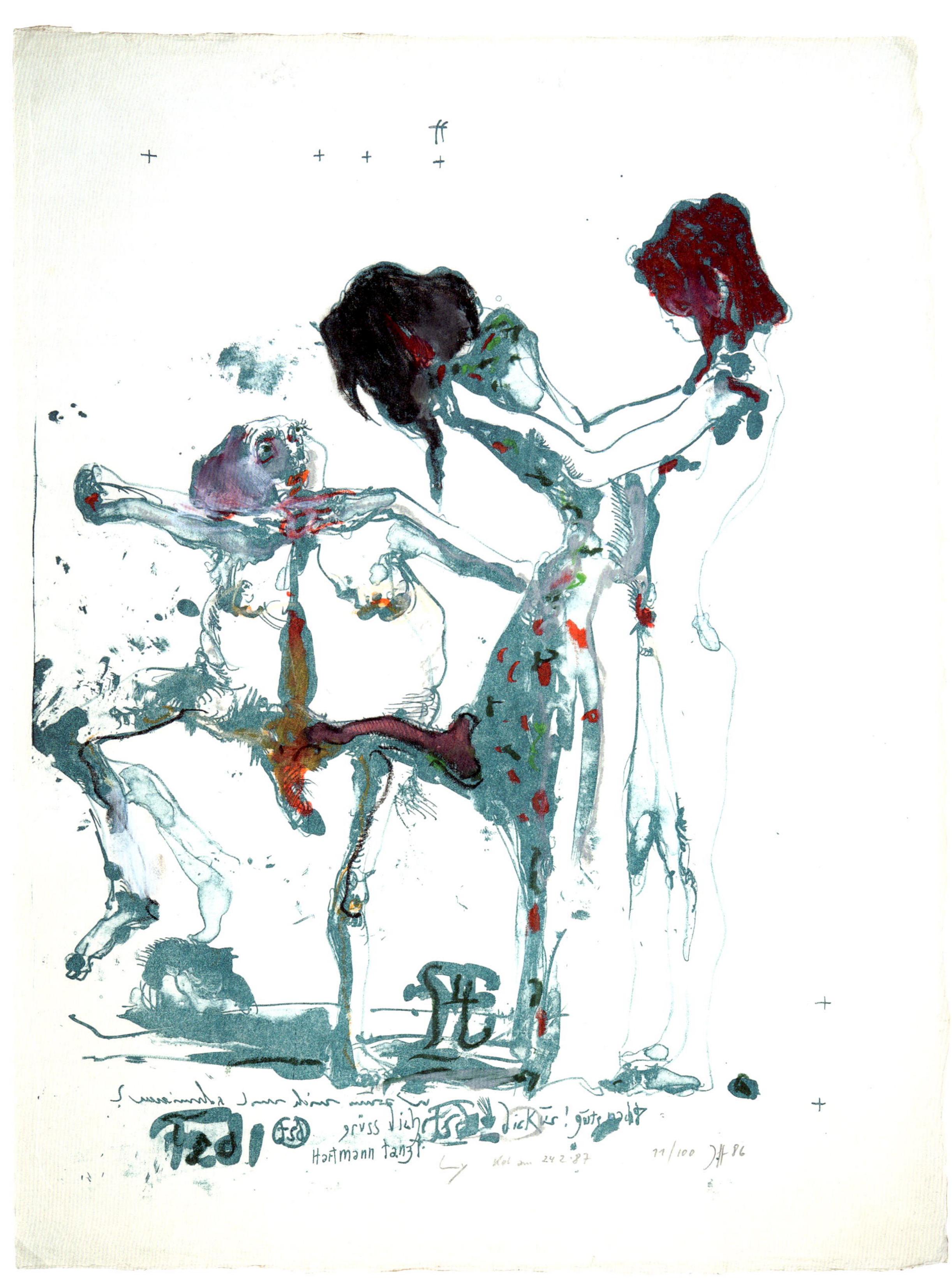

Hartmann tanzt
1986
Farblithographie,
nachträglich koloriert (1987)
68 x 49,7 cm
Horst-Janssen-Museum,
Oldenburg

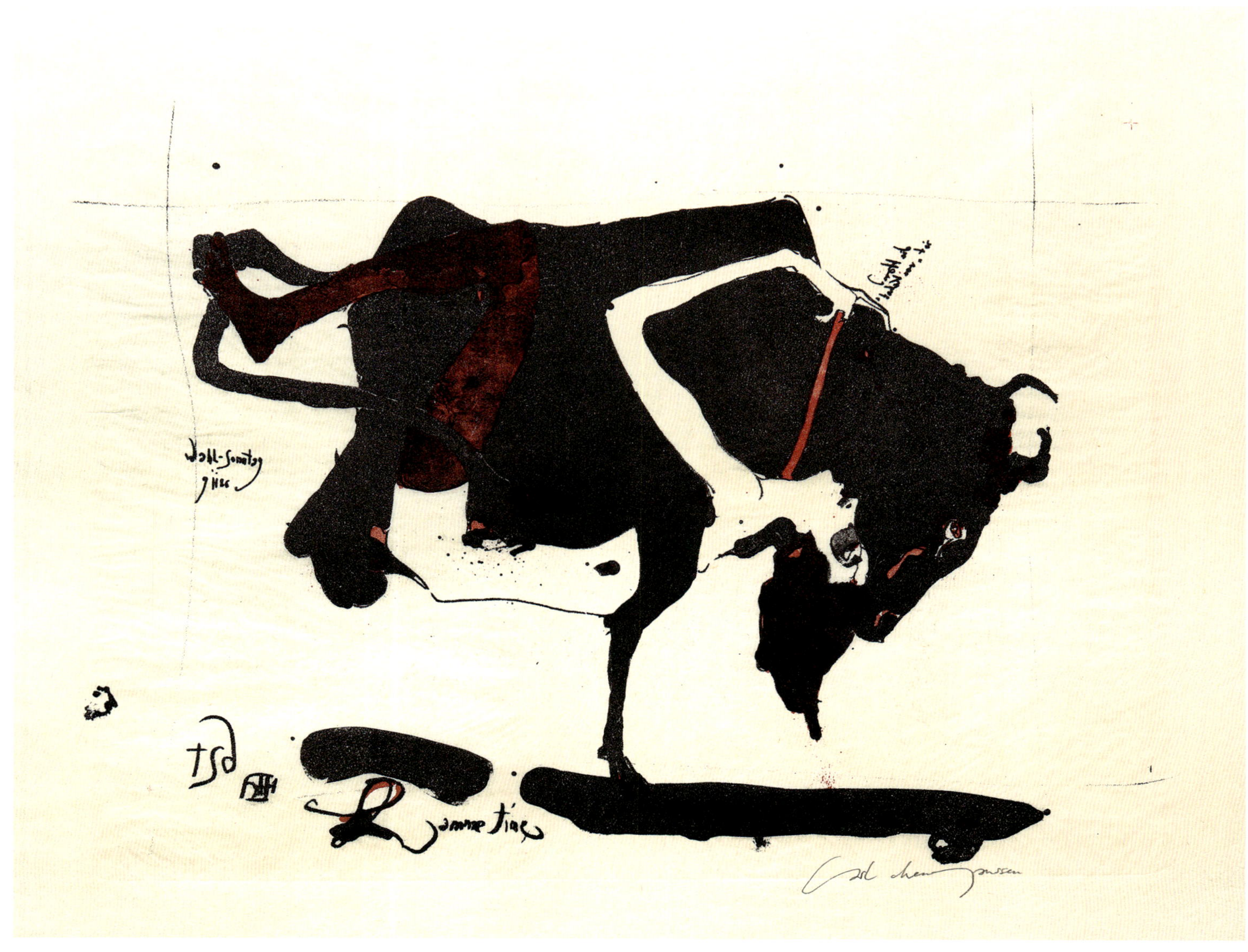

Wahl-Sonntag
1986
Lithographie in zwei Farben
64,3 x 73,9 cm
Horst-Janssen-Museum, Oldenburg, Dauerleihgabe der Claus Hüppe-Stiftung

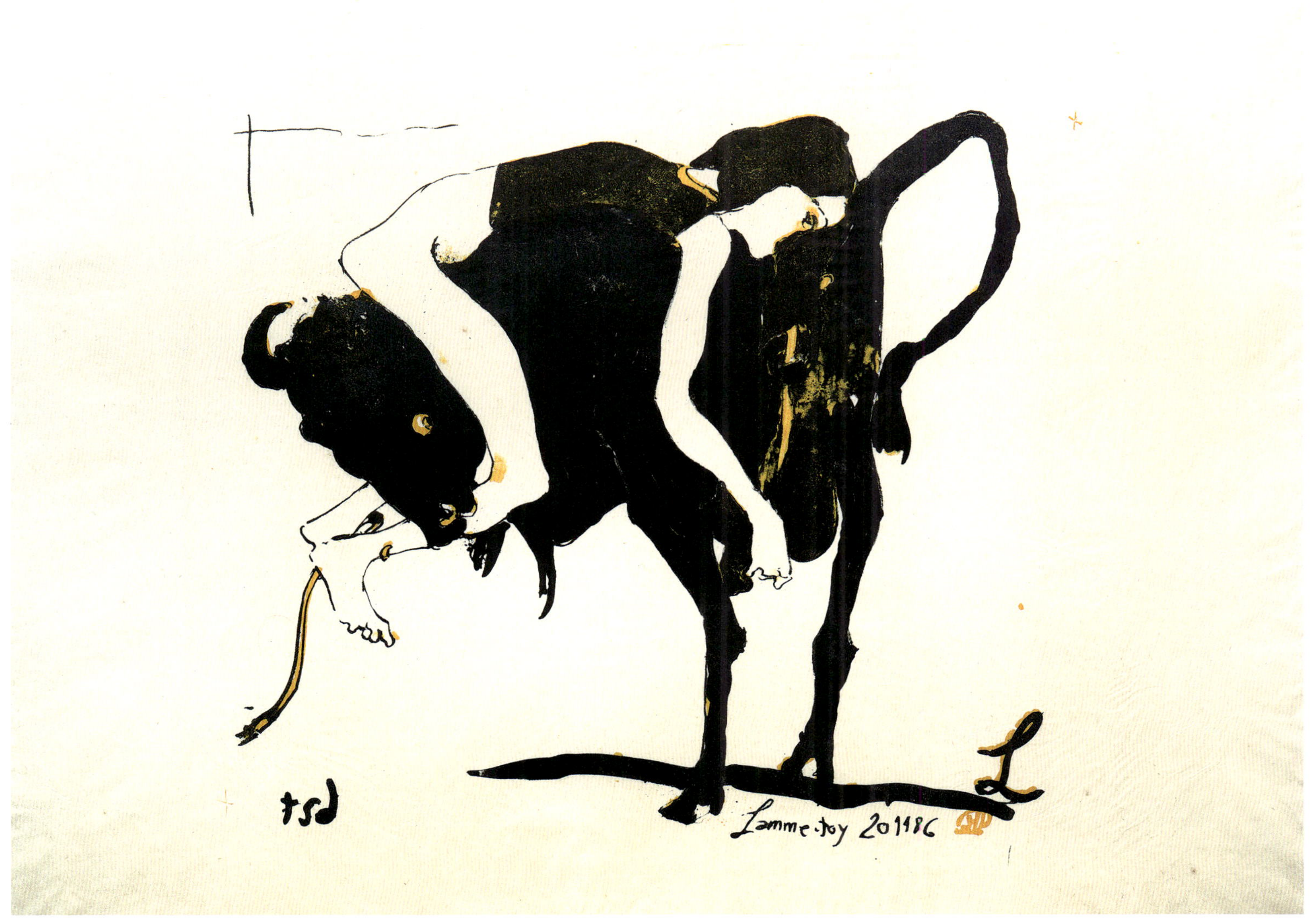

Lamme-toy
1986
Lithographie in zwei Farben
63 x 81,6 cm
Horst-Janssen-Museum,
Oldenburg, Dauerleihgabe
der Claus Hüppe-Stiftung

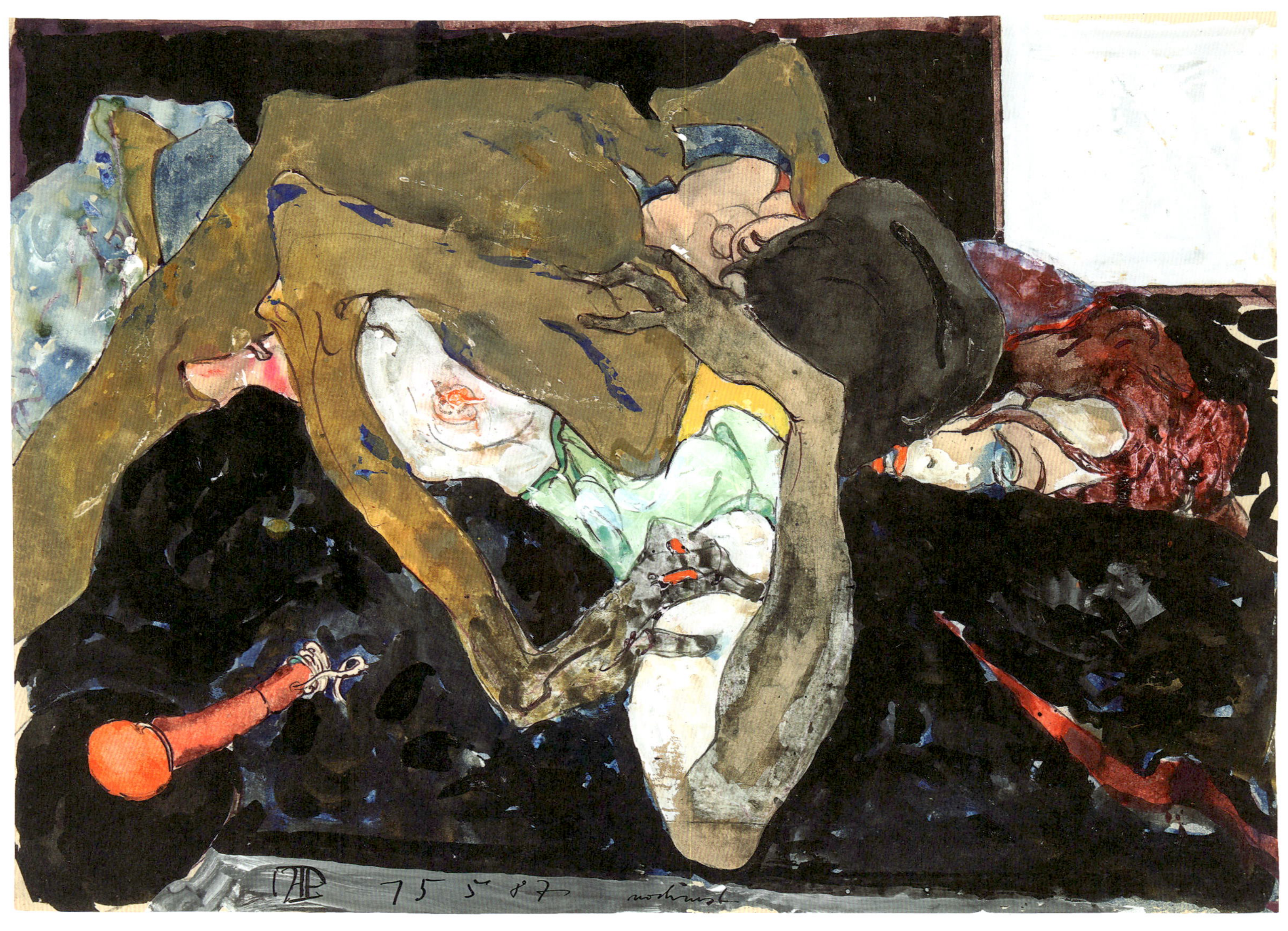

Nochmal
1987
Gouache und Tusche
43,1 x 58,8 cm
Galerie Brockstedt, Berlin

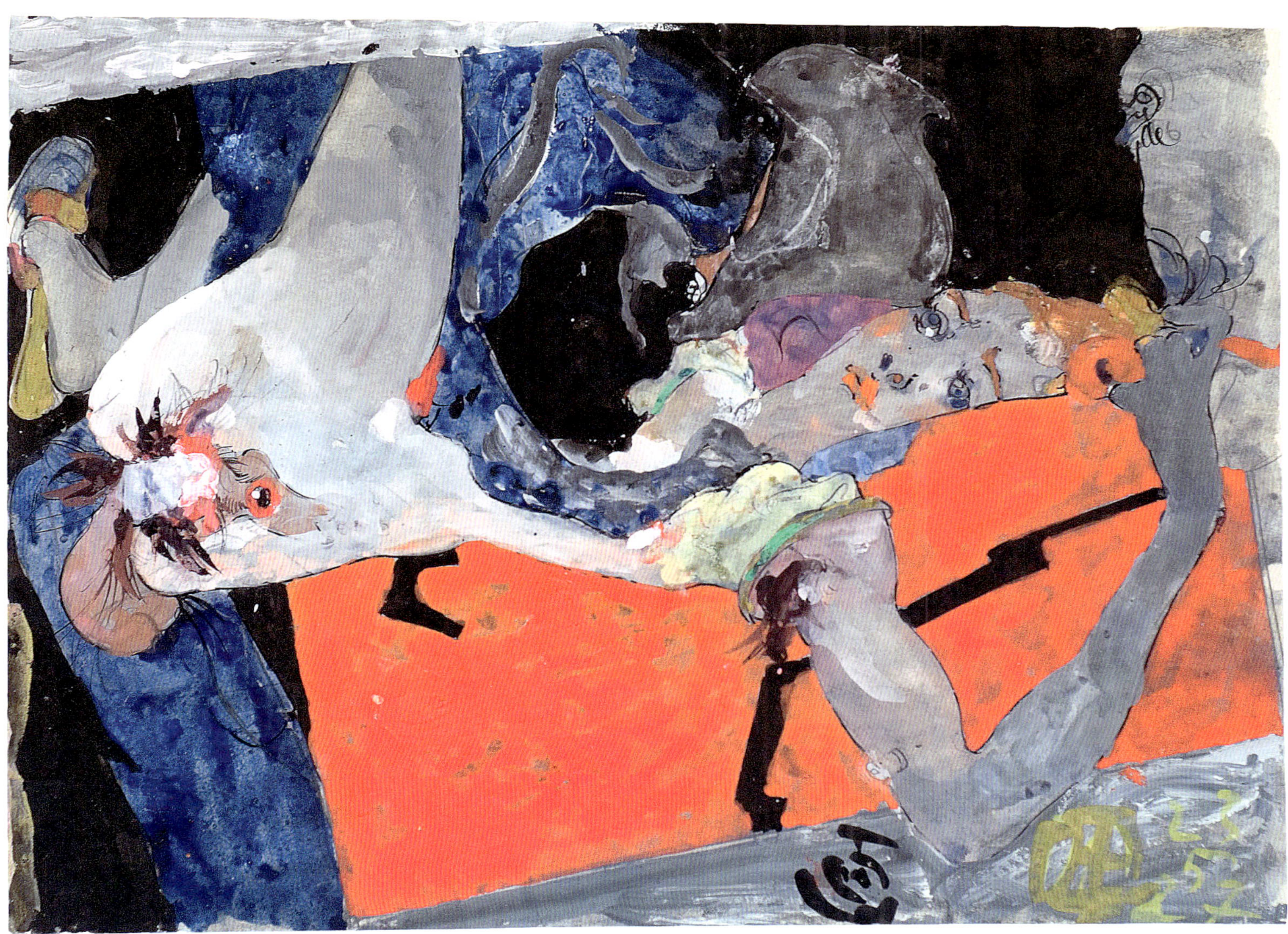

Ohne Titel
(Das erste Mädchen für Bro)
1987
Gouache und Tusche
43 x 58 cm
Galerie Brockstedt, Berlin

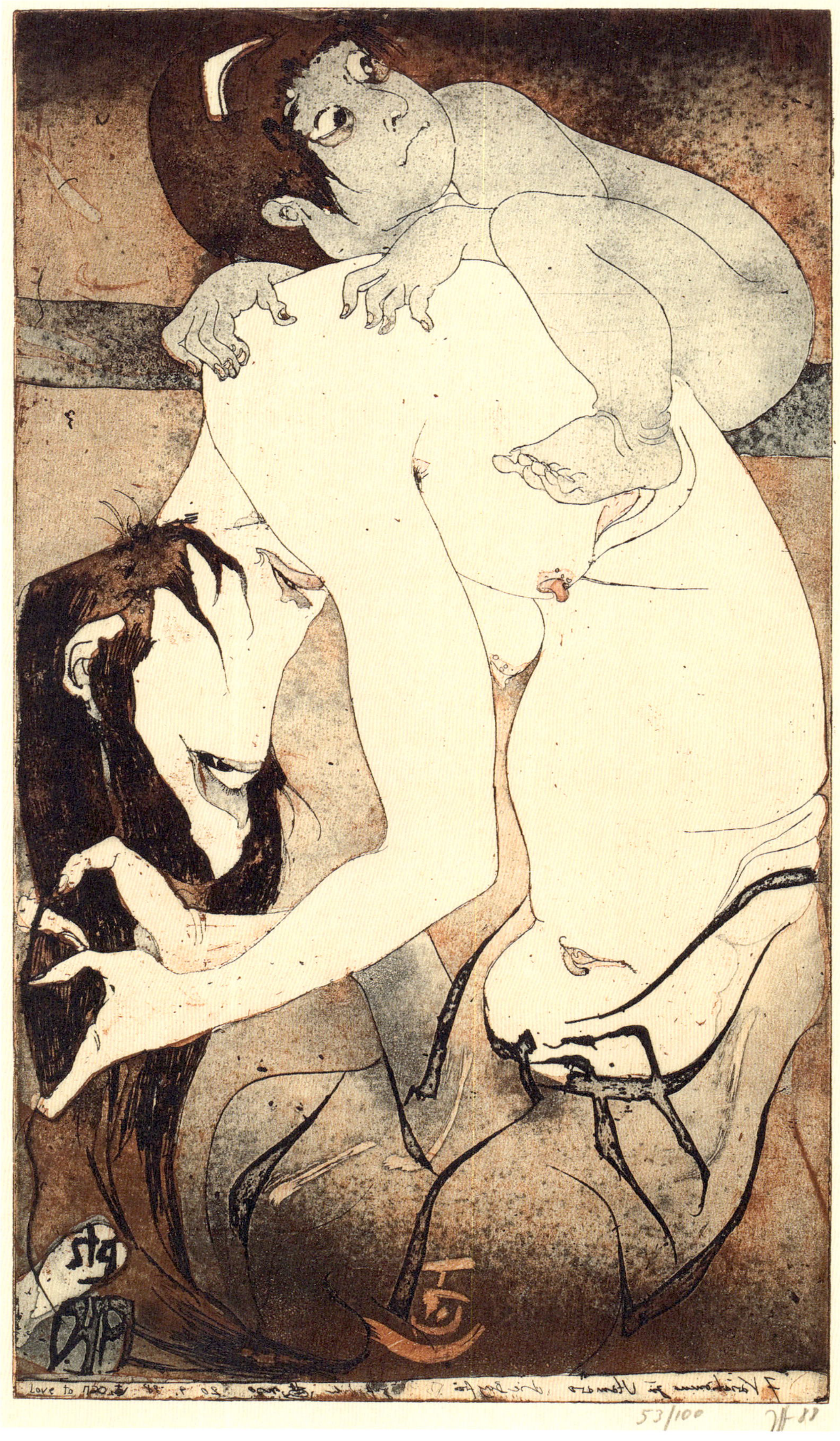

Utamaro
1988
Farbradierung
63,3 x 45,7cm
Galerie und Verlag
St. Gertrude, Hamburg

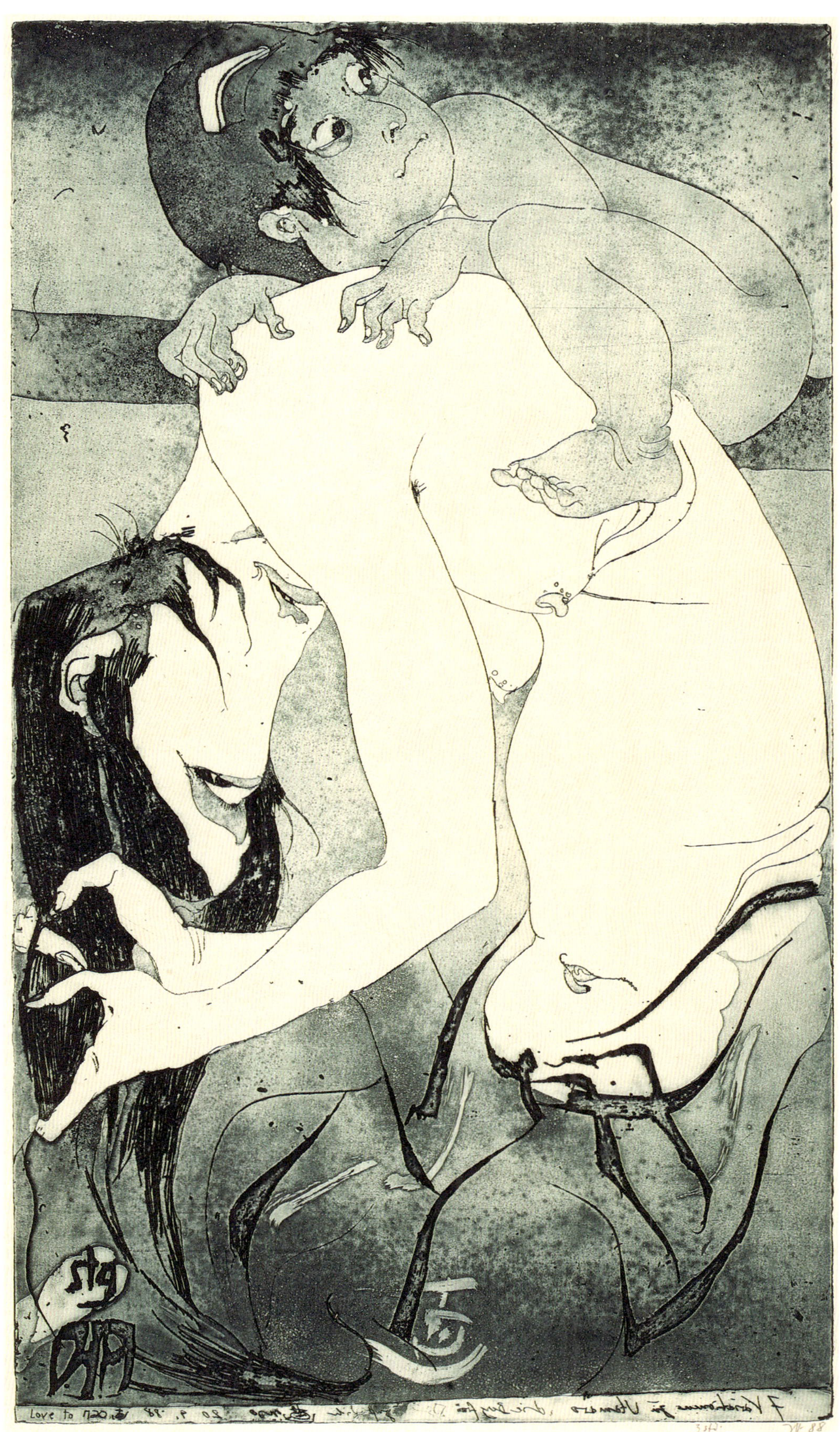

Utamaro
1988
Farbradierung
63,3 x 45,7cm
Galerie und Verlag
St. Gertrude, Hamburg

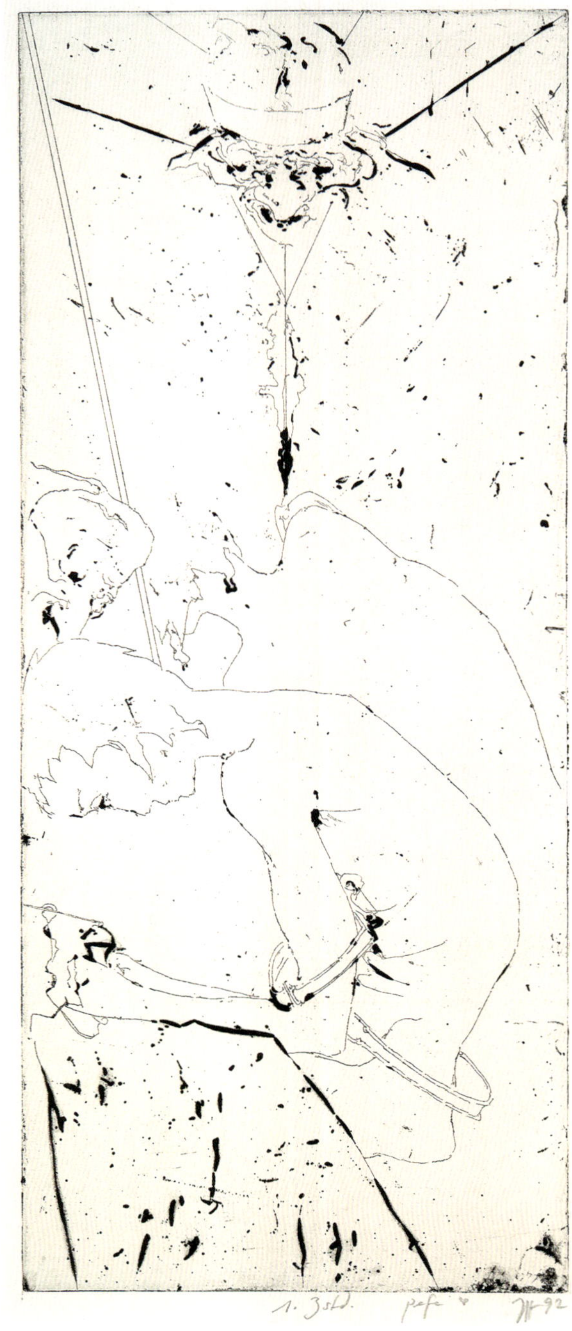

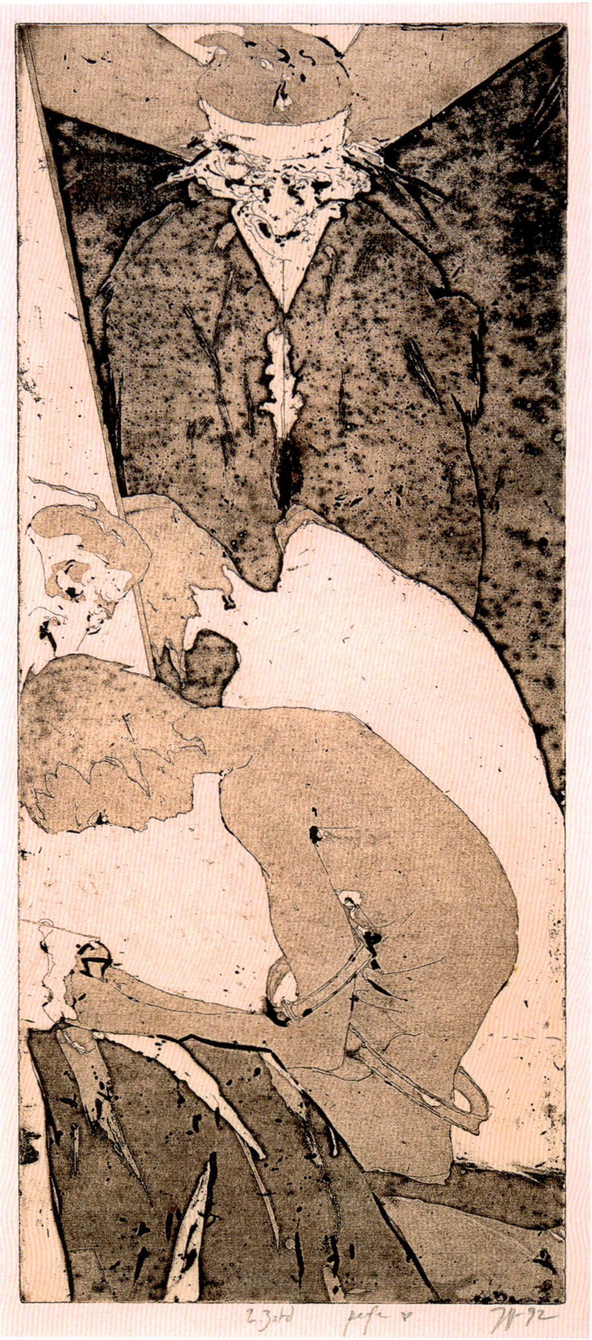

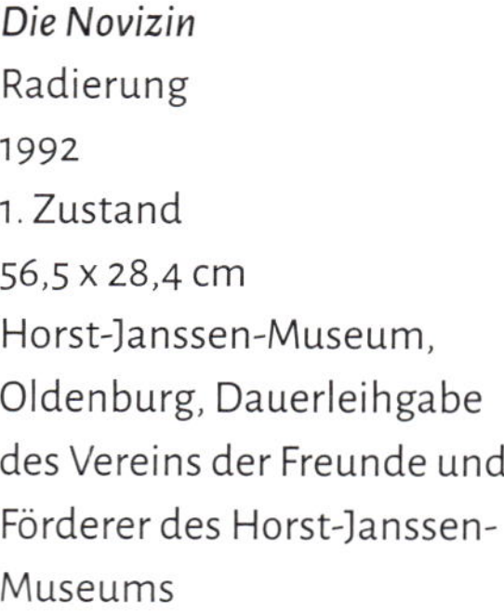

Die Novizin
Radierung
1992
1. Zustand
56,5 x 28,4 cm
Horst-Janssen-Museum, Oldenburg, Dauerleihgabe des Vereins der Freunde und Förderer des Horst-Janssen-Museums

Die Novizin
Farbradierung
1992
2. Zustand
59,5 x 26 cm
Horst-Janssen-Museum, Oldenburg, Dauerleihgabe des Vereins der Freunde und Förderer des Horst-Janssen-Museums

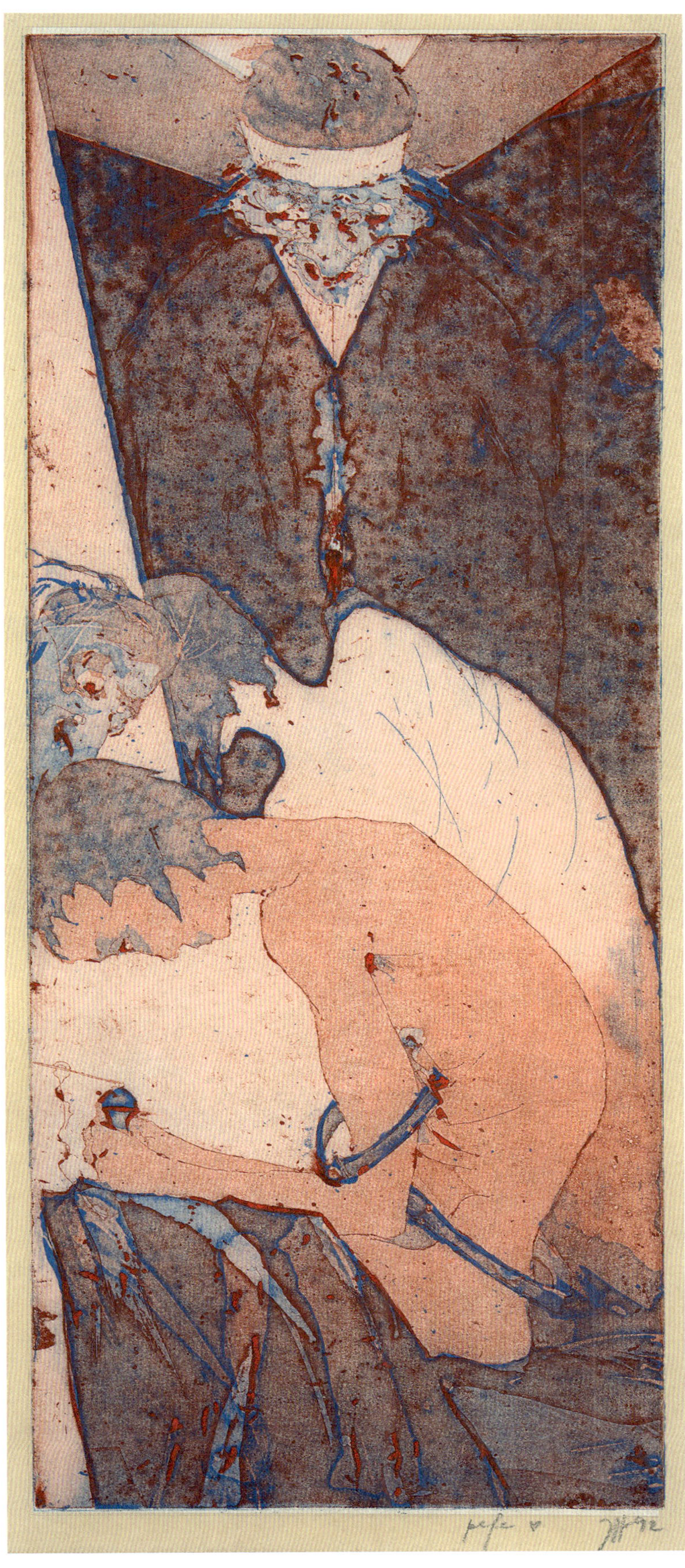

Die Novizin
Farbradierung
1992
65,7 x 29,5 cm
Horst-Janssen-Museum, Oldenburg, Dauerleihgabe des Vereins der Freunde und Förderer des Horst-Janssen-Museums

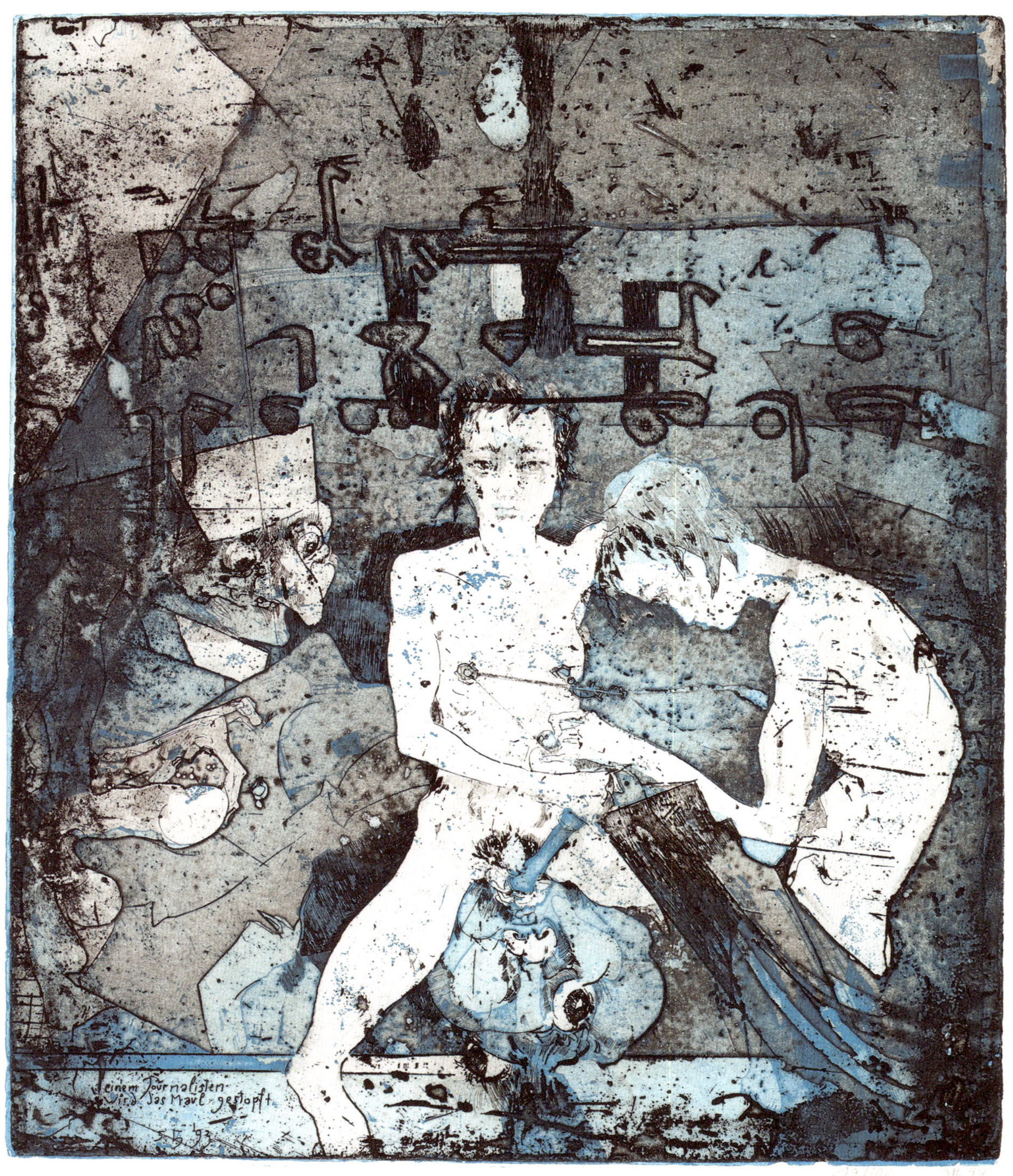

Einem Journalisten wird das Maul gestopft
1994
Farbradierung von zwei Platten
59,5 x 49,9 cm
Galerie und Verlag St. Gertrude, Hamburg

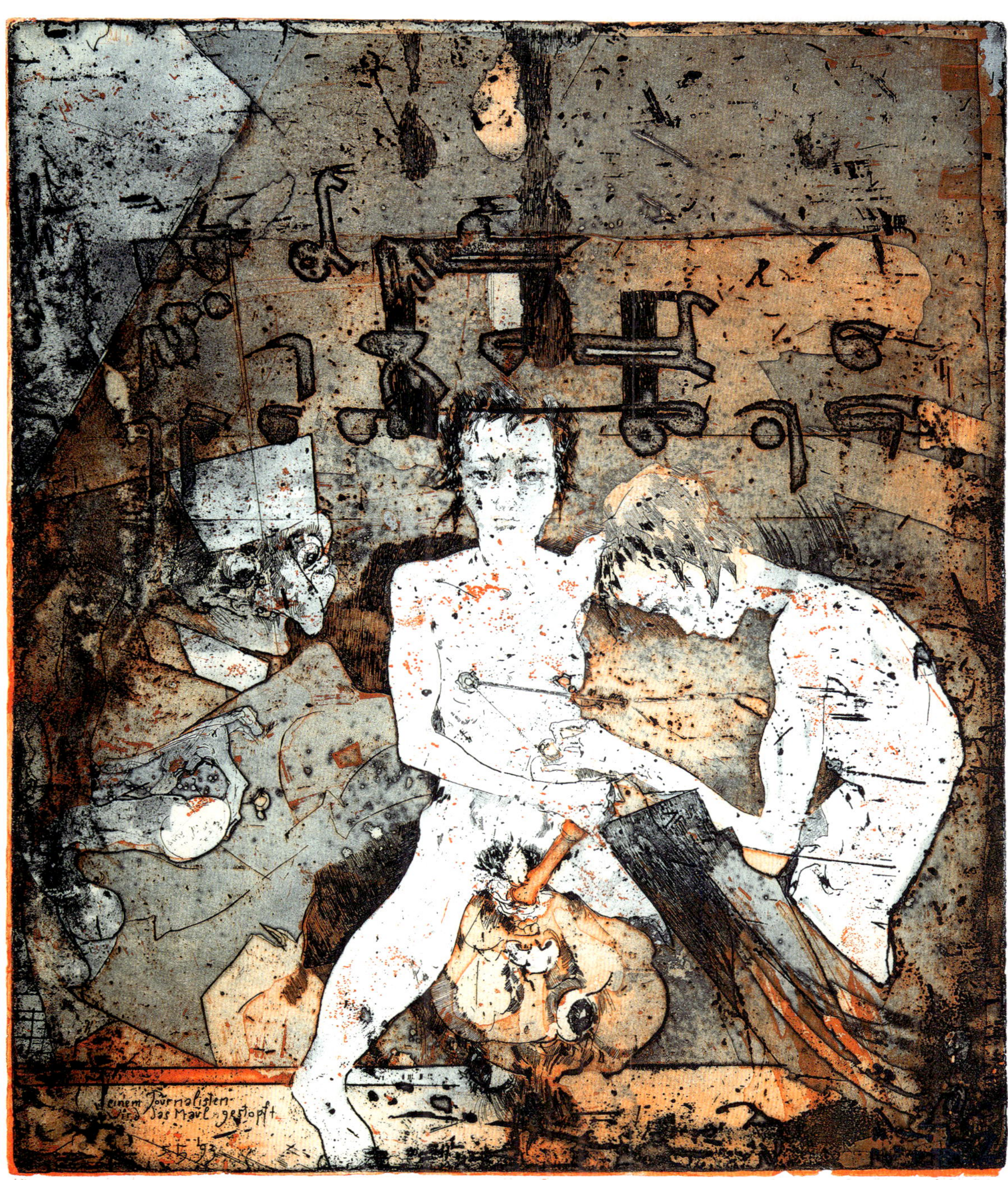

Einem Journalisten wird das Maul gestopft
1994
Farbradierung
67,7 x 56,8 cm
Horst-Janssen-Museum, Oldenburg, Dauerleihgabe des Vereins der Freunde und Förderer des Horst-Janssen-Museums

Alpträume

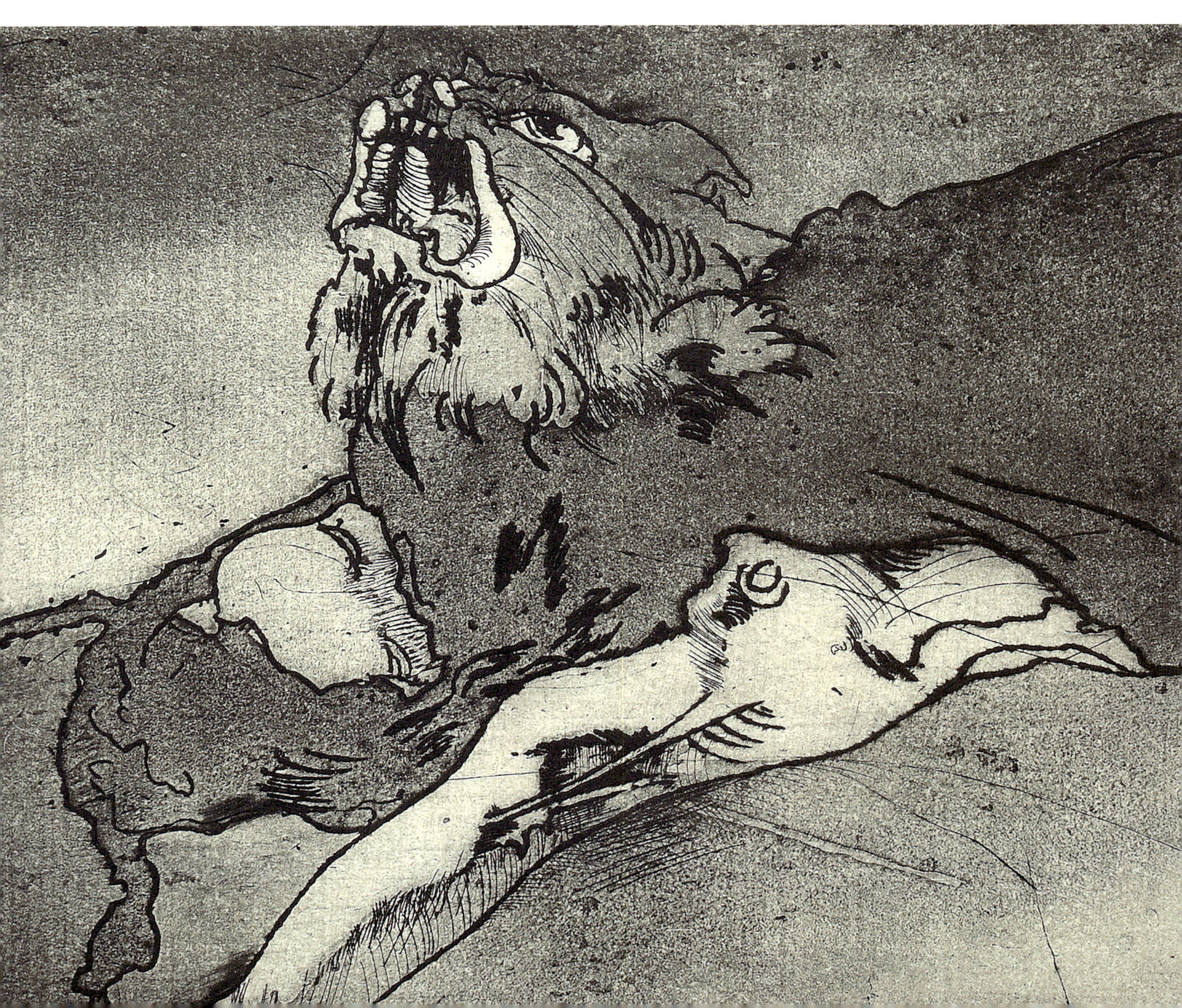

Das Gemälde *Der Nachtmahr* ist vermutlich das bekannteste Werk des Schweizer Künstlers Johann Heinrich Füssli (1741–1825). Hiervon entstanden insgesamt zwei Versionen. Die erste 1781 gemalte, insgesamt dunklere Fassung hat sich in Detroit im Institute of Arts erhalten (Abb. 1). Sie wurde 1782 zum ersten Mal in der Royal Academy in London ausgestellt und provozierte einen Skandal. Die zweite, zwischen 1790 und 1791 entstandene Fassung wird in Frankfurt am Main im Freien Deutschen Hochstift/Frankfurter Goethe-Museum verwahrt (Abb. 2). Die beiden Gemälde unterscheiden sich bezüglich der Farbigkeit und der Platzierung der Figuren. Die Gemälde zeigen eine mit einem weißen Gewand bekleidete, schlafende Frau, deren Kopf und Arme am Ende des Bettes zum Boden herabfallen. Auf der Schlafenden sitzt ein fabelhaftes Wesen mit spitzen Ohren und lässt seinen dämonischen Blick auf die unter

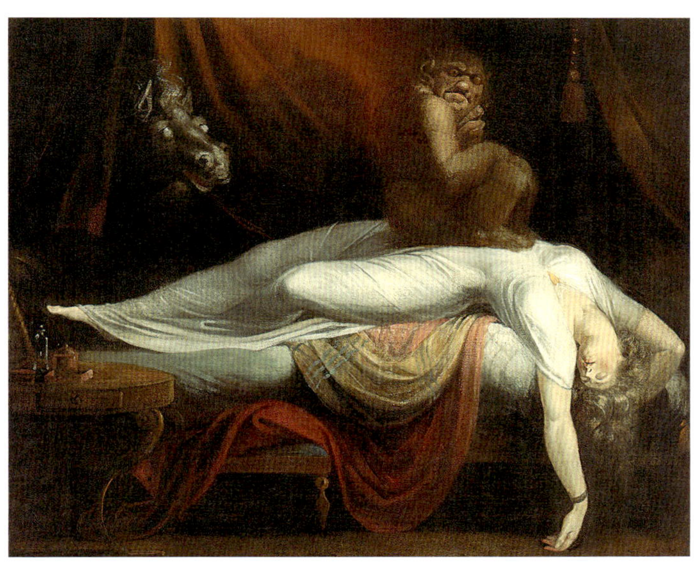

Abb. 1 Johann Heinrich Füssli, *Der Nachtmahr*, 1781, Öl auf Leinwand, 121 x 147,3 cm, Institute of Arts, Detroit

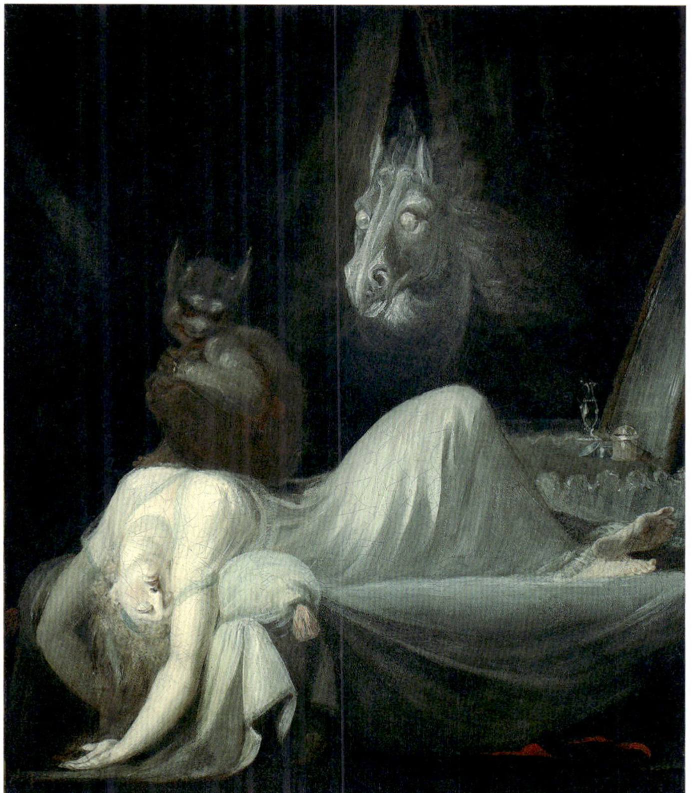

Abb. 2 Johann Heinrich Füssli, *Der Nachtmahr*, 1790/91, Öl auf Leinwand, 76,5 x 63,6 cm, Freies Deutsches Hochstift – Frankfurter Goethe-Museum, Frankfurt am Main

ihm liegende, schlafende Frau gleiten. Durch einen Vorhang im Hintergrund blickt ein blindes Pferd. Der Bildinhalt wurde dahingehend interpretiert, dass Füssli seine leidenschaftliche, unerfüllte Liebe zu der jungen Anna Landolt, einer Nichte Lavaters, verarbeitet hätte.[1] Diese These ließ sich bislang jedoch nicht eindeutig verifizieren.

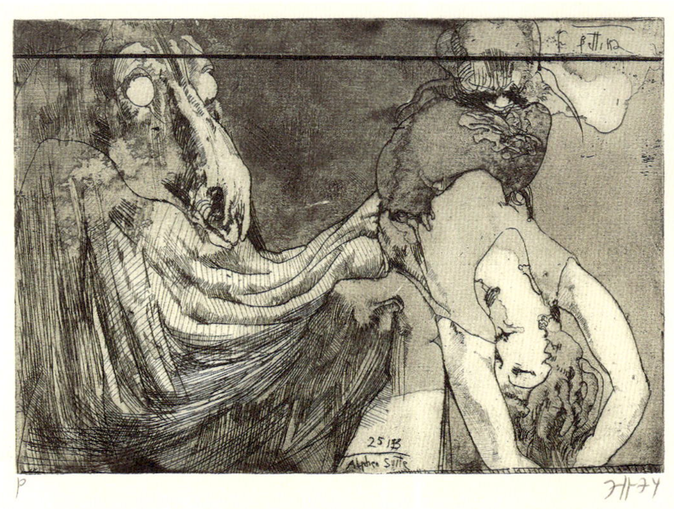

Abb. 3 Horst Janssen, *Der Alp – Variationen zu Heinrich Füssli*, Blatt 2, 1974, 16,1 x 22,5 cm, Horst-Janssen-Museum, Oldenburg

Die von Füssli geschilderte, buchstäblich alptraumhafte Vision inspirierte Horst Janssen zwischen 1973 und 1975 zu einer Radierfolge mit dem Titel *Der Alp – Variationen zu Heinrich Füssli*. Der Radierzyklus besteht aus 28 einzelnen Radierungen sowie einem Titelblatt. Die Auflage umfasst 30 nummerierte Exemplare und etwa 15 Probedrucke.[2]

In den 28 Radierungen der Folge schildert Janssen seine Sicht auf das Gemälde *Nachtmahr* von Füssli. In einer Mischung aus Variationen zum Gemälde von Füssli, Selbstporträts und Alpträumen lässt Janssen seiner Phantasie freien Lauf. Auch das von Janssen geliebte Motiv des Tisch- bzw. Stuhlbeins, unter dem ein Arm liegt, wird in Blatt 1 (nach Gäßler) aufgegriffen. Die alptraumartige Stimmung erhöht Janssen durch gezielte Hell-Dunkel-Kontraste in den jeweiligen Radierungen.

Mehrere Blätter der Folge sind Bettina Sartorius gewidmet, mit der Janssen 1973 eine drei Monate andauernde, leidenschaftliche, aber problematische Beziehung führte. Radierungen wie *Alpchen Suite – für Bettina* spielen direkt auf diese dramatisch gescheiterte Liebe an. In Anlehnung an Füsslis Gemälde zeigen sie die von den Augen des Nachtmahr bedrohte junge Frau.

Es wird vermutet, dass Janssen vorab von der 1974/75 in der Hamburger Kunsthalle ausgerichteten Ausstellung *Johann Heinrich Füssli* erfahren hatte.[3] Diese könnte Janssen zu einer künstlerischen Auseinandersetzung veranlasst haben,[4] genauso aber auch die 1973 erschienene Publikation von Gerd Schiff[5] zu Johann Heinrich Füssli. In seinem Zyklus verbindet Janssen geschickt seine eigenen Motive mit Füsslis symbolischen Figuren: In den Werken wie *Füseli and me*, *Fuseli zu Fuseli* oder *Shepherd's Dream* überführt Janssen die Vorbilder fragmentarisch in eigene Kompositionen.[6]

LB

1 Albrecht 2016, S. 384 ff.
2 Vgl. Gäßler 1995, S. 126, Kat. Nr. 24.
3 Die Ausstellung fand vom 4. Dezember 1974 bis zum 19. Januar 1975 in der Hamburger Kunsthalle statt. Vgl. Ausst. Kat. Hamburg 1974.
4 Siebel 2017, S. 210.
5 Schiff 1973.
6 URL: https://www.hamburger-kunsthalle.de/ausstellungen/horst-janssen-0 (letzter Aufruf: 03.11.2022)

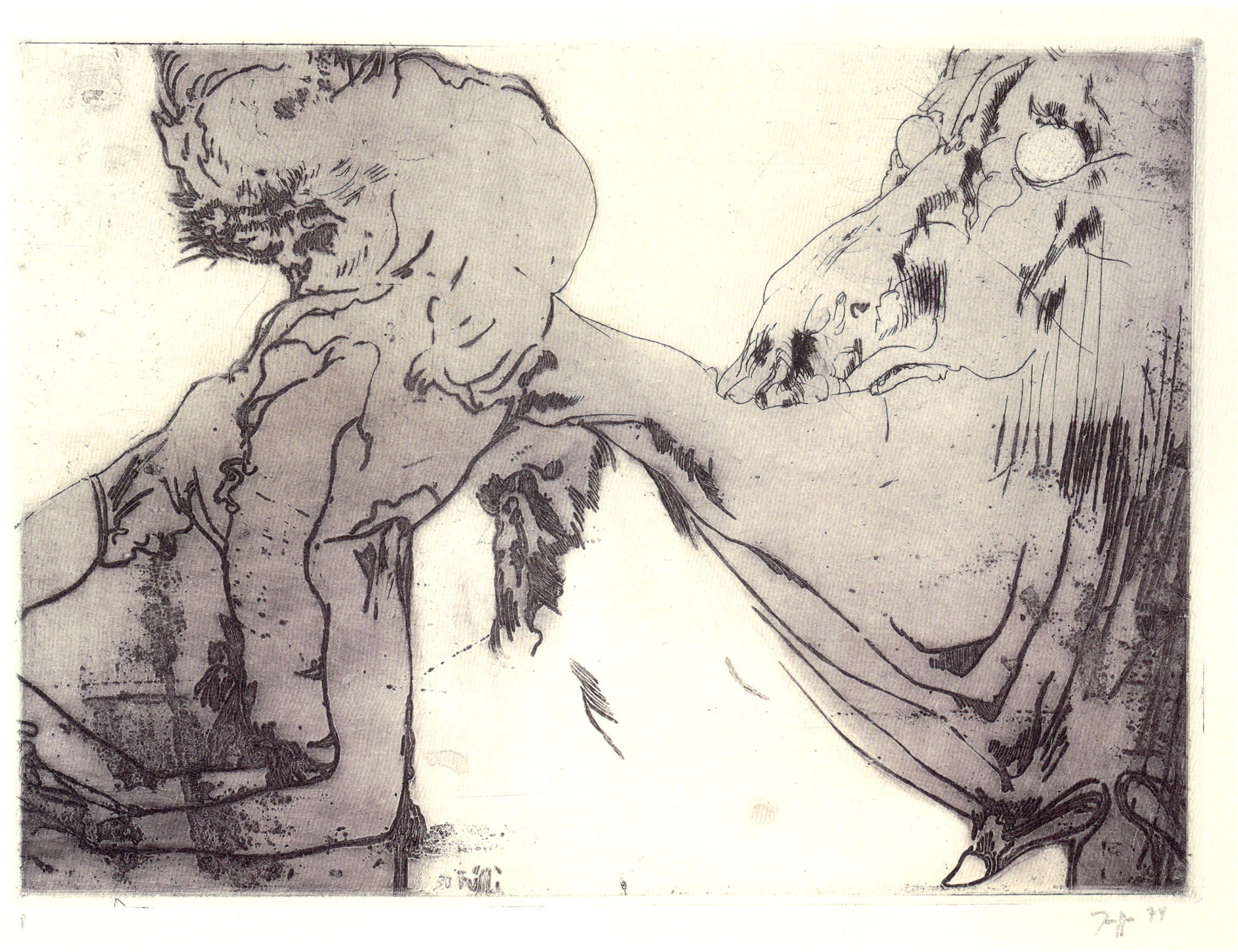

Radierfolge *Der Alp – Variationen zu Heinrich Füssli*
1974
Blatt 3
38,7 x 45,3 cm
Horst-Janssen-Museum, Oldenburg

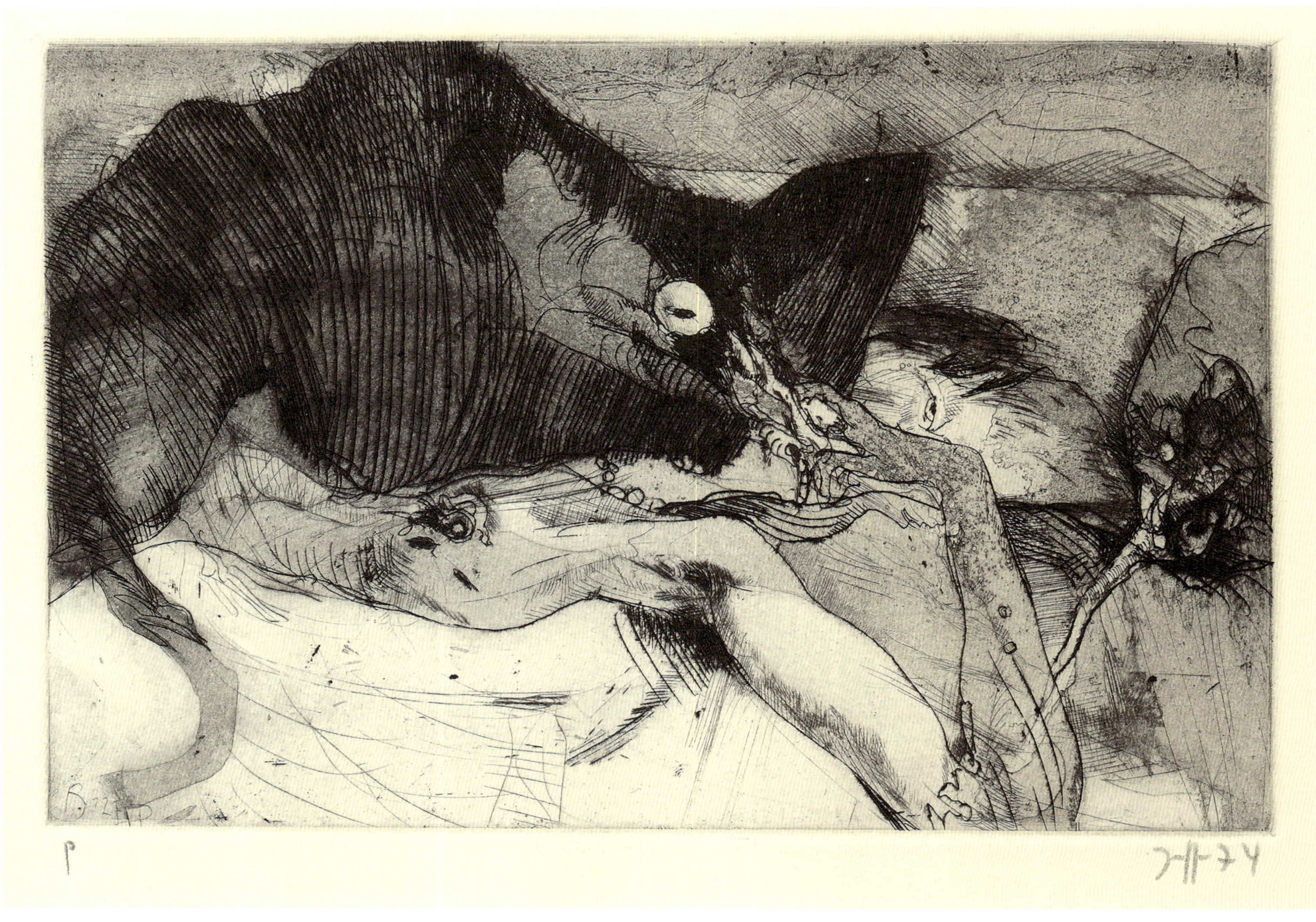

Radierfolge *Der Alp – Variationen zu Heinrich Füssli*
1974
Blatt 9
33,1 x 46,5 cm
Horst-Janssen-Museum, Oldenburg

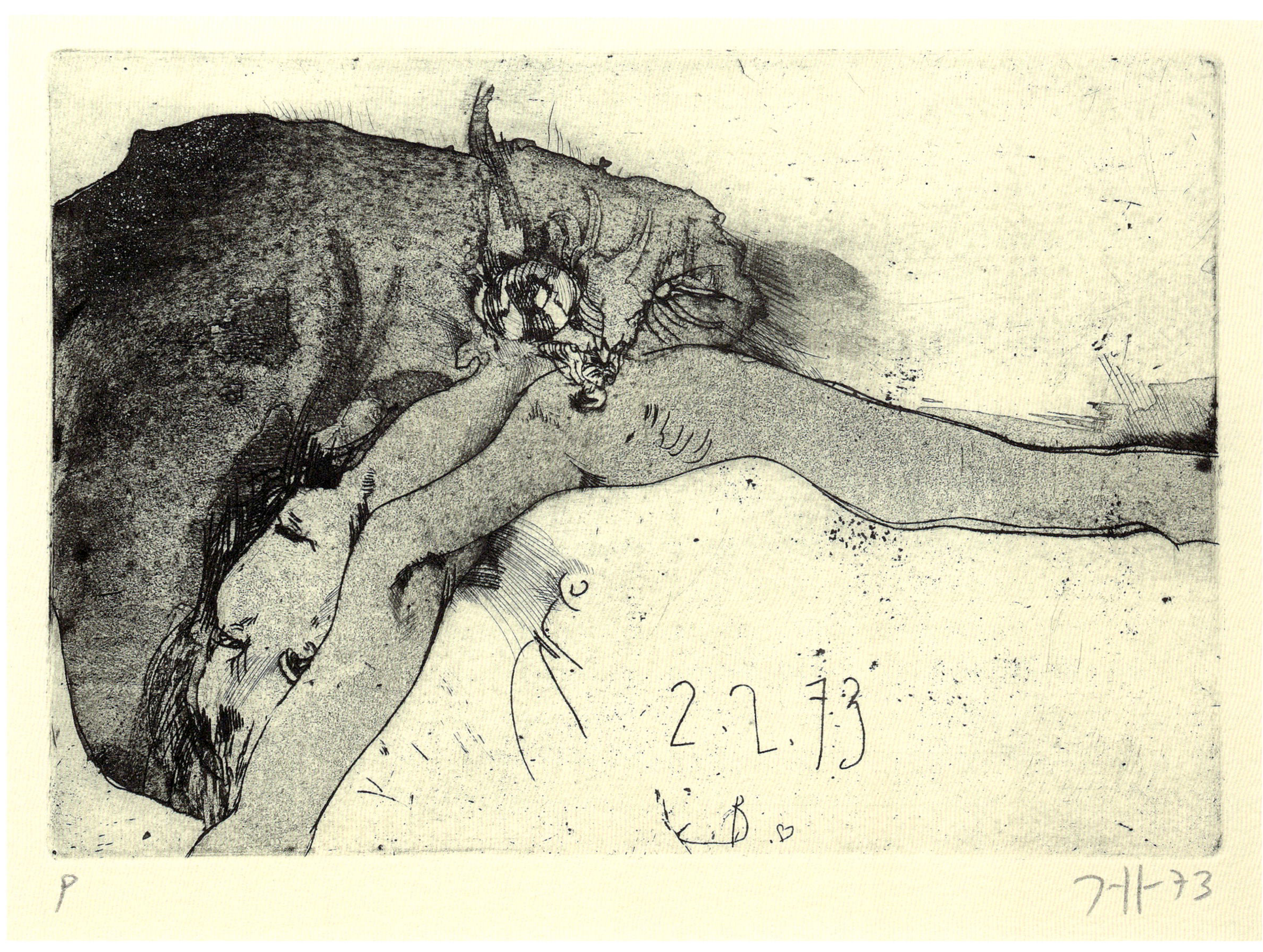

Radierfolge *Der Alp – Variationen zu Heinrich Füssli*
1973
Blatt 12
33,6 x 46,5 cm
Horst-Janssen-Museum, Oldenburg

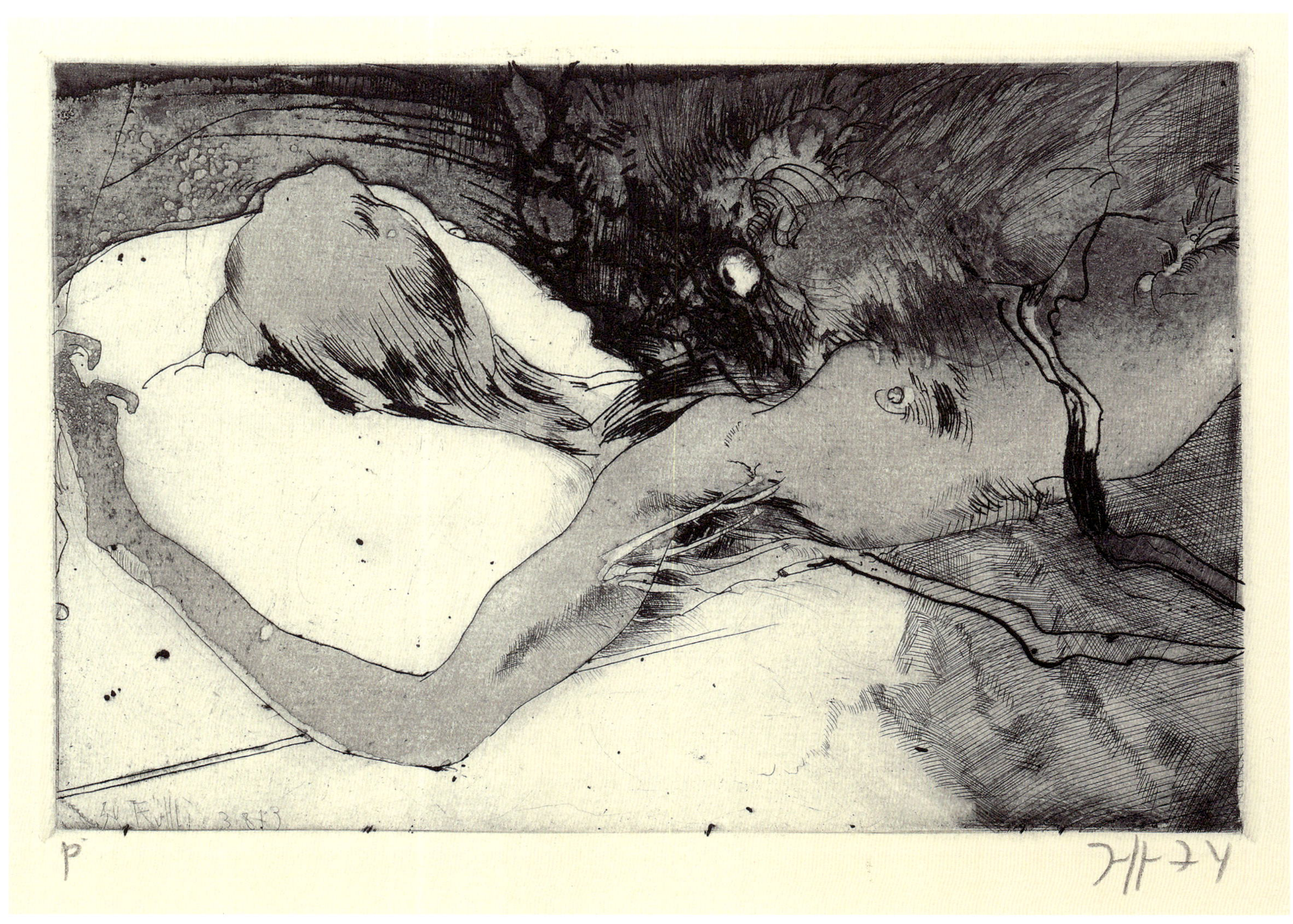

Radierfolge *Der Alp – Variationen zu Heinrich Füssli*
1974
Blatt 14
32,5 x 48,2 cm
Horst-Janssen-Museum, Oldenburg

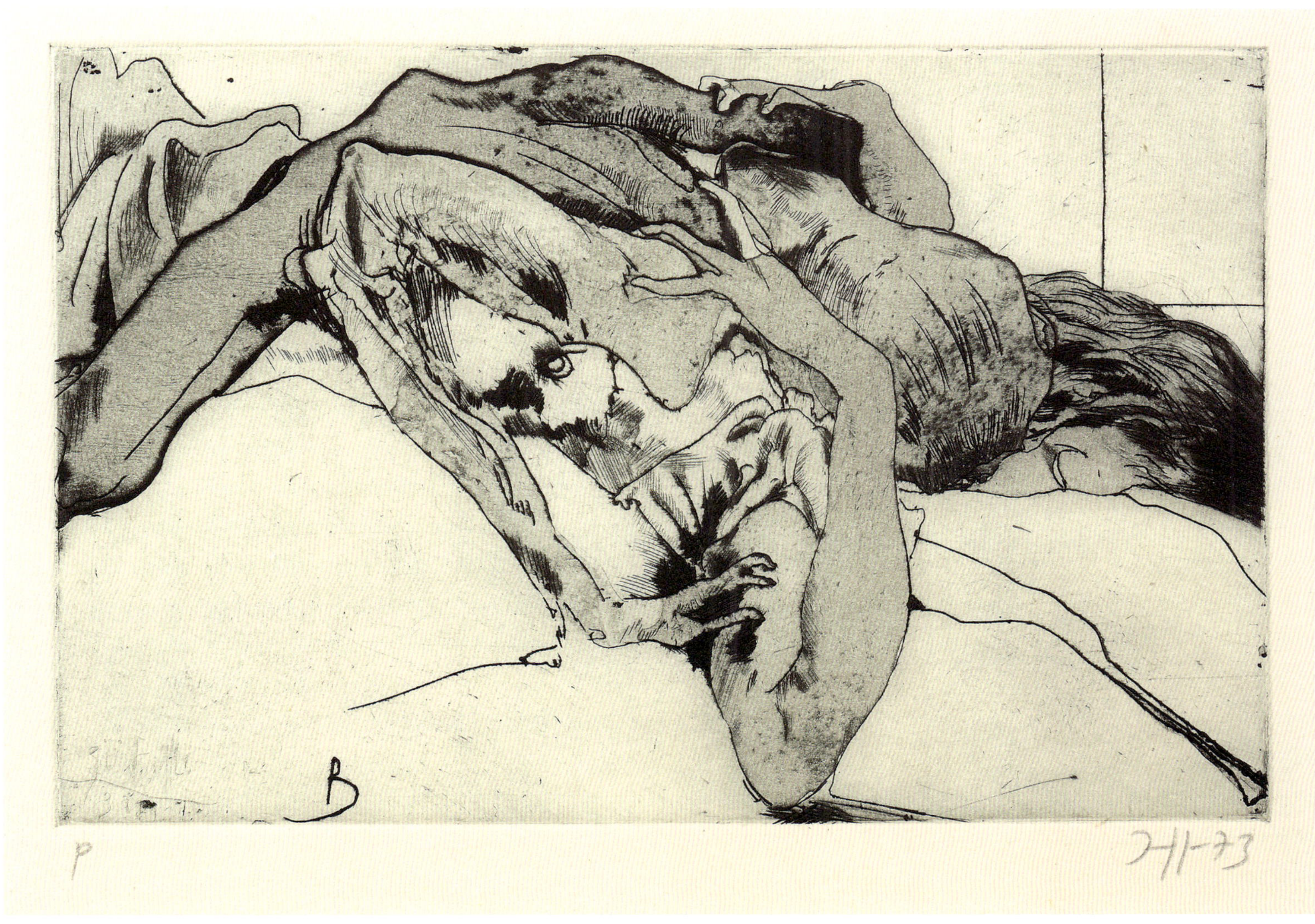

Radierfolge *Der Alp – Variationen zu Heinrich Füssli*
1973
Blatt 15
32,5 x 44,3 cm
Horst-Janssen-Museum, Oldenburg

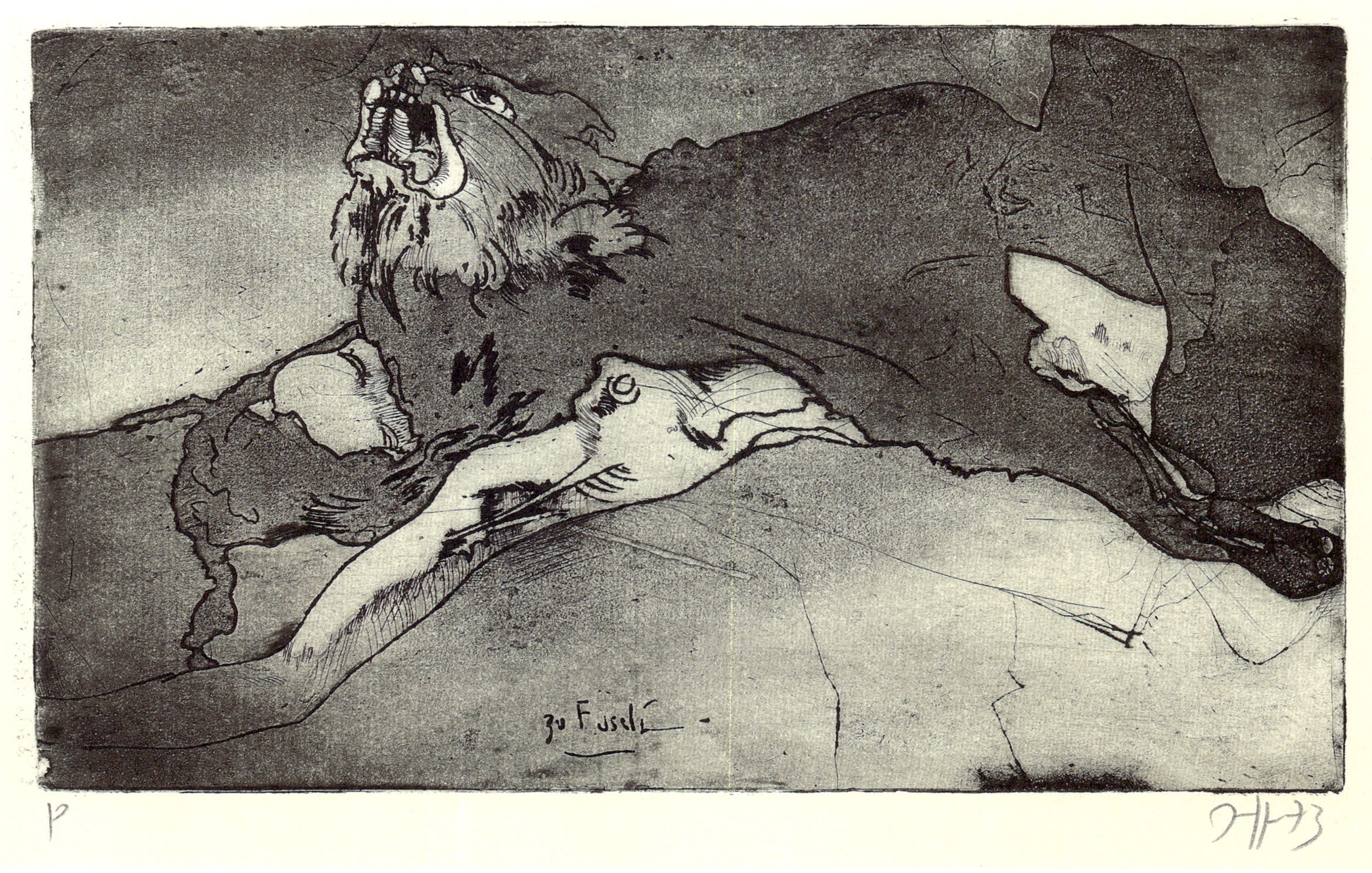

Radierfolge *Der Alp – Variationen zu Heinrich Füssli*
1973
Blatt 21
33,9 x 50,6 cm
Horst-Janssen-Museum, Oldenburg

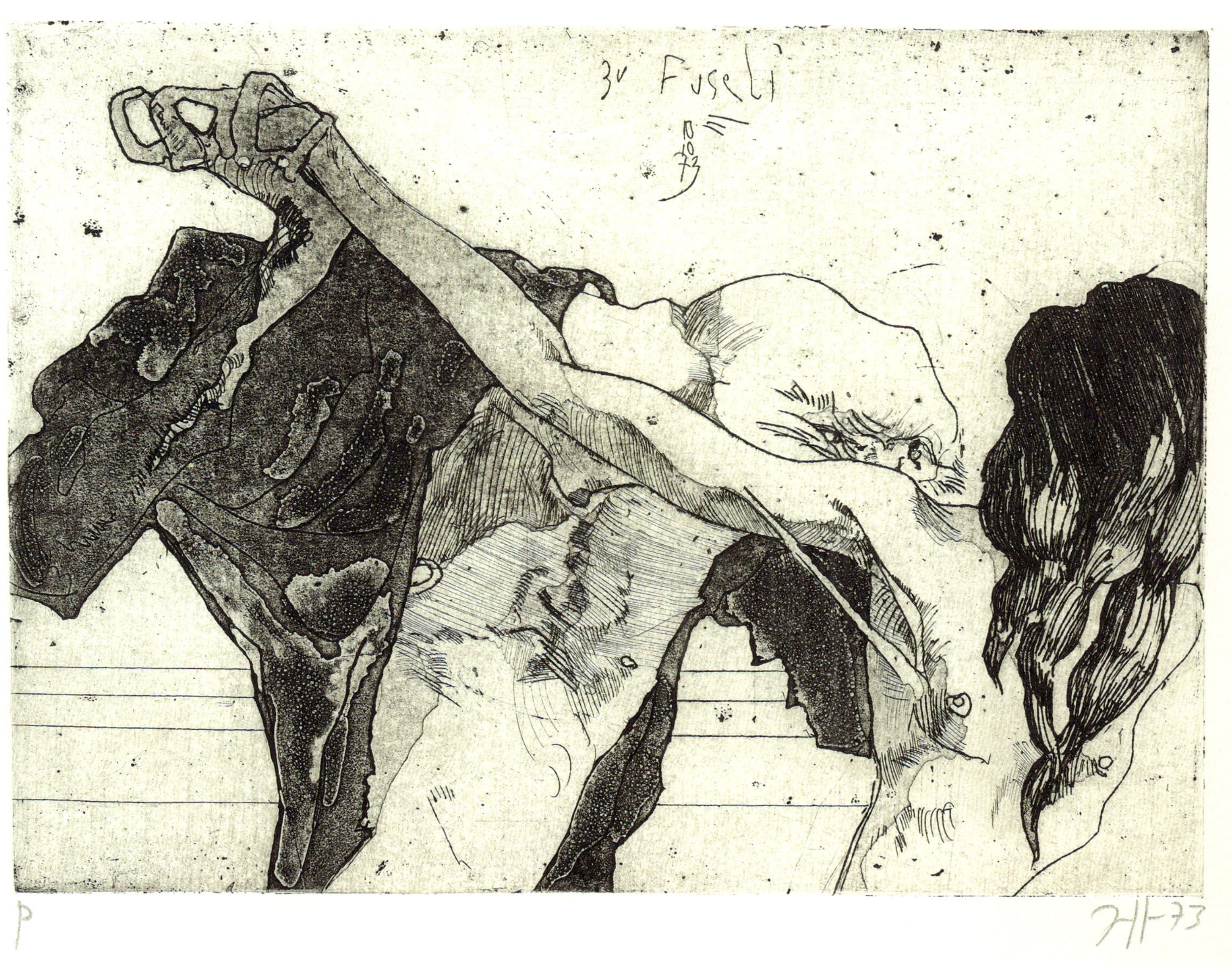

Radierfolge *Der Alp – Variationen zu Heinrich Füssli*
1973
Blatt 24
33,8 x 50,6 cm
Horst-Janssen-Museum, Oldenburg

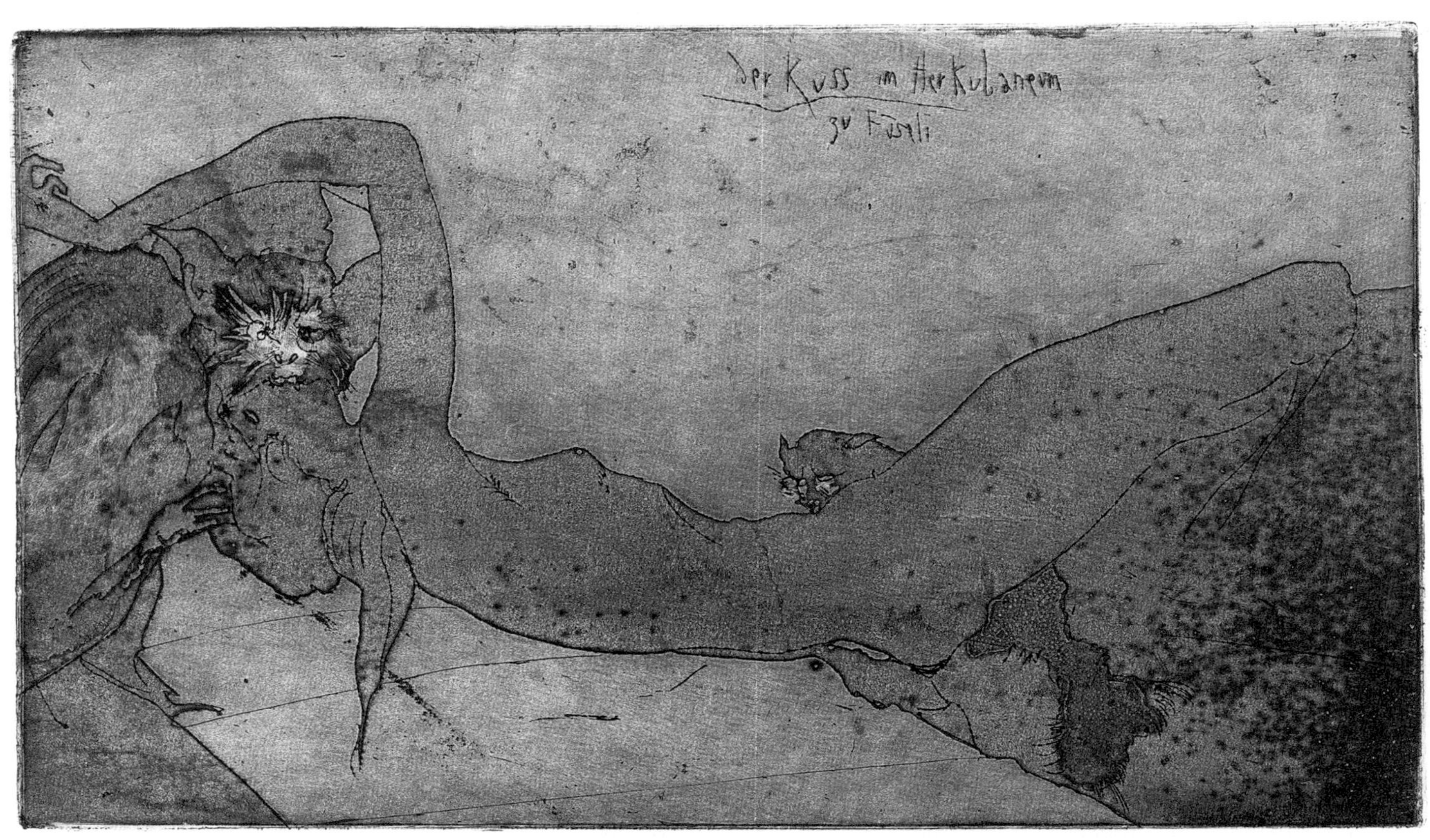

Radierfolge *Der Alp – Variationen zu Heinrich Füssli*
1974
Blatt 25
40,9 x 56,4 cm
Städtisches Museum
Braunschweig

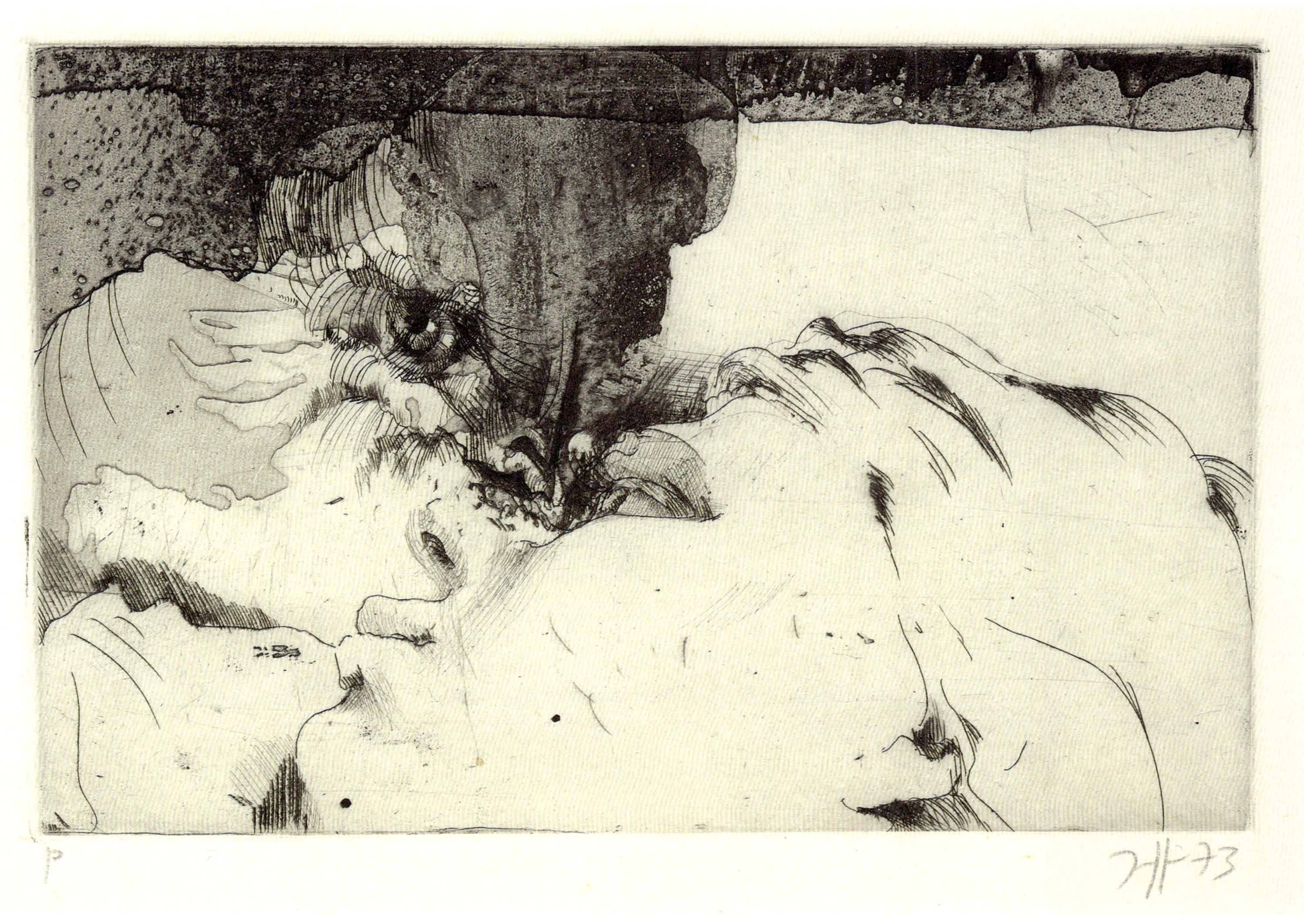

Radierfolge *Der Alp – Variationen zu Heinrich Füssli*
1973
Blatt 29
32,7 x 45,4 cm
Horst-Janssen-Museum, Oldenburg

Erotik und Gewalt

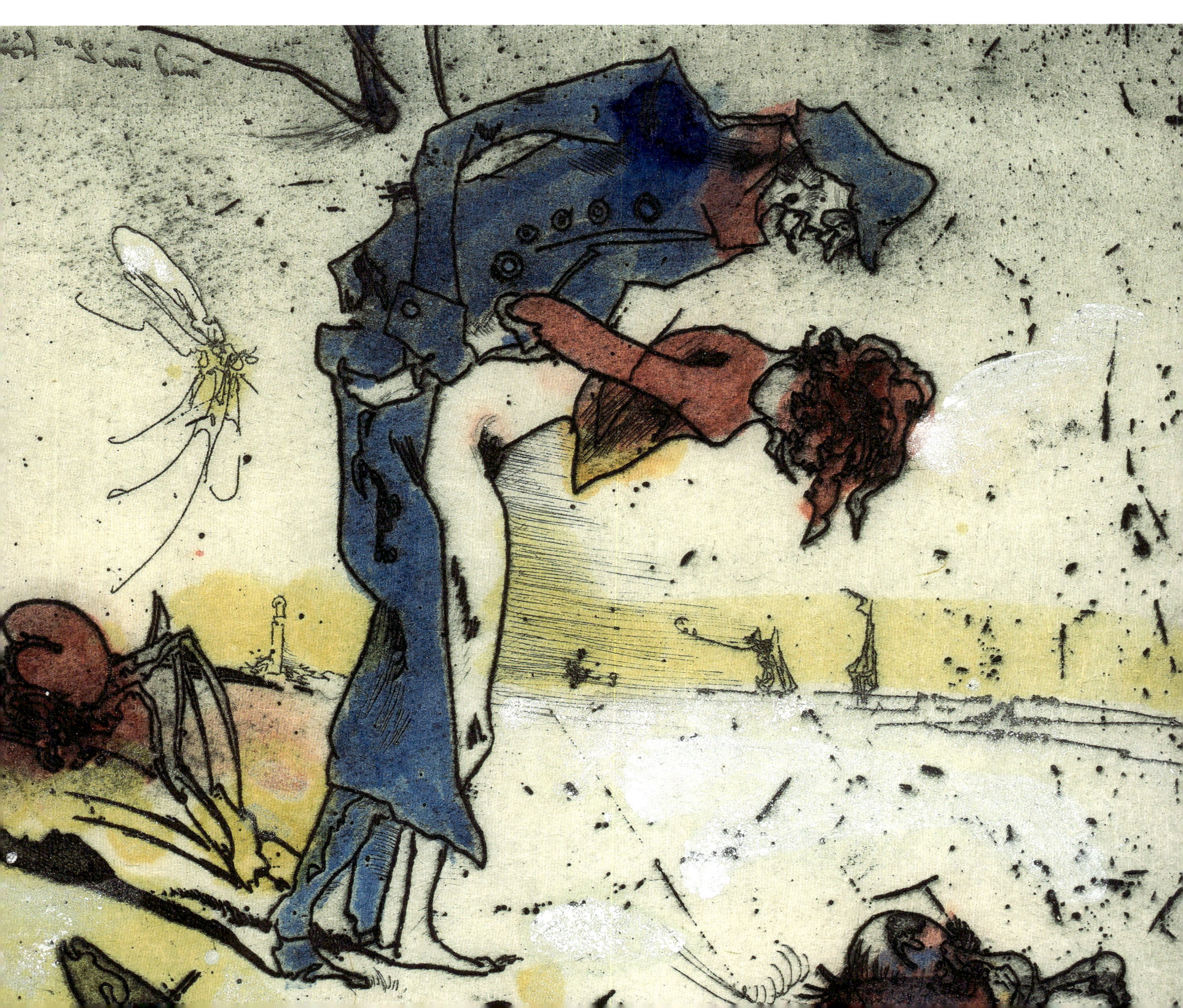

Janssen bringt seine „erotischen Phantasien" oft mit gewaltsam anmutenden Motiven in Verbindung, so etwa in seinen „Armphantasien". Die Darstellung des Geschlechtsakts, gekoppelt mit dem gleichzeitigen Quälen des weiblichen Oberarmes, ist eine bereits bekannte Szenerie aus einer Folge erotischer Aquarelle mit dem Titel *Phyllis*, die Janssen seit dem Ende der 1970er Jahre gezeichnet hatte. Schon Anfang der 1970er Jahre wird der weibliche Oberarm zum künstlerischen Fetisch Janssens. Eine Reihe großformatiger Radierungen erheben den Arm zum prominenten Bildgegenstand, so gerade auch der Zyklus *Les Bras* (Die Arme) aus dem Jahr 1971. Die Radierungen zeigen Arme, die durch Drähte, Zwingen und andere Gegenstände malträtiert werden. Vermutlich verarbeitete Janssen in diesem Motiv die Loslösung von seiner Frau Verena. 1969 ließ sich Janssen von Verena von Bethmann-Hollweg scheiden. In diesem Jahr wird das Motiv des von Tischbeinen, Schnallen und ähnlichen Gegenständen gequälten Arms in den Mittelpunkt seines Schaffens im erotischen Werk gerückt. Auch in den 1970er und 1980er Jahren kommt der Arm als Motiv seiner erotischen Arrangements häufig vor. Das Abnorme und vermeintlich „Hässliche" stand für Janssen in engem Zusammenhang mit dem körperlichen Begehren. Janssen verteidigte seine von vermeintlicher Hässlichkeit geprägte Ästhetik gegenüber Kritik mit den Worten: „Für mich ist das alles nicht hässlich oder scheußlich oder abstoßend. Denn dann könnte ich es nicht zeichnen. Ich kann nur zeichnen, was ich liebe."

Eine deutlich drastischere Darstellung von Erotik und Gewalt wird in den Radierungen des Zyklus *Postscriptum* zur Schau gestellt: Ein junges, desinteressiert wirkendes Mädchen wird von einem Skelett, das mit einem menschlichen Genital versehen ist, penetriert. In einer beinahe schon poetischen, aber eben auch drastischen Darstellungsweise werden Leidenschaft, Hingabe und Gewalt auf eindrucksvolle Weise miteinander verknüpft. Die dargestellten Mädchen sind häufig schon selbst von Verwesung gekennzeichnet. Mit kindlichem Gesichtsausdruck geben sie sich offenkundig willenlos dem Geschehen hin. Besonders schockierend erscheint die mit der Totengestalt in einem Geschlechtsakt vereinigte Mädchenfigur.

Auch in anderen Radierzyklen Janssens begegnet uns Gewalt, so etwa in dem Radierzyklus *Svanshall verkehrt* von 1986. Ein Blatt zeigt eine Frau, die vermutlich von einem Mann von hinten vergewaltigt wird. Die Gesichtszüge des Mannes sehen aus wie ein Totenschädel. Insofern lässt sich auch diese Radierung in Analogie zum Zyklus *Postscriptum* setzen. Auch weitere Blätter der Serie *Svanshall verkehrt* zeigen Motive, in denen eine Frau von zwei Männern bedrängt und an den Armen an einem Baum aufgehängt wird. Erotik in Verbindung mit Gewalt ist ein wesentlicher Aspekt im Werk von Horst Janssen.

LB

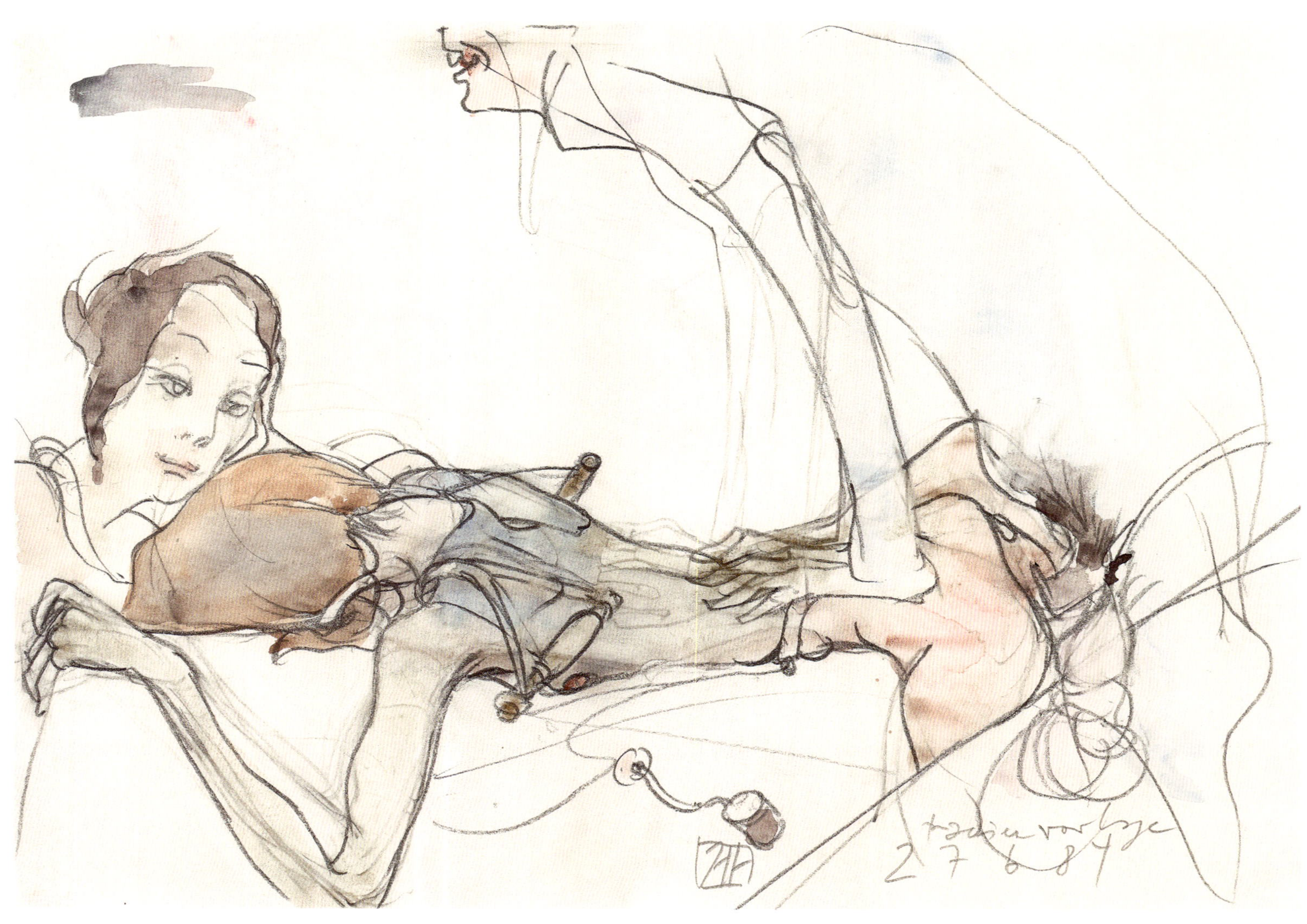

Vorzeichnung zu Blatt 21 der Radierfolge *Brief an Mirjam*
1984
Bleistift und Aquarell
21 x 29,5 cm
Galerie und Verlag St. Gertrude, Hamburg

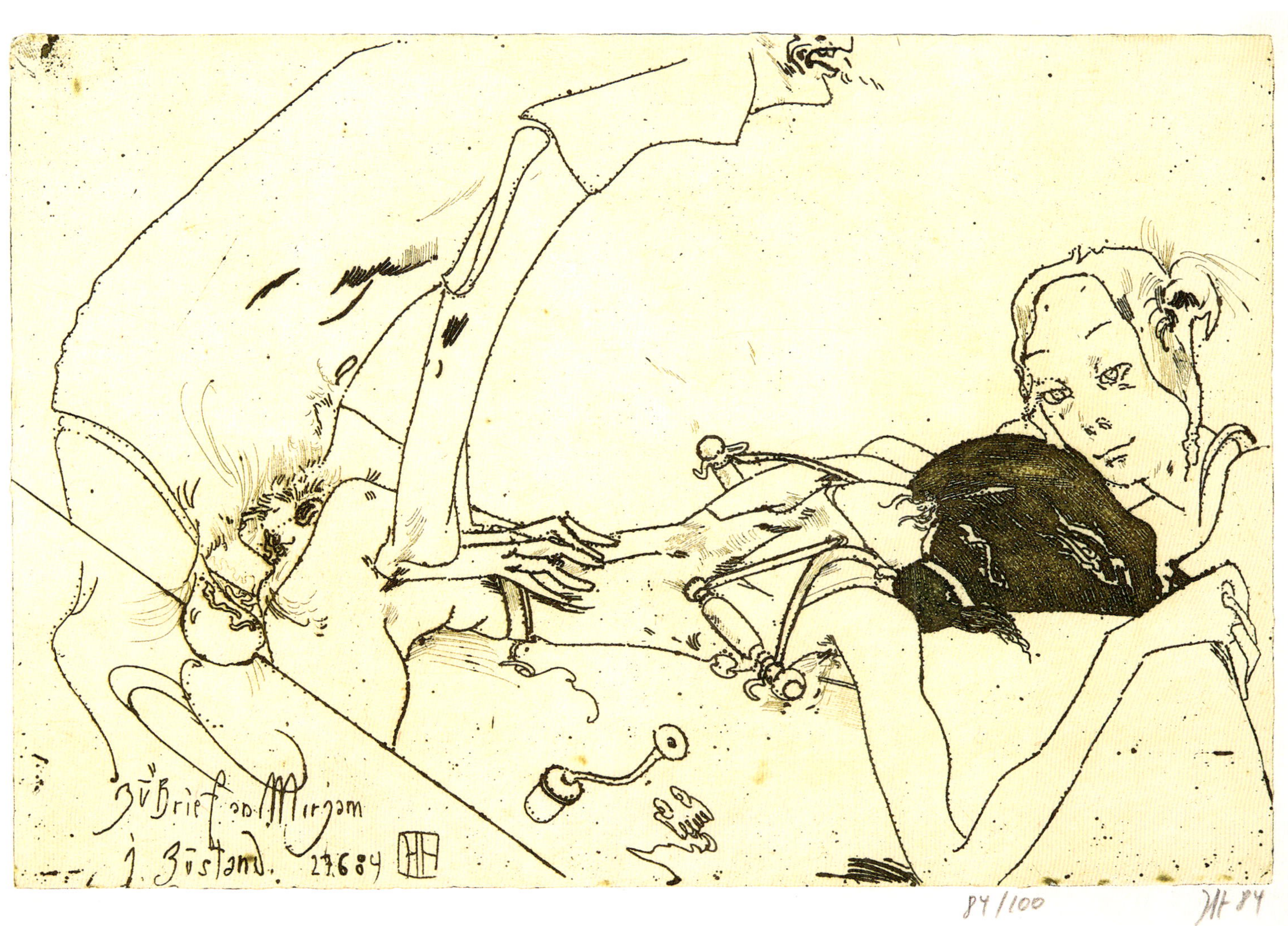

Radierfolge *Brief an Mirjam*
1984
Blatt 21
23,2 x 33,2 cm
Horst-Janssen-Museum,
Oldenburg

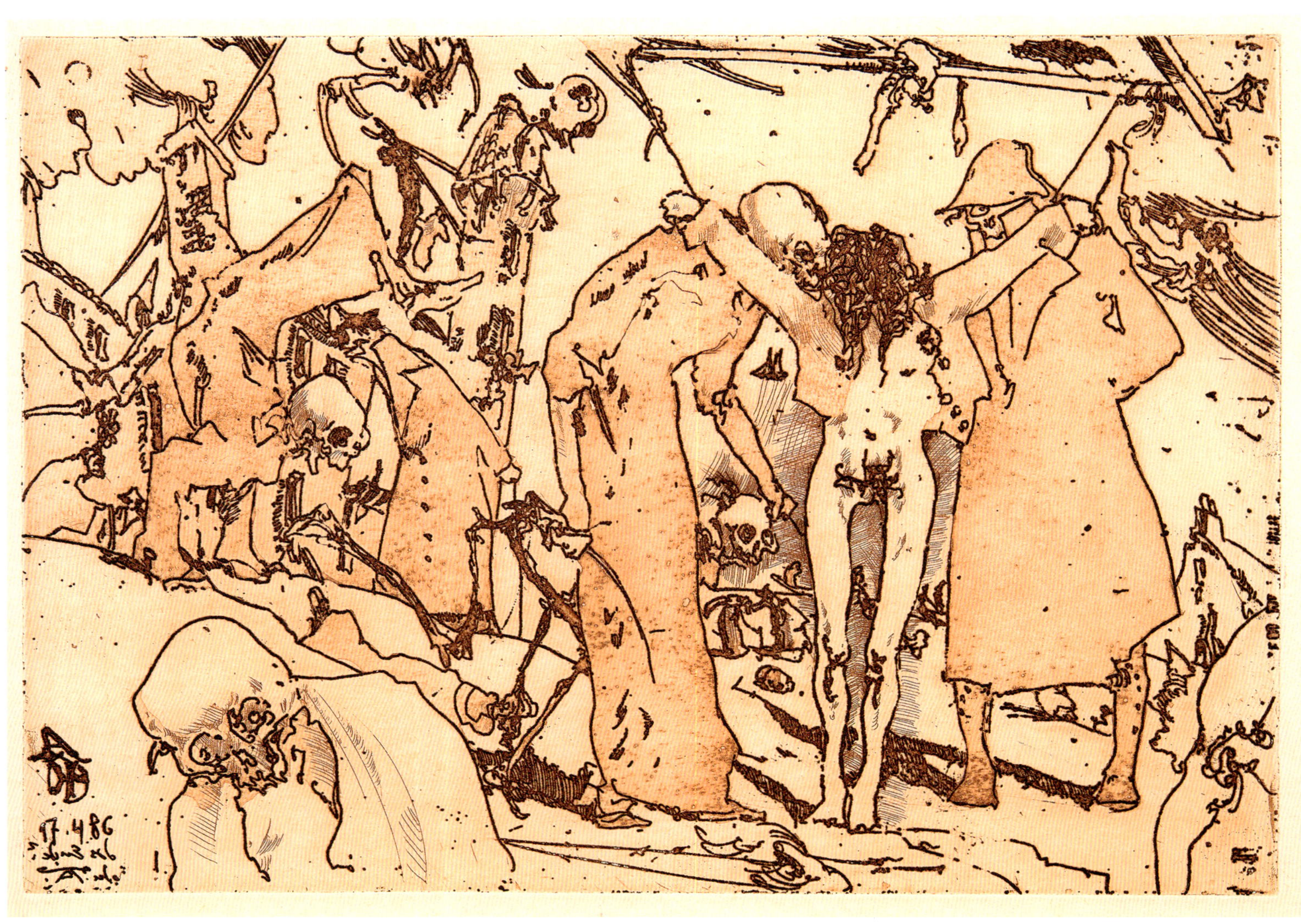

Radierfolge *Svanshall verkehrt*
1986
Blatt 3
23,6 x 33 cm
Horst-Janssen-Museum, Oldenburg

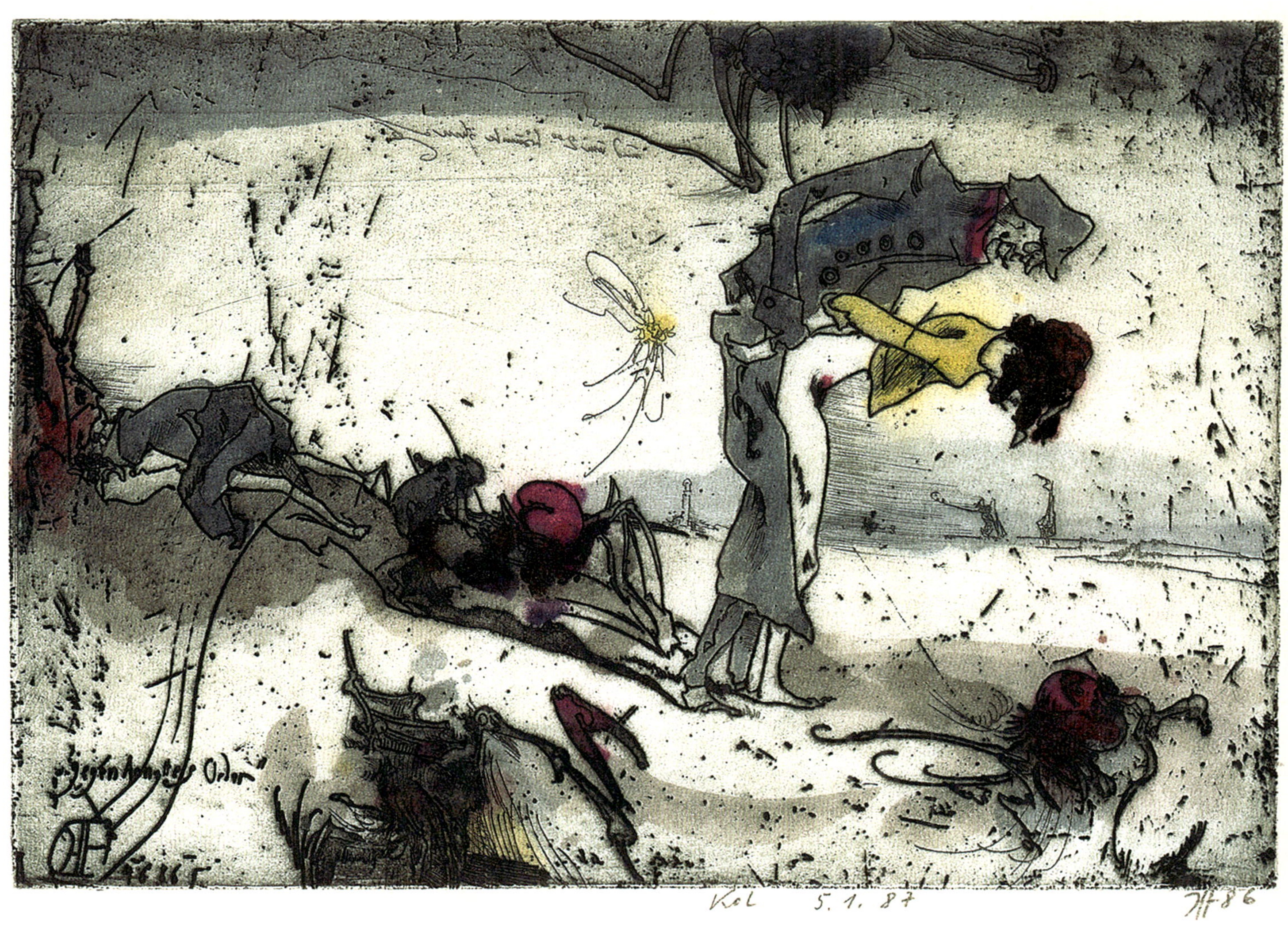

Radierfolge *Svanshall verkehrt*
1986
Blatt 7
24,2 x 31,9 cm
Horst-Janssen-Museum,
Oldenburg

Literaturverzeichnis

Ausst. Kat. Frankfurt 2020
Fantastische Frauen. Surreale Welten von Meret Oppenheim bis Louise Bourgeois, Schirn Kunsthalle Frankfurt, München 2020.

Ausst. Kat. Hamburg 1974
Johann Heinrich Füssli. 1741–1825, hrsg. v. Werner Hofmann, Ausst.-Kat. Hamburger Kunsthalle, München 1974.

Ausst. Kat. Hamburg 2012
Paul Wunderlich. Frühe Lithographien. Schenkung Dieter Brusberg, anlässlich der Ausstellung Paul Wunderlich. Das Frühe Lithographische Werk, Hamburger Kunsthalle, 5. Februar bis 27. Mai 2012, Horst-Janssen-Museum Oldenburg, 23. September 2012 bis 6. Januar 2013, hrsg. v. Jonas Beyer, Hamburg 2012.

Ausst. Kat. München 2007
Geisterbahn und Glanzrevue. Otto Dix, Bucerius Kunstforum, München 2007.

Ausst. Kat. Oldenburg 2002
Janssen und die Frauen. „Die entzückenden Wesen, die meinen Lebensstremel eingeteilt haben" (= Veröffentlichungen des Horst-Janssen-Museums Oldenburg; Bd. 4), Hamburg 2002.

Ausst. Kat. Oldenburg 2004
Egon Schiele – Horst Janssen. Selbstinszenierung, Eros und Tod. Mit Beiträgen von Claudia Breitkopf-Weinmann, Erna Knoefel, Rudolf Leopold, Jutta Moster-Hoos und Antje Tietken, Oldenburg 2004.

Ausst. Kat. Oldenburg 2010
„In Bausch und Bogen liebe ich Landschaft": Werke von Horst Janssen aus der Sammlung Brockstedt. Mit Beiträgen von Heidrun Bobeth, Thomas Gädeke, Belinda Grace Gardner und Gesche Tietjens (= Veröffentlichungen des Horst-Janssen-Museums Oldenburg; Bd. 17), Oldenburg 2010.

Ausst. Kat. Oldenburg 2014
Geile Sybillchen. Erotische Fantasien von Horst Janssen. Begleitheft zur Ausstellung „Geile Sybillchen – Erotische Fantasien von Horst Janssen", 18.07.–16.11.2014, Horst-Janssen-Museum Oldenburg, mit Texten von Kirsti Barkemeyer, Jutta Moster-Hoos und Antje Tietken.

Albrecht 2016
Henning Albrecht, Horst Janssen. Ein Leben, Reinbek bei Hamburg 2016.

Bänziger 2015
Peter-Paul Bänziger u. a. (Hg.), Sexuelle Revolution? Zur Geschichte der Sexualität im deutschsprachigen Raum seit den 1960 Jahren, Bielefeld 2015.

Barkemeyer 2012
Kirsti Barkemeyer, Aneignung als künstlerische Methode. Horst Janssens Radiersuite Der große Totentanz, Magisterarbeit, Berlin 2012.

Blessin 1993
Stefan Blessin, Horst Janssen. Eine Biographie, 5. Auflage, Hamburg 1993.

Blessin 2012
Stefan Blessin, Wunderlich und Janssen. Die neue Figuration, Oldenburg 2012.

Breitkopf-Weinmann 2004
Claudia Breitkopf-Weinmann, In der Seele lodern Lust und Qual. Eros und Tod bei Schiele und Janssen, in: Egon Schiele – Horst Janssen. Selbstinszenierung, Eros und Tod, Veröffentlichungen des Horst-Janssen-Museums Oldenburg 7, Hamburg 2004, S. 8–27.

Fest 2001
Joachim Fest, Horst Janssen. Selbstbildnisse von fremder Hand, Berlin 2001.

Fest 2005
Joachim Fest, Begegnungen. Über nahe und ferne Freunde, Reinbek bei Hamburg 2005.

Gäßler 1995
Ewald Gäßler (Hrsg.), Horst Janssen. Radierzyklen. Katalog und Werkverzeichnis, Hamburg 1995.

Gorsen 1981
Peter Gorsen, Eros auf dem Prüfstand. Was bedeutet „sexuelle Liberalisierung" für die Kunst der letzten dreißig Jahre?, KUNSTFORUM International 46: Erotik in der Kunst heute, 1981, S. 73–89.

Hirschfelder 2021
Dagmar Hirschfelder, Verführung und Begehren. Der männliche Blick, in: Frauenkörper. Der Blick auf das Weibliche von Albrecht Dürer bis Cindy Sherman (Ausst.-Kat.), hrsg. v. Frieder Hepp für das Kurpfälzische Museum Heidelberger, Petersberg bei Fulda 2021, S. 110–135.

Janssen 1981
Horst Janssen, Querbeet. Aufsätze, Reden, Traktate, Pamphlete, Kurzgeschichten, Gedichte und Anzüglichkeiten, Hamburg 1981.

Janssen 1984
Horst Janssen, Die Litze. Eine ziemlich lautlose Geschichte oder die Zeit der Kinder, Hamburg 1984.

Janssen 1984a
Horst Janssen, Phyllis, Hamburg 1984.

Janssen 1986
Horst Janssen, An und für mich. Selbstisches, Briefliches, Poetisches, Hämisches, Deklamatorisches, Gesprochenes und alles Gedruckte 1981–1986, München 1986.

Janssen 1986a
Horst Janssen, Vriedrich – Briefe an Viola, hrsg. v. Jutta Siegmund-Schultze unter Mitwirkung von Claus Clément, Hamburg 1986.

Janssen 1987
Horst Janssen, Paul Wunderlich. Vorbild, Lehrer und Gegensatz. Eine Laudatio anlässlich der grossen Wunderlich-Ausstellung im Kloster Cismar, Hamburg 1987.

Janssen 1987a
Horst Janssen, Svanshall verkehrt. Aufzeichnungen einer süssen Verwirrung, Hamburg 1987.

Janssen 1988
Horst Janssen, Tinsdaler Steindruck. Lithographien vom Sommer 1985 bis Herbst 1987 aus der Werkstatt des Dickus Heitmann (= Gertrudenformat; Bd. 14), Hamburg 1988.

Janssen 1988a
Horst Janssen, Hinkepott. Autobiographische Hüpferei in Briefen und Aufsätzen, 3., vorsichtig korr. Aufl., Gifkendorf bei Lüneburg 1988.

Janssen 1991
Horst Janssen, Bobethanien. Hundert Landschaften, Hamburg 1991.

Janssen 1992
Horst Janssen, Eros, Tod und Maske. 1949–1992, Hamburg 1992.

Janssen 1997
Horst Janssen, Farbradierungen. 1958 bis 1995. Landschaften, Selbstbildnisse, Erotica, Portraits, Nature Morte, Tiere. Mit einem Text und Bildhinweisen von Heinz Spielmann, Hamburg 1997.

Knoefel 2002
Erna Knoefel, Horst Janssen. Mehr nicht, Hamburg 2002.

Lucie-Smith 1997
Edward Lucie-Smith, Erotik in der Kunst, München 1997.

Nommsen 2021
Martina Nommsen, Edvard Munch. Alpha und Omega, Kiel 2021.

Osten 1992
Manfred Osten, „Flüchtig in Richtung Styx". Marginalien zu Horst Janssen: „Eros, Tod und Maske", in: Horst Janssen, Eros, Tod und Maske, hrsg. v. Dierck Lemcke, Hamburg 1992, ohne S.

Sade 2013
Marquis de Sade, Die Philosophie im Boudoir oder Die lasterhaften Lehrmeister. Dialoge, zur Erziehung junger Damen bestimmt, ungekürzte Studienausgabe, 8. Aufl., Gifkendorf 2013.

Schiff 1973
Gert Schiff, Johann Heinrich Füssli. 1741–1825, 2 Bde., Zürich/München 1973.

Siebel 2015
Sabine Siebel, Horst Janssen: „Füsslier" als Füssli, in: Die Geister, die sie riefen … Lust- und Angstphantasien von Horst Janssen und Johann Heinrich Füssli, Horst-Janssen-Museum Oldenburg (Ausst.-Kat.), München 2015, S. 100–113.

Siebel 2017
Sabine Siebel, Im Wettstreit mit „Fuseli's little dream". Horst Janssens Radierserie „Der Alp", in: Füsslis Nachtmahr. Traum und Wahnsinn, hrsg. v. Werner Busch und Petra Maisak unter Mitwirkung von Sabine Weisheit, Ausst.-Kat. Freies Deutsches Hochstift – Frankfurter Goethe-Museum, Wilhelm Busch – Deutsches Museum für Karikatur und Zeichenkunst Hannover, Petersberg 2017, S. 209–211.

Spielmann 1997
Heinz Spielmann, Exerzitien der Augenlust, in: Janssen 1997, S. 7–13.

Woll 2001
Gerd Woll, Edvard Munch. Werkverzeichnis der Graphik, München 2001.

Bildnachweis

Galerie Brockstedt, Berlin
S. 12, Abb. 3; S. 15, Abb. 7–8; S. 39; S. 41; S. 73 links; S. 74–79; S. 81–84; S. 87; S. 94 rechts; S. 98–99; S. 104–110; S. 112; S. 114–115; S. 130–131

Galerie und Verlag St. Gertrude, Hamburg
S. 10–11; S. 12, Abb. 2; S. 13; S. 16, Abb. 10; S. 17, Abb. 13; S. 18, Abb. 15 und 17; S. 29, Abb. 16; S. 30, Abb. 15; S. 36; S. 42; S. 43; S. 59; S. 65–66; S. 68–70; S. 72; S. 80; S. 86; S. 88; S. 90; S. 100; S. 102; S. 113; S. 116; S. 118; S. 120; S. 124–126; S. 132–133; S. 136; S. 152

Horst-Janssen-Museum Oldenburg, Foto: Andrey Gradetchliev, Oldenburg
S. 2; S. 4; S. 14; S. 16, Abb. 11–12; S. 17, Abb. 14; S. 18, Abb. 16 und 18; S. 22; S. 27, Abb. 7–8; S. 28, Abb. 12; S. 40; S. 44; S. 46–55; S. 73 rechts; S. 91–93; S. 94 links; S. 95–97; S. 103; S. 117; S. 119; S. 121–123; S. 127–129; S. 134–135, S. 137–138; S. 140–147; S. 149; S. 150; S. 153–155

Städtisches Museum Braunschweig, Foto: Dirk Scherer
S. 148

© VG Bild-Kunst, Bonn/Hamburger Kunsthalle / bpk
Foto: Oliver Schweers
S. 8; S. 15, Abb. 9; S. 56–57; S. 60–64; S. 67; S. 85; S. 101; S. 111

VERGLEICHSABBILDUNGEN

© akg-images
S. 139

© akg-images / Erich Lessing
S. 26, Abb. 6

© Albertina, Wien
S. 29, Abb. 14

© bpk / Kupferstichkabinett, SMB / Volker-H. Schneider
S. 58

© bpk | Scala
S. 28, Abb. 11

© culture-images/fai
S. 27, Abb. 9

© dpa Picture-Alliance GmbH
S. 25, Abb. 3

© Estate of George Grosz, Princeton, N.J. / VG Bild-Kunst, Bonn 2023
S. 31, Abb. 17–18

© Hamburger Kunsthalle / bpk / Foto: Christoph Irrgang
S. 33, Abb. 19

© KHM-Museumsverband
S. 28, Abb. 13

Für die Werke von Horst Janssen gilt:
© VG Bild-Kunst, Bonn 2023

Die Geltendmachung der Ansprüche gem. § 60h UrhG für die Wiedergabe von Abbildungen der Exponate/Bestandswerke erfolgt durch die VG Bild-Kunst, Bonn.

Wir haben uns bemüht, für alle Abbildungen die entsprechenden Inhaber der Rechte zu ermitteln. Sollten dennoch berechtigte Ansprüche offen sein, werden diese selbstverständlich im Rahmen der üblichen Vereinbarungen abgegolten.

ABBILDUNGEN AUS LITERATUR

Deutschland, ein Wintermärchen, herausgegeben von Ralph Jentsch im Auftrag des Max Ernst Museums Brühl des LVR, 2011, S. 69: S. 31, Abb. 17; S. 83: S. 31, Abb. 18

Horst Janssen, Die Kopie, herausgegeben von Gerhard Schack, Hamburg 1977, Nr. 49: S. 24, Abb. 2

Horst Janssen, Radierungen 1970–1971, Berlin 1971, Nr. 47: S. 30, Abb. 15; Nr. 15: S. 30, Abb. 17

Janssen 1984a, ohne Seite: S. 24, Abb. 1

Janssen 1992, Nr. 58: S. 26, Abb. 5; Nr. 475: S. 27, Abb. 10; Nr. 141: S.30, Abb. 16

Licht und Linie. Horst Janssen und die Fotografie, herausgegeben von Jürgen Blankenburg und Claus Clément, Hamburg 2003, S. 127: S. 25, Abb. 4

Impressum

Der Katalog erscheint anlässlich der Ausstellung
„Sex, Gewalt und andere Obsessionen: Horst Janssen“

im Städtischen Museum Braunschweig, Haus am Löwenwall,
26.03.–25.06.2023

Die Ausstellung ist eine Kooperation mit dem Horst-Janssen-Museum Oldenburg

LEIHGEBER

Berlin, Galerie Brockstedt
Hamburg, Galerie und Verlag St. Gertrude
Hamburg, Hamburger Kunsthalle, Kupferstichkabinett
Oldenburg, Horst-Janssen-Museum

AUSSTELLUNG

Leitung/Konzeption: Lars Berg, Peter Joch
Organisation: Lars Berg
Wissenschaftliche Beratung: Jutta Moster-Hoos, Sabine Siebel (Horst-Janssen-Museum, Oldenburg)
Konservatorische Betreuung: Désirée Ohlendorf
Museumspädagogik: Martin Baumgart
Presse- und Öffentlichkeitsarbeit: Annika Hille
Leihverkehr: Gabriele Schneider
Aufbau: Stephan Krause, Thomas Mattern
Sammlungsverwaltung: Wolfgang Koebbel (Leitung), Irini Koebbel, Dennis Kunde
Verwaltung: Jo Lina Hübenthal (Leitung), Pascal Maiwald, Gabriele Schneider
Haustechnik: Jens Jungmichel, Mario Köppe, Holger Kühne
Aufsicht und Empfang: Christine Poppitz, Jeannet Stermann

Horst Janssen MUSEUM

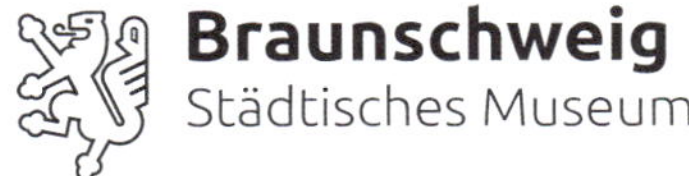

KATALOG

Herausgeber: Lars Berg, Peter Joch
Texte: Lars Berg (LB), Sabine Siebel
Redaktion: Lars Berg, Annika Hille, Bianca Strauß
Reproduktion und Gestaltung: Anja Schneidenbach, Michael Imhof Verlag
Lektorat: Dorothée Baganz, Michael Imhof Verlag
Druck: Gutenberg Beuys Feindruckerei GmbH, Langenhagen

ISBN 978-3-7319-1315-3

Michael Imhof Verlag GmbH & Co. KG
Stettiner Straße 25; D-36100 Petersberg
Tel. 0661 2919166-0; Fax 0661 2919166-9
www.imhof-verlag.de; info@imhof-verlag.de

Umschlagabbildung: Detail aus Abb. S. 130
Frontispiz: Detail aus Abb. S. 103
S. 4: Detail aus Abb. S. 46
S. 8: Detail aus Abb. S. 63
S. 10: Detail aus Abb. 17, S. 18
S. 22: Detail aus Abb. 7, S. 27
S. 36: Detail aus Abb. S. 42
S. 44: Detail aus Abb. S. 52 unten
S. 56: Detail aus Abb. S. 60
S. 64: Detail aus Abb. S. 67
S. 70: Detail aus Abb. S. 86
S. 88: Detail aus Abb. S. 100
S. 138: Detail aus Abb. S. 146
S. 150: Variante der Radierung Abb. S. 155, Galerie und Verlag St. Gertrude, Hamburg